社會／教育／民俗／經濟／政治／法律／歷史／地理／文化／遊記／傳記／考古／語文／文學／新聞／美學／書畫／娛樂

國學／群經／哲學／邏輯／心理／倫理／宗教／神話／數學／天文／物理／化學／地質／動物／植物／家政／農

# 歷史廣角鏡

蘇同炳　著

臺灣商務印書館　發行

《歷史廣角鏡》

# 目錄

# 壹

# 史事與人物

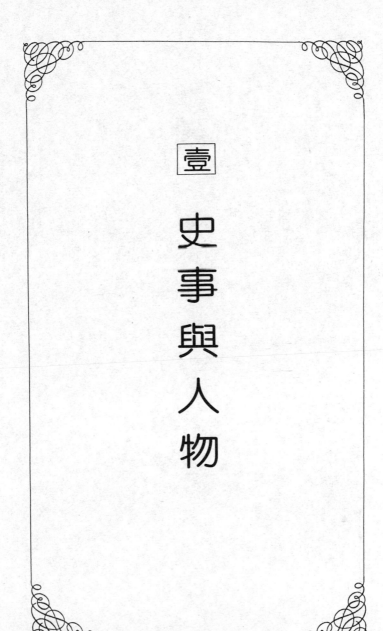

# 中國歷代的太上皇

## 太上皇乃「皇上之皇」

君主專制時代的中國，國家的最高統治者是皇帝。這種為秦始皇所始創的頭銜，其含義十分崇高——皇者，君也；德象天地則稱為帝（《白虎通》）。國家的統治者具有如此崇高的地位與尊嚴的道德權威，足以使人一聽到「皇帝」之名就肅然起敬，視之為超凡入聖的非常之人。清朝時代，中國對外國文書上還自稱為「中國大皇帝」，那就更偉大了。

既是中國大皇帝，理應即是主宰全中國的最高領袖；然而有時卻又會出現特殊的例外情形。清仁宗嘉慶元年，中國大皇帝已由乾隆帝弘曆換成了他兒子嘉慶帝顒琰，乾隆業已退休，改稱為「太上皇」了。此年正月，朝鮮使臣李秉模奉派來華慶賀授受大典。在他到圓明園晉謁乾隆時，這位「太上皇」卻對他說：「朕雖然歸政，大事還是我辦。」嘉慶三年，另一位朝鮮使臣金文淳奉派來華，由他所記述的入覲所見可知，朝廷賜宴使臣之時，乾隆帝南面正坐，嘉慶卻只能別設座位，西

乾隆皇帝

向侍坐。此後他一連參加了多次慶典及聽戲，所看到的都是類似光景。說得簡單一點，乾隆雖在名義上是退休了的太上皇，事實上仍是掌握國家實權的「狄克推多」；嘉慶雖是現任的當今皇帝，實際上卻只是乾隆的一個配角而已。然則乾隆雖在表面上將皇位讓給了嘉慶，他的太上皇頭銜卻要比嘉慶偉大得多；稱之為「皇上之皇」，庶幾似之。

中國自有歷史以來，二千多年間曾出現的太上皇最少有十五人之多。是不是所有這些太上皇都要比在位的皇帝更有權力？是不是他們的地位都像是乾隆一樣的「皇上之皇」？揆諸事實，正復大謬不然。但因乾隆所給人造成的印象是做了太上皇即是皇上之皇，所以有必要加以澄清一番。

## 形形色色的太上皇

顧名思義，既名「太上」，當然寓有高於一切的意思。皇帝而加稱太上，當然應是乾隆一樣的皇上之皇。但中國人是善於玩弄文字藝術的民族，「太上」二字的意義雖然崇高，應用到實際政治上來，往往並不是那麼一回事。就以中國歷史上所曾出現的十五個太上皇來說，他們之所以會被現任皇帝加上太上之稱，便有好幾種不同的原因。

第一種情形是純粹只是名義上的推崇，如漢高祖之父劉太公被高祖尊為太上皇，即此之類。劉太公不是政治人物，他既不曾與劉邦一同起兵革命，也不曾在劉項之戰中打過一天仗。只因劉邦革命成功，開創了大漢皇朝，又做了漢朝皇帝，他的父親劉太公此時既尚健在，就勢必得給他安上一個頭銜，否則如何安排他們此時的父子關係？劉太公由漢高祖尊為太上皇，便是在這種情形下出現的。這是中國歷史上第一個太上皇。由於劉太公並未做過皇帝，又無實際權力，此太上皇不過是榮譽的頭銜，没有太大的實際意義，而且後來也不曾再出現過這種形式的太上皇。

第二種情形下的太上皇，是出於在位皇帝的自願性禪讓。近之如乾隆之禪位嘉慶，遠之如宋高宗之禪位於宋孝宗，宋孝宗之禪位於宋光宗，皆是。此外則北魏的獻文帝拓跋弘、北齊的武成帝高湛、後主高緯、北周的宣帝宇文贇、唐朝的順宗李誦、宋朝的徽宗趙佶，也曾有類似的情形。他們之中，有的是在讓出皇位之後真正做到優遊林下，不問世事的退位太上皇；有的卻只是在形式上將皇位讓與兒子，然後仍以太上皇名義緊緊抓住權力不放。前者的例子如宋高宗及宋孝宗，後者的例子則以清高宗乾隆帝的表現最為明顯。

在第三種情形下出現的太上皇，事實上是由於形勢所迫，不得不然。例如唐高祖李淵及唐睿宗李旦之所以做太上皇，都是因為他們各有一個十分傑出的兒子，幾乎在政治舞台上奪盡了他們的一切光彩。在這種情形之下，身為父親者雖居皇帝之尊，在實際政治上已經變得毫不重要，不如乾脆讓出皇位，以免只做傀儡。唐睿宗禪位於兒子隆基之後，隆基的表現極為出色，到年逾七十以後猶無讓位其子之意。只是，爆發於天寶十五年的安史之亂完全改變了這種情勢。潼關淪陷後京師危急，玄宗倉皇幸蜀，他的兒子李亨卻在此時自即帝位於靈武，遙尊玄宗為太上皇。到此時刻，唐玄宗即使不願讓出帝位，也不行了。這樣的太上皇，顯然也同他父親睿宗李旦及高祖李淵一樣，純粹是被動性地被他兒子推升成為太上皇的，並非他自己所甘心情願。較此更甚的則是明英宗朱祁鎮，他在正統十四年時親率京營大軍出居庸關北征瓦剌，在土木堡兵潰被俘，京師無主，朝臣另立祁鎮之弟祁鈺為新皇帝，以便主持軍政大計抵抗瓦剌入侵。景泰帝既立，英宗當然也被「遙尊」為太上皇。及至英宗在一年之後被瓦剌送回京師，景泰帝卻早已坐穩了皇帝寶座，無意讓還乃兄了。於是，明英宗也只好像唐玄宗一樣，不得不接受此既成之事實，由皇帝變成了太上皇。當然，這也不是明英宗所自願的。與此相類似的事例，還可以舉出宋光宗趙惇來。其情形且留待後文再詳。

將中國歷史上形形色色的太上皇稍作分類，所得的概略結果約如上述。除了第一類情形之外，經由第二、三類情形所產生的太上皇，每一個都由現任皇帝升格而來，儘夠資格成為皇上之皇。但若細按其成為太上皇以後的生活情況，則除了宋高宗趙構在做了太上皇之後能夠快活自在地安享其晚年外，並沒有那一個太上皇真能像乾隆帝一樣地做到皇上之皇的地位。倒是歷史上那些以皇太后身分垂簾聽政，雖無太上皇的名義，卻能享有皇上之皇的太上皇權力，如漢朝的呂太后、唐朝的武則天、宋朝的劉太后、清朝的慈禧太后，均為其中之顯例。太上皇並無皇上之皇的權力，反倒是皇太后可以在垂簾聽政制度之下獲此權力，這真是歷史事實對太上皇的一大諷刺。

## 最年輕的太上皇只有十八歲——北魏獻文帝拓跋弘

皇帝推尊其父為太上皇，創始於漢高祖；皇帝讓位於子而自為太上皇，則其始作俑者為北魏的獻文帝。不過這位首創傳位於子的獻文帝並非年邁力衰的高齡皇帝，他在作太上皇時的年齡輕得很。

清高宗乾隆帝在作了六十年太平天子之後決定傳位嘉慶，那時他已八十六歲了。高齡皇帝在耄耋之年升格成為太上皇，看起來十分合理，更能與「太上皇」的尊貴頭銜相配稱。所以唐玄宗在七十二歲那年被擡昇為太上皇，在讀者觀感上也不會產生不協調的想法。由此更容易使大多數人得到一些錯誤印象，以為所謂太上皇者，必定是年高德劭的白髮老翁，其年齡即使沒有八十歲也應有七十來歲，否則如何能配得上「太上」二字？殊不知道，世界上出於常人想像之外的事情太多了，便以中國歷史上的太上皇來說，年逾花甲者已寥寥可數，五十、六十者亦為數不多，比較多的反倒是三、四十歲的年輕人，您說這是怎麼一回事呢？

北魏的獻文帝拓跋弘，文成帝拓跋濬之子，乃是北魏歷史上的第五個皇帝。文成帝英年早逝，死時年方二十六歲，所以獻文帝即位甚早，十二歲便做了皇帝。隔了兩年，「皇太子」拓跋宏出生。又過了三年多，他對朝中大臣公開表示，十分厭倦他的皇帝生涯，很希望傳位於叔父京兆王子推，以便自己能退隱山林，享受高蹈無為的清靜生活。因為朝中大臣一致認為他這種傳叔不傳子的作法不對，於是他又改變主張，決定傳位太子而自為太上皇。只是，他的太子拓跋宏此時年方五歲，絕對擔負不了統治國家的責任，因此獻文帝雖然將自己升級成為太上皇，仍必須親自秉持國政，如此這般的太上皇，只是將皇帝名義改成了太上皇，本質上並無改變。在各種各樣的太上皇中有此一格，也可說是別開生面。當時，他的年齡是十八歲。在中國歷史上所有的太上皇中，他是最年輕的一個。

中國歷史上的北魏，有一項顯著特色：在位的皇帝都很短命，宮廷與貴族階層的淫亂風氣甚盛。這個由北方鮮卑民族侵入中國以後所締造的國家，其貴族階層似乎在進入中國不久之後便迅速沾染了糜爛生活的風氣，不僅皇帝的後宮佳麗如雲，王公親貴亦無不廣徵聲色，縱慾無度。犬馬聲色的結果，造成了皇帝與王公親貴們普遍的短命現象，這些鮮卑統治階層的男人，能夠活到五十歲以上的很少。尤其明顯不過的是，獻文帝拓跋弘十二歲即位，十四歲就誕生皇太子，可知他雖為童子，卻早已破身，而且還有為數不少的皇后妃嬪相陪伴哩。富貴人家的子弟如在童年時就放縱色情，最普遍的現象是容易得「童子癆」，不僅發育受阻，而且身體羸弱，活不了多少歲就會一命歸西。獻文帝在年方十八歲時就表示他不勝繁劇，意欲隱遯山林，明顯地可以看出其健康情形太差，負擔不了日理萬機的繁重工作。《魏書》〈獻文帝本紀〉說他因「雅薄時務」而有「遺世之心」，無非只是裝門面的飾辭而已。試看他最後只活到二十三歲，比他父親文成帝還要短命，豈不就是最明顯的證據。不過，十八歲的太上皇畢竟是中國歷史上的創紀錄，比較可以與他媲美的，只有北周宣帝宇文贇與北齊後主高緯，都為廿一歲，明朝的英宗朱祁鎮則是廿三歲，在傳統中國皇朝中都是較罕見的事例。

## 怕兒子做不成皇帝的可笑心態——北齊高湛傳位九歲小孩

北齊的世祖武成帝高湛，在廿九歲時就自動禪位於其子高緯，在許多太上皇之中也是很年輕的一個。

高湛，是北齊皇朝的第四個皇帝，與追謚為世宗文襄帝的高澄及顯祖文宣帝高洋、孝昭帝高演俱為一母所生的親兄弟。高洋篡魏稱帝，死後由其子高殷繼位。高演廢高殷而自為皇帝，又恐其終為將來之患，最後又將高殷酖殺。及高湛繼高演為帝，亦效法高演之所為，殺掉高演之子百年。至於高洋殺戮其兄高澄之諸子，手段亦十分殘酷。高湛有子高緯，此時就有人提醒他說：「文襄、文宣、孝昭諸子皆不得立，是由於諸帝在世之時，未能及時援立其子。今如能使太子早登大位，明定君臣之分，必可永無後患。」高湛覺得這意見實在太高明了。恰逢天見彗星，太史令奏稱是「天象示警，主除舊布新，當有新皇帝即位。」於是高湛決定順應天意，於河清四年四月使太宰段韶持節奉皇帝璽綬，傳皇帝位於太子高緯。這一年，距離他自己做皇帝不過只有四年，高緯九歲，他自己則是廿九歲。九歲的孩子作天子而太上皇只是廿九歲的年輕人，這情形與魏獻文帝傳位其子而自為太上皇的經過完全一樣，國家大政少不得仍需由太上皇主持，皇帝祇具空名而已。

南北朝時的北齊皇朝，與北魏同出於鮮卑族；不過因其居住北方邊疆的時間更久，華化的時間更短，文化水平更低之故，在進入中原以後的淫昏殘暴程度，亦較北魏更甚。由《北齊書》諸帝〈本紀〉及〈后妃列傳〉中的記載可見，北齊的文襄、文宣、孝昭、武成諸帝無一不是淫昏殘暴之徒，不但逼淫其寡嫂弟媳，而且縱慾無度，所以一個個都是短命鬼。其中高澄只活到二十九歲，高洋三十一歲，高演二十七歲，高湛三十二歲——四人之中，高湛算是最長壽的。也許高湛自己也知道，他可能活不到四十歲，所以纔決定要及早讓兒子坐上皇帝寶座，以免為他人所魚肉；如其不然，則二十九歲正是英發有為之年，怎有可能亟亟為身後之事預作安排呢？

## 爲方便逃命而作太上皇——北齊高緯禪讓高恒

高緯在九歲時受高湛之禪讓，成了北齊皇朝的第五個皇帝。就即位年齡而言，九歲不能算是很小。不過他作太上皇的時間卻比他父親高湛還要早，在二十一歲時就已禪位於其子高恒，自稱為太上皇帝了。高緯禪位，其情形又與高湛不同。主要原因，由於北齊皇朝經過高洋、高演、高湛三兄弟十餘年殘暴酷虐的統治之後，國家政治已經出現重大問題：朝政腐敗、佞倖當道、民不聊生、軍不能戰，已經抵擋不住西方北周皇朝的侵略了。加以高緯自己更是淫昏無知的紈袴頑童，除了窮奢極侈的享受浪費之外，根本不懂得什麼叫做經世治國之道。到了後主在位十二年之時，眼見得連年兵敗，疆土日蹙，而西周的侵略猶復著著進逼，國事已無可為，終於決定效法其父，傳帝位於太子高恒而自居太上皇之位，以便能脫卸國家政事之羈絆，在帶著皇后妃嬪們逃難之時，可以逃得更快一些。高緯的這種作法當然十分荒唐，因為他兒子高恒此時尚祇七歲，連他自己做皇帝時尚且無法抵敵入侵之周師，由七歲的小兒子來做皇帝又如何能辦到這一點？所以北齊旋即為北周所滅，高緯和高恒也一起成為亡國之俘囚，高緯做了太上皇並不能逃掉此一厄運。無獨有偶，歷史上像高緯那樣的糊塗皇帝並不只他一個，相距五百多年後的宋朝，當金兵大舉侵犯北宋，汴京危急，國家存亡面臨嚴重關頭之時，在位的徽宗皇帝居然也有類似的表演，實在教人感到啼笑皆非，不知道該說什麼纔好。

北宋之亡，是由於宋朝中國無法抵敵金人之入侵。但若不是宋朝政府在外交措施上犯下一連串的錯誤，亦不致招來金人之迅速入侵。然則宋朝中國即使積弱不振，亦可有充分時間從事整軍經武，奮發圖強，求能立於不敗之地。當時在位的宋徽宗身為國家之主宰，在事前既不能對強敵入侵作正確之判斷，在入侵行動開始後又缺乏正確的因應措施，卻只在情勢危急之時禪位於其子欽宗趙桓，而自己輕身出走，希圖苟免於一時。這種不顧國家存亡而只顧自己性命安全的行為，除了充分顯示他是怯懦無能的鄙夫之外，亦將與北齊後主高緯同樣地成為後人之笑柄。

## 形勢比人強，只好做太上皇——李世民逼退李淵

中國歷史上的太上皇，以唐、宋二朝為最多，每朝各有四人。宋朝的徽宗趙佶、高宗趙構、孝宗趙眘，他們之傳位於子，皆出於個人之自願，只有光宗趙惇出於被動。至於唐朝的四個皇帝中，則只有順宗李誦自願禪位於子，其餘的高祖李淵與睿宗李旦，似乎並無自願傳位的主動意念，只是為形勢所迫而不得不爾；而唐玄宗之所以會成為太上皇，更是因為他的皇位已被太子李亨不告自取，在不知不覺之中忽然變成了太上皇，似此情形，當然更不可能是屬於自願的了。

唐高祖李淵在隋末起義兵於晉陽，到後來削平群雄，統一天下，開創了大唐皇朝，其赫赫武功，幾乎全出於其次子秦王世民之力。李世民在高祖諸子中排行第二，宗法時代立嫡以長，皇太子地位輪不到他，唐高祖亦不便因世民有功而越次立為太子，因此而在李世民與太子建成、齊王元吉

兄弟之間造成嫌隙。建成嫉妒世民之功績，元吉則企圖利用建成來排擠世民，如此傾軋不已，終於爆發了後來的血腥屠殺。唐高祖武德九年六月，玄武門之變發生，建成元吉同時被殺，三兄弟中只剩下李世民一人。李世民本有戡定天下的不世之功，在除掉建成元吉之後更成為朝中最大的政治勢力，唐高祖李淵雖是他的生身之父，此時顯然只是無足輕重的綴旒。情勢如此，唐高祖如仍繼續戀棧大位，就要成為毫無地位的傀儡皇帝了。這種情勢本來很難處理，幸好北魏獻文帝在傳位其子的詔書中就已有一番冠冕堂皇的辭令，曰：

> 子有天下，歸尊於父，父有天下，傳之於子。今稽協靈運，考會群心，爰命儲宮，踐昇大位。朕方優遊恭己，栖心浩然，社稷乂安，克廣其業，不亦善乎？

應用在這裏，正是極完美的典章故實。於是，高祖於這年八月間降詔禪位於秦王世民，而自居太上皇之位。就事論事，唐高祖的此一舉措，很可能並非出於自願。因為唐高祖在退位之後，雖然居於太上皇之位，唐太宗李世民對他所盡的頤養孝順，似乎並不理想。從這一點可以猜想，唐高祖李淵與太宗世民雖為父子，在高祖退位以前，雙方關係已經並不很好，至高祖退位以後乃更甚。

唐高祖李淵在禪位後退居於大安宮，至貞觀九年五月崩駕，作太上皇的時間共計八年十個月。由《唐書》〈太宗本紀〉可見，在這八年十個月之中，關於太上皇的生活紀錄只有三次。一次是貞觀四年十月，太宗獻獵物於大安宮；一次是貞觀七年十二月，太宗奉太上皇置酒未央宮；再一次則是貞觀八年十二月，太宗從太上皇閱武於城西。除此之外，則在這八年十個月之中，再未見有唐太宗親往大安宮朝見太上皇或請安問候的紀錄。以此情形與宋高宗作了太上皇之後所得於宋孝宗的孝養紀錄相比，二者之間的差距，簡直不可以道里計。

## 同爲太上皇，境遇有霄壤之別——宋高宗、唐睿宗

由《宋史》〈孝宗本紀〉中的紀事可見，宋高宗作了太上皇之後，移居於德壽宮，孝宗每五日必往朝見一次，每月朔望二日，更親率宰執大臣至德壽宮起居。德壽宮乃秦檜相府所改建，位於杭州城內的望仙橋畔，與鳳凰山麓的「大內」相距甚遠。宋高宗退居太上之後又活了二十六年，死時享壽八十一歲。在這二十六年中，孝宗雖日理萬機，始終不廢此禮，二十餘年如一日。而且不僅此也，為了使太上皇活得快樂，孝宗更以各種方法博取其歡心，其先意承旨、呵護關切之至情流露，使人十分感動。唐高祖與宋高宗同為太上皇，何以彼此間的待遇相去如此懸絕？若不是唐高祖與唐太宗父子之間存有芥蒂，雙方的關係當不致如此冷漠，甚至連最起碼的日常定省條件都不能做到。類此情形，在唐睿宗李旦與玄宗隆基之間亦可依稀見到。

唐睿宗李旦即位於臨淄王李隆基戡定韋后之亂以後，當時的李隆基，已是一個能助父親打天下的大功臣了。及至睿宗即位而太平公主專權亂政，隆基的事業幾為太平公主所譖毀，乃又在另一次

軍事行動中一舉殲滅太平公主及其黨羽，再一次挽救了可能發生的政治危機。就事論事，隆基當然是有功社稷的最大功臣。但成為問題的是，太平公主與睿宗的兄妹感情甚篤，睿宗願意姑息太平公主，而隆基卻毫不容情的大開殺戒，未免太傷老父之心。這種情形，與當年玄武門事變中唐太宗推刃同氣的往事何其類似。於是睿宗亦如當年之唐高祖，不僅自傷無能，亦不甘心成為兒子的傀儡，於是也讓出了皇位。睿宗做了太上皇之後，玄宗李隆基似乎也很克肖其曾祖父李世民，在老父未死之前，很少克盡其孝養無違的兒子責任。而且在他自己後來也做了太上皇之後，所得到的待遇較此為尤劣。這就不能不使人懷疑，唐朝的皇子教育中，究竟有沒有「孝順」這兩個字呢？

## 西宮南內多秋草，落葉滿階人不掃——玄宗晚景寂寥

西宮南內多秋草，落葉滿階人不掃。
梨園子弟白髮新，椒房阿監青娥老。……

這是白居易寫在長恨歌中的四句詩。初讀長恨歌時，總以為這幾句詩所寫的，乃是唐玄宗在歷經安史之亂及播遷歸來，朝中人事已非，不僅梨園子弟皆已白髮如銀，昔日的宮女太監亦皆垂垂老矣。及至後來看到《唐書》〈李輔國傳〉中所記，

唐玄宗像

李輔國所加於太上皇身上的種種苛刻待遇，方才瞭解，原來大詩人白居易之所以要這樣寫，正是因為他對玄宗晚年生活之可憐寄予無限傷痛之感哩！

唐玄宗李隆基在位四十五年，所締造的開元盛世，在唐朝歷史上赫赫有名。四十五年的皇帝生涯，他一直沉浸在紙醉金迷的充裕物質生活中，享盡人世間的富貴榮華。只可惜「漁陽鼙鼓動地來」，打破了他的繁華春夢。流離奔竄之餘，不但心愛的貴妃被殺，連皇位也被他兒子李亨不告自取，平白無辜的將他升格成了太上皇。及至歷盡艱辛之後萬里歸來，滿心以為總還有一段富貴尊榮的晚福可享，卻想不到完全不是那麼一回事。在位的皇帝雖是他的親兒子，好像並沒有太多的興趣關心老父的生活問題。最糟糕的是，皇帝周圍的某些人物好像有意利用皇帝對他的疏遠，在其中製造各種各樣的問題，而太上皇對之卻毫無辦法。這些人物以大太監李輔國為首。在他的蓄意構陷之下，為太上皇所親信的高力士、陳元禮、王承恩、魏悅等人先後被流徙遠方，玄宗退居太上之後初期所住的興慶宮，也在李輔國的設計安排之下被迫搬出，遷居於冷落荒涼的「西內」甘露殿。至於太上皇的貼身近侍，初時曾長期追隨的老人亦都被陸續換掉，新派來的只是一些老弱殘廢的太監宮女，不但人數稀少，灑掃不備，而且完全說不上話，形同虛設。所謂「西宮南內多秋草，落葉滿階人不掃」，應不是捨不得掃而是無人為之掃除。所處身的境況如此寥落荒涼，教素來養尊處優慣了的老皇帝如何過得下去？這其中的內情，新、舊《唐書》的有關紀傳中雖未明說，馬端臨所撰的

《文獻通考》中卻曾有老實不客氣的記述，說：

李輔國既矯詔遷上皇居甘露殿，流力士於遠方，輔國詣上請罪。上曰：「卿防微杜漸，以安社稷，何懼也？」自是上皇日以不懌，辟穀成疾。上初猶往問安，既而但遣人起居。寶應元年，上皇崩。

這段文字中所謂之「上」，即唐肅宗，當時在位之皇帝。由此可知，李輔國之所以膽敢對太上皇實行其種種生活上精神上之迫害，其主要憑藉，全在他曾說服肅宗李亨，不如此嚴加防範，上皇恐有「復辟」之可能。在位的皇帝有誰會不怕老皇復辟的？於是，即使此時的唐玄宗只是衰朽無能的皤然一翁，毫無作為可言，如今亦須被他的兒子當作「虞犯」一般地小心監看起來。名義上雖是備受皇帝尊崇的太上皇，所得到的實際待遇竟是如此，怎不令人為之寒心？

由唐玄宗李隆基做了太上皇之後的不幸遭遇，不能不使人聯想到，同樣由皇帝升格成為太上皇的宋高宗趙構，其後來的遭遇何其幸運！

## 父子皆爲太上皇而境遇不同——宋孝宗未享天年

在位的皇帝自甘退隱，真心誠意地交出皇帝權力，在後來又能不再受人猜忌，快樂自在地過完其退休生活的，遍觀中國歷史，恐怕只有宋高宗趙構一個人能做到這些。他的兒子宋孝宗後來也效法他，在六十三歲時傳位其子光宗趙惇，然而其晚年的生活卻並不愉快。其中之差異，完全是由於人的因素。

宋孝宗之大孝至誠，甚為後人所稱道。《宋史》〈孝宗本紀〉後附之贊語，就是最好的代表。贊語中有一段說：

> 自古人君起自外藩，入繼大統，而能盡宮廷之孝，未有若帝。其間父子怡愉，同享高壽，亦無有及之者。終喪三年，又能卻群臣之請而力行之。宋之廟號，若仁宗之仁，孝宗之孝，其無愧焉，其無愧焉。

宋孝宗只是宋高宗的螟蛉子，卻能對高宗克盡孝道，數十年如一日，雖由其至性感格，亦因有賢后為其內助。至於他的兒子光宗趙惇，一方面既無其父之大孝至誠，二方面又有悍妒不賢之婦。一旦孝宗退居太上之後，權力歸於趙惇，即不免因悍妻之挑撥離間，而使父子感情發生變化。宋孝宗後來之所以不能像宋高宗那樣怡愉安適，克享天年，這是最重要的因素。宋人周密所撰《齊東野語》中，有一段關於此事的記述，引述如下：

> 黃德潤事阜陵，人或譏其循默。淳熙末，上將內禪。一日退朝，留二府賜坐，從容諭及倦勤之意，諸公交贊，公獨無語。上顧曰：「卿以爲如何？」對曰：「皇太子聖德誠克負荷，顧李氏不足母天下，宜留聖慮。」上愕然色變。公徐奏曰：「陛下問臣，臣不敢自默。

然臣既出此語，自今不得復覲清光。陛下異日思臣此言，復欲見臣，亦不可復得矣。」退即求去甚力。壽皇在重華宮，每撫几嘆曰：「悔不用黃洽之言。」

黃洽，字德潤，宋孝宗淳熙末年任參知政事之職。所謂壽皇、阜陵，均指宋孝宗；重華宮則是孝宗退位太上後所住之處。黃洽以為，宋孝宗打算傳位太子而自居太上，並無不妥；怕的是太子妃李氏非賢淑之人，將來或致在太上與光宗之間製造麻煩，應加考慮。孝宗當時不以此言為然，及至退居太上後果然因李氏不賢而造成父子不相見的局面，方纔追悔無及。

## 權力鬥爭下的宋光宗

光宗娶妻李氏，後為皇后。此人之個性悍妬無比，豈僅黃洽所說之「不足母天下」而已。皇帝必有妃嬪，李氏不能忍受妃嬪得寵，竟敢乘光宗住宿齋宮之時，將他所寵之黃貴妃殺害。還有一次，則因光宗愛一宮女手白，她竟剁下此宮女的雙手送去給皇帝欣賞。如此殘忍毒辣之人，趙惇自己無法制馭，孝宗身為阿翁，知道了之後少不得要訓誡兒子。由此遂引來李氏之怨恨，設計各種莫須有之謠言，或說太上配製毒藥將伺機酖殺皇帝，或說太上將於皇帝過宮朝見之時留住不遣。光宗平素即畏憚其父之嚴毅，聽此謠言，竟不敢往見太上。積時既久，形跡漸著，臺諫大臣紛紛進言規勸，愈使光宗畏難疑阻。加上李皇后之從中阻撓，各方面的關係愈來愈僵，終致宋孝宗積怒成病，含恨沒地，上距他之退居重華宮，不過只有六年。孝宗一死，光宗成了全國臣民所集矢之禍首。他本來就因為父子關係惡劣而漸有精神恍惚之象，一旦忽然成為萬衆唾罵的對象，更加愧恨無地，精神恍惚的現象也愈形嚴重，竟有不能臨朝治事及為父發喪成禮的情況。皇帝死了父親而停喪不發，這將是何等嚴重的事？為了解決這些複雜糾結的困難，宰相大臣們請出太皇太后來拿主意。太皇太后的意見認為，皇帝既因病不能執喪，且曾有御筆，欲自退閒，可即令皇子嘉王擴即皇帝位，尊帝為太上皇。由於此一決定，宋光宗竟在糾紛擾攘的局面中陰錯陽差地失去了皇位，由現任的皇帝變成了退閑的太上皇。這當然不是他願見之事。無奈他此時實在已精神恍惚得厲害，不讓出皇位來也不行了。宮廷中的權力鬥爭竟會出現這樣的變局，當真使人無法想像。即使是已死去的宋孝宗，也不敢相信他的不孝子趙惇竟會在這種情形下變成太上皇的吧！

## 太上皇「復辟」——明英宗「奪門之變」

宋光宗趙惇在宮廷權力鬥爭之中被迫成了太上皇，這滋味並不好受。他的精神恍惚之症當然也更形嚴重，在後來竟變成了精神分裂症，死得很不體面，死時年僅五十四歲。與此情形相似而後來的變化比較好的，則可以明英宗為例。

廣東人有一句極普通的俚話，叫「鹹魚翻身」，其含義是「辦不到的事居然辦到了」。鹹魚當然不能自己翻身，但如有人去將它翻過來，不也應了「鹹魚翻身」的俚話了嗎？鹹魚不能翻身，就好像退休的太上皇是不能復辟再做皇帝一樣，本來是鐵一般的定律。可是，世界上總會有某些野心人物，處心積慮地到處尋找機會實現其政治野心，太上皇無疑亦是其可資利用的目標之一。唐肅宗李亨之所以聽從李輔國之讒言，要把唐玄宗像嫌疑犯一般監管起來，其原因在此。明英宗在做了太上皇之後所得到的待遇，亦是如此。只是因為他年輕而運氣好，被野心家視為利用的對象而且活動成功，終於再度從太上皇「復辟」成為皇帝，這倒是太上皇歷史中僅見的特殊事例。

明英宗兵敗被俘，沙漠歸來後以太上皇名義退居南宮，本來已經死心塌地地慶幸劫後餘生，打算以退休之身安度其餘年的了。無奈他此時年方二十餘歲，春秋鼎盛，朝中臣僚對他心存好感的甚多，這就不免使在位的景泰帝大起戒心，深怕他仍有做皇帝的興趣而朝臣亦願擁戴，未免為心腹之患。為了防患未然，景泰帝對太上皇所住的南宮謹慎戒備，不僅多派兵將防守出入，更將宮牆內的樹木一概砍伐，及增高南宮牆垣，以資防範偷越；臣僚請求朝見，亦一概不准。凡此皆在隔斷太上皇與外間的交通往來，以防意外。但防範愈密，愈易激發人之反感。許多人以為明朝江山本為上皇所

明英宗像（局部）

有，景泰帝不過代為看管，百年之後仍應歸上皇之子繼承。但景泰帝先則立自己之子為太子，太子不幸夭折，又不肯立上皇之子，顯有久佔不歸之心，太不公平。如今又對上皇如此猜忌防範，更有如盜憎主人，愈發顯得他的刻薄寡情。於是就有一班人藉擁戴上皇為名，籌畫復辟。其目的顯然希望在復辟成功之後，可得英宗之重大封賞，其利益之優厚勝於一切。果然，景泰七年正月十六日，終於使他們得到機會。這天晚上，景泰帝因郊禮住宿於天壇的齋宮，禁城內的戒備較鬆，復辟黨在武清侯石亨及副都御史徐有貞等人率領之下，帶兵偷入宮城，拆毀南宮的宮牆，擁上皇乘輿入東華門，升奉天殿，擊鼓鳴鐘，召集文武群臣入見，宣佈上皇復辟。復辟成功，首當其衝的當然是景泰帝。復辟的英宗首先降詔，廢景泰帝為郕王，出居藩邸，未久即以暴卒聞。又大封功臣，凡參與復辟有功者，無不加官晉爵，收穫豐富。明史稱這次復辟的政變為「奪門之變」，從這裏所得到的教訓則是：太上皇可能沒有復辟之希望，但如有野心家從中製造機會利用，一樣能出現鹹魚翻身的意外變化。由此說來，唐肅宗雖然對他父親防範過當，倒也不是全無理由的了。

## 末代太上皇——清高宗乾隆皇帝

清朝是中國歷史上的最後一個朝代，清高宗則是中國歷史上的最後一個太上皇，而他也是將「太上皇」這個角色發揮得淋漓盡致的人。歷史的經驗使他知道，作了皇帝的人決不能失去權力，否則就不會有好日子過。宋高宗雖因宋孝宗之孝養無缺而得以優閒怡情地安度晚年，這樣的事情卻可遇而不可求。與其在交出權力之後再企求繼位皇帝的孝順，何如在退居太上皇之後仍舊緊緊握住統治國家的權力，必能獲得繼位皇帝更多的孝順。由於這個道理，所以乾隆雖是中國歷史上的最後一個太上皇，卻是最有權勢的太上皇，也是事實上的「皇上之皇」；雖然這種情形與他的退位身分並不相符，但是卻顧不得了。

雖然說，中國歷史上真正具備「皇上之皇」權力的太上皇只有清高宗一人，但不具備太上皇名義而在事實上具此權力的「皇上之皇」，事實上仍有不少。因為中國歷史上除了太上皇之外，還有許多皇太后。由於各朝的體制不同，凡是身為皇太后者並不一定具有政治權力。但漢、唐、宋各朝允許皇太后可以用「權同聽政」或「垂簾聽政」的方式幫助尚未成年的小皇帝處理國政，經由這種方式掌握國家大權的皇太后，其權勢與地位似乎都可以與乾隆所扮演的太上皇角色相比擬。在這些人中，漢朝的高祖呂后、唐朝的高宗武后、宋朝的真宗劉后，與清朝的慈禧太后，都是其中的傑出人物；武

慈禧太后像

則天後來甚至自己即位稱帝，更可知道她在皇太后地位上所掌握的權力足夠使她成為「皇上之皇」。不過，皇太后的故事畢竟不能與太上皇的故事混在一起，這其間的掌故軼聞雖多，因已軼出本文之範圍，暫時只好存而不論了。

# 諸葛亮「平庸」嗎？

諸葛亮像

中國歷史上的三國時代，多采多姿，五色紛陳，充滿了可歌可泣的傳奇性故事。當時的人物，大多色澤鮮明而性格凸顯，最適宜作為小說和戲劇的題材。《三國演義》之所以能歷千百年而傳世不衰，平劇之所以三國戲的比例特重，這當是主要原因。

在三國故事中最為人所熟悉的人物，莫過於曹操、關公和諸葛亮。曹操大白臉，關公紅臉，他們的性格，已從面部化粧所塗的油彩明顯地呈現出來了。諸葛亮羽扇綸巾，足智多謀的人物個性也早已深入人心，無庸細述。在千千萬萬中國人的心目中，諸葛亮所象徵的，是忠君愛國、負責盡職、不計成敗利鈍、明知其不可為而仍為之的標準儒家精神。群英會、借東風、龍鳳呈祥、七擒孟獲等故事，充分寫出了他胸有成竹而算無遺策的聰明機智；而其北伐中原、病歿五丈原的悲愴結局，更十足強調了舊時知識分子感激知遇的忠義倫理。具備如此完美人格的歷史人物，放眼中外古今，殆不多見。

平心而論，在小說和戲劇中曹操被罵成了大奸臣，關公被尊崇為最偉大的忠義人物，確有過分渲染之處；而諸葛亮之被形容為牛鼻子軍師一流人物，亦未免失實。但最近有人提出諸葛亮其實只是一個被神化了的平庸人物，他在劉備大舉伐吳之時不加諫阻，乃是最大的失職，其後受遺命託孤，又不知以保境安民為重，反而過分耗竭國力，以有限的人力物力從事伐魏之戰，勞民傷財，毫無功效，更屬不智之甚云云，則實在也是厚誣前賢。諸葛亮真是被神化了的平庸人物麼？《三國演義》所刻意描寫的六出祁山、九伐中原，真是徒勞無功的愚昧之行麼？

## 陳亮論諸葛武侯

由歷史文獻可以知道，對於諸葛亮主持蜀政以後「連年動衆」、「屢耀其武」的伐魏戰爭，自晉宋以來就已有過無數的議論與評騭了。如南宋時的陳亮，曾撰〈武侯北伐論〉一文。照他的看法，諸葛亮伐魏，本來操有極大的勝算，假如不是諸葛亮中道病歿，則伐魏之戰最後必可成功。他的意見雖然不免過於樂觀，但亦有其立論之根據。他說：

> 夫仲達（按即司馬懿）出奇制勝，變化如神，天下莫不憚之，雖孫權亦以爲可憚。孔明以步卒十餘萬，西行千里，行行然求與之戰，而仲達以勁騎三十萬，僅能自守，來不敢敵，去不敢追。賈栩等常逼之戰，兵交即敗，不敢復出，姑以待弊爲名，而其爲計者，不過旦夕望其死，而無他術也，彼豈孔明敵哉？論者以孔明制戎長，奇謀短，雖知者亦以爲知其短而不用。吾獨謂其能爲而能不爲，將以乖仲達之所能，而出其所不能也。故吾常謂孔明而無死，則仲達敗，關中平，魏可舉。請遂言之。夫仲達以所能要其君，壓其同列而誇其國人，今乃斂兵而自守，而姑曰待其弊。夫孔明始試其兵，或以饑退。後雜耕渭濱，爲久住之基，木牛流馬，日運而至，則其弊不可待矣。遲之一二年，仲達將何辭哉？不戰則君疑之，同列議之，國人輕之，其身不安，其英氣無所騁，因不免於戰，戰則敗耳。敗則魏人破膽，郡縣響應，引兵略地，關中可有，分慰居民，彰明漢德，然後舉兵而臨關東，勢如破竹。關東平，則諭以信義，燕趙可指麾而定。……

據《三國志集解》所引《漢晉春秋》的記述，諸葛亮與司馬懿對峙於渭河平原時，魏將賈栩因屢次請求出戰不准，曾面譏司馬懿「畏蜀如虎」，可知陳亮所指司馬懿非孔明之敵，確有事實證明。在魏文帝、明帝之時，除了司馬懿，更無可以與諸葛亮對敵的主將。而司馬懿之對付諸葛亮，除了堅壁自守，持重不戰，以希望蜀軍因糧運不繼而自行退去之外，亦別無長策。陳亮推測，魏國內部可能因司馬懿之長期畏敵不戰而引起不滿，迫使司馬懿最後不得不改變初衷而出戰，並招致敗績的說法，實有可能。以歷史上的往事為例，明朝末年的抗清之戰，便曾有過類似的事情。

明萬曆末年，努爾哈赤起兵叛明，明軍連戰連敗，關外形勢岌岌。明朝政府於此時任用熊廷弼為遼東經略，主持全盤征討大計。熊廷弼深知滿清兵甲堅箭利，野戰斷不能敵，因此採深溝高壘的堅守不戰之計，想利用滿清兵軍需物資不足及糧食缺乏的困難，坐收困敵之利。這本是極高明的戰略部署，使能貫徹到底，清兵在求戰不得而攻城不克的困難之下，一旦軍糧及軍需均告枯竭，便只有坐而待斃。無奈明朝政府自皇帝至群臣均無此見解，只不過等了幾個月，朝中議論囂然而起，群指熊廷弼擁兵不戰，空耗國家財力，一再督令出戰。熊廷弼個性剛愎，憤而辭職。換上來的新經略袁應泰改變了熊廷弼的戰略部署，清兵大舉來攻，明軍一戰而潰，遼陽、瀋陽盡失，滿清的勢力遂愈不可制。與一千多年前魏蜀對峙的情形相比，司馬懿所採取的戰略正與熊廷弼相同。假如諸葛亮不死於五丈原或者魏國朝廷不能始終支持司馬懿的戰略，其後來的發展，亦很可能一樣——司馬懿被迫去職或不得不出而應戰，其結果則是蜀勝而魏敗，正如陳亮之所推測。所以，陳亮的推測雖嫌樂觀，事實正極有此可能。

## 以攻爲守，確保蜀漢

陳亮的諸葛北伐必勝論，並非只是他個人的見解。清人張鵬翮編《忠武誌》收錄在其中的相似議論正復不少，有興趣的讀者不妨一一覆按，這裏不再贅引。雖然說「歷史不講可能」，不能以未然之事當作已然之事來討論，但若以三國時代蜀漢的戰守形勢來看，諸葛亮六出祁山，即使未能達到興劉滅曹、光復漢朝的最後目的，至少亦在軍事上發揮了以攻為守的攻勢防禦作用，確保了四川及漢中的安全，其具體成效未可一筆抹殺。

諸葛亮在〈後出師表〉的開頭說：「先帝慮漢賊不兩立，王業不偏安，故託臣以討賊也。以先帝之明，量臣之才，故知臣伐賊才弱敵強也。然不伐賊，王業亦亡，惟坐以待亡，孰與伐之？」這一段話，坦白說出了蜀漢自己明白「欲以一州之地與賊持久」的情勢十分艱難，除非採取以攻為守的先發制人行動，實在很難在強弱懸殊的情勢下發揮制人而不受制於人的優勢形態。何況四川盆地雖稱險要阨塞之地，而從陝西越大巴山脈進入四川，實在並沒有太大的困難。由漢中北越秦嶺入關中平原，雖有棧道之險，而由長安向西，子午谷、褒斜谷、儻駱谷等三大主要谷道之外，尚有層出不窮的間道僻徑，要希望處處設險防守，談何容易。諸葛亮採取以攻為守的攻勢防禦策略，將敵國大軍遠遠堵截在穿越秦嶺山脈的各處谷道之外，徹底消弭了魏軍可能窺伺巴蜀的企圖，實在是最高明的禦敵之道。三國史專家祝秀俠撰《三國人物新編》，評述諸葛亮六出祁山的軍事行動兼具佯攻與實攻的雙重目的。其所謂「佯攻」，其意義應是以攻為守的攻勢防禦行動；所謂「實攻」，則應是真正的伐魏戰爭了。祝先生之言，甚為精闢，值得我們參看。在〈論諸葛亮的外交與軍事〉一文中，祝先生說：

武侯的六出祁山，前五次都是一種以攻爲守的戰略，最後一次的從斜谷出師，據武功五丈原與司馬懿對壘於渭南，並且分兵屯田，才是真正準備大規模的攻。而這一次武侯卻未捷先死了，於是後世的人就以爲他六次北伐都歸於失敗。其實前幾次的出兵，如果戰略上是真攻，也許可說是沒成功；但如戰略上是以攻爲守，不能說是失敗。

其後又說：

武侯之所以要採取這種攻的守勢，以致所謂「連年動衆，未能有克」，是當時客觀形勢決定使然。蜀的力量在任何時都比魏爲弱，而在基礎未穩定，內部種種建設未完成之時，實在不能北伐。但一方面積極建設內部，修明政治、充實倉廩，一方面卻不能不振軍事上的聲威，以杜絕敵人的覬覦。武侯的屢次師出祁山，就是這種用意。並且不斷的出擊，也可藉此訓練部隊，使士卒習於戰鬥，不致逸樂喪志，以作日後的大舉。

公元二六三年，亦即是諸葛亮病歿五丈原之後的二十九年，蜀亡於魏。此年八月，司馬昭分遣鍾會、鄧艾、諸葛緒率大軍十八萬人，三路伐蜀。西路鄧艾軍三萬，由狄道出洮陽，牽制蜀漢姜維軍的主力部隊，使其不得東顧；中路諸葛緒軍三萬，為鄧艾軍之後援；東路鍾會軍十二萬，由子午谷、褒斜谷、儻駱谷三道齊進，攻向漢中。在魏國優勢兵力的進攻之下，僅只九萬兵力的蜀軍顧此失彼，門戶盡失。負責從西路進攻的鄧艾軍，自陰平道溯河谷上行至摩天嶺，穿越無人地帶七百餘里，翻山涉澗，攀木緣崖，繞出劍門天險之後方，深入腹裏。蜀漢內無防守，人無鬥志，後主劉禪出降，蜀亡。以此情形與諸葛亮駐兵渭南的情形作一比較，即可知道，假如蜀漢能始終控制秦嶺以北的各處谷道隘口，魏國即使有滅蜀之心亦難成功。而自蜀漢不能再採取以攻為守的攻勢防禦策略之後，由關中越秦嶺入漢中的門户已在敵軍控制之下，以後的防禦工作，就十分困難了。所以，即使我們撇開北伐中原、興劉滅曹的可能性不說，諸葛亮六出祁山，禦敵軍於門庭之外的攻勢策略，最低限度已發揮了防衛漢中巴蜀安全的戰略目的，不應該輕加非議。

## 蜀漢是否民窮財盡？

諸葛亮的北伐大軍由四川進入關中，須穿越險峻綿亙的大巴山脈與秦嶺山脈，交通困難，糧運尤其不便；所以，諸葛亮六出祁山，每每無功而退，其主要原因當在於糧秣補給的困難。後人因此懷疑諸葛亮之「連年動衆，未能有克」，一定過度耗竭了國力民力，其說不為無見。但如以現在所能見到的各種史料來看，當時的情況，或不至如後人所想像；因為我們對當時的實際情況如何，尚有不能完全了解之處，所推測的論斷當然也就可能發生偏差。

項羽封漢王劉邦於漢中，《史記》〈高祖本紀〉說：「漢王之國，張良說漢王燒絕棧道，以示項羽無東意。」但是劉邦在表面上雖然燒絕了褒斜谷的棧道，實際上卻從褒斜谷的中間改出「故道」之路至陳倉，一舉襲破雍王章邯之軍，然後東向略定三秦，這就是歷史上極有名的「明修棧道，暗度陳倉」故事。漢高祖由漢中出兵北定三秦，所取的路線與諸葛亮北伐之路大致相同，所經歷的崎嶇險阻情形當然亦同。《史記》〈高祖本紀〉又說：「漢王留蕭何取巴蜀租給軍糧，秋八月，引兵從故道出襲雍。」據此云云，則劉邦大軍當時所用的軍糧，亦是由四川越秦嶺以運達關中前線的。彼此的情形如此相似，漢高祖及蕭何當時是用何種方法將四川的糧食運至關中，便十分值得注意。

顧祖禹《讀史方輿紀要》說：「漢高燒絕棧道，因別開西路，從故道北出，以襲陳倉。」據顧氏所說，由鳳縣以出大散關之路，古稱「故道」，舊廢。劉邦襲雍，佯為取道褒斜，實則於褒斜之間轉入故道而出陳倉，趁章邯之不備，遂得成功。《華陽國志》：「高祖自漢中出三秦伐楚，蕭何發蜀漢米萬船，給助軍糧。」鳳縣位於嘉陵江之上源，蕭何以船運川米濟劉邦之軍，其船運之終點可能即在鳳縣。鳳縣鄰斜水，而《漢書》〈溝洫志〉謂：「褒水通沔，斜水通渭，皆以行船。」雖然鳳縣與褒斜之間尚隔鳳嶺、紫關嶺等分水嶺，然低平可陟，路程亦不甚遠。既然古代史書上曾有「褒斜通漕」之說，當時就未嘗不可藉水陸接駁之法由鳳縣經褒斜道越過嶺路，以運米入渭。如果當時沒有此一捷徑以節省運輸之力，則不但蕭何不可能發蜀漢之米運濟關中，諸葛亮後來六出祁山之時，亦將因糧運困難而耗竭了川中的民力。這一理論雖然亦只是出於推測，但我們若能證明諸葛亮當時並未耗盡川中之民力，便可間接證明他有節省民力的運輸方法。

晉朝滅蜀滅吳而統一中國，時間上距蜀漢最近。晉人袁宏所撰《諸葛亮論》，曰：「亮之治蜀，田疇闢，倉廩實，器械利，蓄積饒。朝會不譁，路無醉人。夫本立故末治，有餘力而後及小事，此所以勸其功也。」照此說來，在諸葛亮主政時代的蜀漢，法度修明而社會安定，民生殷富，產業發達，一片奮發蓬勃之朝氣，何嘗有民生凋敝之蕭索氣象？然則後人因諸葛亮屢次興師北伐而推測他耗竭了蜀漢的民力，造成了民窮財盡，國力衰竭的不良後果，便不合於事實。那麼論諸葛只是一個被神化了的平庸人物，與真實情況豈不是太遠了麼？

# 曹操不是大白臉

## 天下之惡歸桀紂

曹操（平劇中臉譜造型）

平劇講究以臉譜造型代表劇中人物的角色性格。平劇中的曹操是大白臉，而大白臉所代表的則是奸臣；除了曹操，司馬懿、秦檜、嚴嵩也是這種扮相。但司馬懿與秦檜、嚴嵩等人雖是標準的大奸巨憝，曹操與之相比，實大有差別，殊不可以等量齊觀，一概而論。

歷史上的夏桀與商紂，是最典型的暴君。史籍記述他們的惡德暴行，多至擢髮難數。即使如此，我們的古人也儘有對這種誇張過甚的記述深表懷疑的。《論語》〈子張篇〉云：「子貢曰：紂之不善，不如是其甚焉。是以君子惡居下流，天下之惡皆歸也。」《淮南子》〈繆稱訓〉篇亦說：「三代之盛，千歲之積譽也；桀紂之謗，天下之積毀也。」這正是古史記事之大病，所謂「天下之善，歸之堯舜，天下之惡，歸之桀紂」（《列子》〈楊朱篇〉），這裏面其實沒有十分明白的是非觀念。由夏桀商紂的事例，可以使我們得到一項認識：對歷史人物的評價，世人似不免因心存好惡之故而有「積譽」、「積謗」之不正確估量，其影響所及，即不免使人物形象因模糊失真而逐漸發生偏差。以曹操的歷史為例，所謂「君子惡居下流，天下之惡皆歸也」的道理，正是十分明白的古訓。

## 弒皇后酖皇子的疑案

《三國演義》記述曹操不臣無君的悖逆行為甚多。其中最慘酷的一項，則是弒伏皇后及酖殺伏后所生之兩皇子。這在《資治通鑑》卷六十七中亦有記載，云：

> 董承女為貴人，操誅承，求貴人殺之。帝以貴人有妊，累為請，不能得。伏皇后由是懷懼，乃與父完書，言曹操殘逼之狀，令密圖之，完不敢發。至是，事乃泄。操大怒，十一月，使御史大夫郗慮持節

曹操像　（選自《三才圖會》）

策收皇后璽綬，以尚書令華歆爲副，勒兵入宮，收后。后閉户，藏壁中。歆壞户發壁，就牽后出。時帝在外殿，引慮於坐。后被髮徒跣，行泣，過訣曰：「不能復相活耶？」帝曰：「我亦不知命在何時！」顧謂慮曰：「郗公，天下寧有是耶？」遂將后下暴室，以幽死，所生二皇子，皆酖殺之，兄弟及宗族死者百餘人。

這一段話描寫曹操之目無君父，殘害母后，及華歆自複壁中搜出皇后，披頭散髮地徒跣出宮的光景，彷彿如見。最慘痛的當然還是伏皇后希望漢獻帝能相拯救而漢獻帝自謂「我亦不知命在何時」的這一段對話，寫盡了傀儡皇帝在權奸操縱把持之下苟且偷生，不自知命在何時的可憐情形，相信後世之人在讀到這一段史文時，沒有人不會痛罵曹操的殘酷暴虐的。

無父無君而又殘酷暴虐如此，目之為「名為漢相，實為漢賊」的大奸巨憝，自然十分正確。所成為問題的是，《資治通鑑》記述此事的文字雖然明白如此，其所根據的資料來源實在很有問題。因為《資治通鑑》記述此事的資料來源是《後漢書》的〈伏皇后傳〉，而《後漢書》〈伏皇后傳〉中的這一段記事，除了三國時代的野史《曹瞞傳》以外，並未見於他書。假如《曹瞞傳》的正確性難以認定，這一段史事的正確性就大可懷疑。《三國志集解》〈華歆傳〉中，曾引述明人嚴衍的一段考證文章，大可參考。今轉引於後：

曹操弒后事，《通鑑》原文云：「以尚書令華歆爲郗慮副，勒兵入宮收后。后藏複壁中，歆壞户發壁，牽后出。」果爾，是歆即操之成濟也。然歆傳何以不載此事？此事蓋《通鑑》本之《後漢書》，《後漢書》本之《曹瞞傳》。《曹瞞傳》吳人所作，焉知非異域傳聞之誤耶？不然，漢之末造，國運雖替，清議猶嚴，故以陳壽之才名，世人所重也，止以居喪使婢丸藥，遂蒙譏謗，廢滯者數年。又操之稱王，楊訓發表稱頌功德，崔琰所薦，於時物論，不但笑訓浮僞，並咎琰失舉。由是言之，直道未亡，有瑕必摘，使歆果有此事，則衆實有口，誰能箝之？且殿廷之上，非私家曲室之比也，一舉一動，既萬目所共睹，亦萬口所共傳，豈公論獨刻於陳壽、楊訓，而私於華歆哉？豈悖天逆理之事他國史臣猶聞之，二三百年後之范曄猶聞之，獨同朝共事之人反不聞耶？陳登、陳群、傅玄輩皆一時名賢也，豈以私好阿人者哉？乃登之稱歆者，曰：「淵清玉鑑，有禮有法，吾敬華子魚。」使果牽后，禮法何在？群之稱歆者曰：「若華公者，可謂通而不泰，清而不介者矣。」使果牽后，清通何在？玄之稱歆者曰：「華太尉積德居順，事上以忠，濟下以仁，晏嬰行父，何以加諸？」使果牽后，忠仁何在？且不但此也，王朗與歆齊名，乃自以識度不如歆，每事學之。張華論之曰：「王之學華，皆在形骸之外，去之所以更遠。」若果牽后，識度何在？張華於書無所不讀，豈獨不見《曹瞞傳》歟？何不據此以罪歆，而乃貶王尊華若此？彼誠見瞞傳爲無稽之言，故不屑置之齒頰間耳。《華歆譜叙》云：「西京之亂，歆與王朗乘舟避難。有一人欲附舟，歆頗難之，朗竟受焉。已而賊追急，此人趨避墮井，朗欲棄之而去。歆曰：『本所以疑，正爲此耳。既已同行，棄之不義。』遂相與救出之而別。」又，文帝受禪，三公以下共受爵賞。時歆爲相國，與尚書令陳群獨感愴形於顏面，文帝察之，深以爲恨。夫邂逅之人且能捨命而拯之於井，母后之尊，乃忍犯義而牽之於壁？受禪之時，既能輕相國之尊而觸新主之怒；未篡之先，豈難棄尚書之官而順逆臣之心？此皆事理所必不然者。故特書其姓名而詳爲之辨，後之讀者，勿泥范曄之筆而疑予之言。夫予言誠不足信，乃若陳登、陳群、王朗、傅子、張華五六巨公之言亦不足信耶？不信同時之人，而信隔世以後無所取裁之范曄，何人之好德不如其好謗之甚也！

嚴衍的這一段考辨文章，從當時的社會風俗、時人言論等各方面反覆推敲，證明華歆是一個忠貞仁恕而操履純潔的禮法之士，不可能去做「發壁牽后」的無恥悖逆之事，其立論甚有見地。更因記述「發壁牽后」之事的只有三國時代的一本野史《曹瞞傳》，無法再從其他史籍中得到參考證明，在「孤證難信」的情形下，生在二百餘年之後的《後漢書》作者范曄，究竟有何理由相信《曹瞞傳》所記的這一段史事確為無可懷疑的「信史」？其修史的態度實大有可議之處。嚴衍說：「夫予言誠不足信，乃若陳登、陳群、王朗、傅子、張華五六巨公之言，亦不足信耶？不信同時之人，而信隔世以後無所取裁之范曄，何人之好德不如其好謗之甚也！」這幾句話中的感慨，尤其深刻。

大概一般人確實都有「好德不如好謗之甚也」的毛病，所以夏桀商紂身上所負的謗名也會在日積月累的情形下愈積愈重，終於到了「天下之惡皆歸焉」的地步，所以曹操纔會在最後被畫成了一個大白臉。

關於伏皇后被廢黜致死的事，《三國志．魏書》〈武紀〉中曾有記載云：

建安十九年十一月，漢皇后伏氏坐昔與父故屯騎校尉完書云，帝以董承被誅，怨恨公，辭甚醜惡。發聞，后廢黜死，兄弟皆伏法。

董承被誅，事在建安五年；伏完則在建安十四年時已故。伏皇后因皇帝為董承被殺之事對曹操大表不滿，而由皇后致書其父轉達其「怨恨」之意，其時間應該不會在董承被殺之後太久，下距建安十九年則確實是相隔太久了。相隔十餘年之久的一封陳年舊信，竟會使曹操大起殺機，不僅皇后被廢黜致死，其兄弟亦皆慘罹非命，看起來實在使人覺得很不可思議。曹操秉政時期，曾重用擔負特別任務的「校事官」刺探情報，不知道伏皇后的書信事件是否即是這些人揭發出來的？更不知道此一書信的真假如何？不過，《三國志》在記述這段史事時，似乎並未曲意為曹操掩飾其過惡，而且也分明點出了曹操實為整個事件之發動者。曹操因伏皇后與他處於敵對地位而必欲將之除去，此應是當時之事實；至於「發壁牽后」及涕泣道別等涉及華歆的慘痛光景，究竟是否確有其事，《曹瞞傳》中的記述固然歷歷如見，其真實性畢竟仍大有問題。《後漢書》根據《曹瞞傳》中的記述寫入〈伏后傳〉中，又由《資治通鑑》加以照單全收，再經過《三國演義》渲染一番，曹操殺皇后、酖皇子，及華歆「發壁牽后」等等的故事，從此遂深入人心，牢不可破。經由這些文字傳述描寫出來的曹操，其殘暴狠毒、滅絕人性，不僅使人切齒痛恨，亦使人從內心深處對他鄙視不齒。然而嚴衍等人對這段故事的真實性表示懷疑，卻未受重視，因為已經有太多的史書在作此敘述了。

## 「奸雄」之名說到今

在《三國演義》第一回「宴桃園豪傑三結義，斬黃巾英雄首立功」之中，三國時代的幾個重要主角劉備、關羽、張飛都露了面，曹操也在這一回之末被介紹登場。演義作者介紹曹操登場時，曾引述汝南許劭對曹操的評語，說他是「治世之能臣，亂世之奸雄」。《三國演義》是小說，敘述史事不免失真，在這方面的情形亦復如此。

許劭在《後漢書》中有傳，據原書所記，此故事的有關記述如此：

曹操微時，嘗卑辭厚禮，求爲己目，劭鄙其人而不肯對。操乃伺隙脅劭。劭不得已，曰：「君清平之奸賊，亂世之英雄。」

范曄對曹操素無好感，如果許劭在當時確實曾說他是「治世之能臣，亂世之奸雄」，范曄絕不可能改成「清平之姦賊，亂世之英雄」，因為「奸雄」與「英雄」含義出入太大，改奸雄為英雄，對曹操顯然是極大的褒崇了。但若從現存的各種有關記述看來，顯然是「英雄」之說占極大多數。指目之為奸雄的，只不過一條資料而已。現在且將它們臚列如下——

《三國志・魏書》〈武帝紀〉：

太祖少機警，有權數，而任俠放蕩，不治行業，故世人未之奇也，惟梁國橋玄、南陽何顒異焉。玄謂太祖曰：「天下將亂，非命世之才不能濟也，能安之者其在君乎？」

《後漢書》〈黨錮傳〉中之〈何顒傳〉云：

初，顒見曹操，嘆曰：漢家將亡，安天下者必此人也。

《後漢書》〈橋玄傳〉：

初，曹操微時，人莫知者。嘗往候玄，玄見而異焉，謂曰：「今天下將大亂，安生民者其在君乎？」

《世說新語》〈識鑑篇〉：

曹公少時見橋玄，玄謂曰：「天下方亂，群雄虎爭，撥而理之，非君乎？然君實亂世之英雄，治世之奸賊。恨吾老矣，不見君富貴，當以子孫相累。」

《後漢書》〈李膺傳〉：

子瓚，位至東平相。曹操微時，瓚異其才，謂子宣等曰：「時將亂矣，天下英雄，莫過曹操。張孟卓與吾善，袁本初汝外親，雖爾勿依，必歸曹氏。」諸子從之，並免於亂世。

晉孫盛撰《異同雜語》：

（曹操）嘗問許子將：「我何如人？」子將不答。固問之，子將答曰：「子治世之能臣，亂世之奸雄。」太祖大笑。

上面所引的六條資料中，前五條都稱許曹操是能夠撥亂反正、奠安民生的「亂世英雄」，祇孫盛的書中稱曹操為「亂世之奸雄」，而且還說也是許劭（許子將即許劭）的批評。此不僅與《後漢書》〈許劭傳〉中的記述顯然不符，而且在所有的資料也顯得至為突出。凡是記述同一事件的史料，當然以彼此相同者最為可信，孫盛的記述特異於衆，其正確性當然可疑。更以曹操少時「任俠放蕩」「不治行業」的行為來看，分明與現代社會中的太保流氓之類人物十分相似，指為「清平之姦賊」，當然可信，若謂由此即可看出他將來必是「治世之能臣」，不知其根據何在？

孫盛是東晉時頗有聲名的作家，所著《魏春秋》《晉陽秋》等書以直筆自命，亦頗為人稱道，但其出發點及立場則頗有問題。例如他在評論華歆輕財好施，家無擔石之儲一事所持的論點，就被清人何焯評為「似高而遠於情」。至於宋人唐庚對他的批評就更不客氣了。唐庚《三國雜事》論之曰：

孫盛以刻薄之資，承學於草竊亂賊之世，性習皆惡，故其論議類皆如此。夫見牛未見羊，孟子所謂仁術，何名爲偏宥哉？使盛爲廷尉於魏文之時，則歆當以私饋盜施誅矣。東晉之不用盛，不爲過也。

孫盛既被人譏為「刻薄」而「性惡」，他的著作就不免有偏頗失實之嫌。更何況《後漢書》〈許劭傳〉中所記許劭早年對曹操的評語，根本只是「亂世之英雄」而非「亂世之奸雄」，則稱曹操為奸雄，孫盛應為始作俑者。不過，曹操早年能以一旅之師蕩定中國北方的群雄割據，其戰功之彪炳，確實不負英雄之稱。只是他後來忽然又因權高震主之故而又有種種悖逆不臣的惡行，遂不免使他的英雄之名墮地以盡。在這種情形之下，人們也許會覺得，稱曹操為「英雄」，其實不如稱之為「奸雄」來得更加合適。於是乎曹操的「亂世姦雄」之惡名，也就這樣一脈相承地流傳下來了。

## 特務政治使人恐怖

曹操被後人指目為「奸雄」的最大惡行，無過於他雖然以翊戴皇室的方式「挾天子以令諸侯」，實際上又視天子如無物，朝廷威柄，悉由己出，皇帝反而要事事仰其鼻息。這種假仁假義不忠不信的特質，自足以構成他的奸雄罪行。更有甚者，他不僅把皇室視如贅旒，更在他所統治的政府中大搞其特務政治，以致朝臣人人自危，更足以使道德淪喪，紀綱敗壞。關於這一點，前世史家似尚少論及，應該特別加以介紹。

附註曰：

《三國志集解・魏書》卷十四〈程昱傳〉云：「時校事放橫」。此一句下有《集解》作者所加

《御覽》二百四十一引《魏略》云：「撫軍校尉秩比二千石，本校事官。始，太祖欲廣耳目，使盧洪、趙達二人主刺舉，多所陷入。故於時軍中爲之語曰：『不畏曹公，但畏盧洪。盧洪尚可，趙達殺我。』後達竟爲人迫死。」

這一條資料雖說當時的校事官祇在軍中從事情報刺探的祕密工作，而據〈程昱傳〉後所附其孫程曉的奏疏看來，這種校事官制度發展到了後來，簡直就成了KGB一般的恐怖組織，其權勢極為可畏。〈程昱傳〉中之所說如此：

時校事放橫，曉上疏曰：「……昔武皇帝大業草創，衆官未備，而軍旅勤苦，民心不安，乃有小罪不可不察，故置校事取其一切耳。然檢御有方，不致縱恣也。其後漸蒙見任，復爲疾病，轉相因仍，莫正其本。遂令上察宮廟，下攝衆司，官無局業，職無分限，隨意任情，惟心所適。法造於筆端，不依科詔；獄成於門下，不顧覆訊。其選官屬，以謹慎爲粗疏，以謥詷爲賢能。其治事以刻暴爲公嚴，以循理爲怯弱。外則託天威以爲聲勢，內則聚群奸以爲腹心。大臣恥與分勢，含忍而不言；小人畏其鋒鋩，鬱結而無告。……」……

由於程曉此疏的剴切陳言，魏國終於廢止了校事官制度，然其時間已在齊王曹芳為帝的嘉平年

間，上距曹操秉政時已有四十餘年之久了。魏國在曹操秉政時開始了此一「緝事刺探」的校事官制度，歷時四十餘年之後方告廢除，則在這長時間內所造成的重大弊害，必定不少。由「上察宮廟，下攝眾司」二句，可知伏皇后私信之所以「發露」，亦必是這些校事官的偉大傑作。此外可以看得出來的，則是崔琰被迫自殺之事。

《三國志・魏書》〈崔琰傳〉記崔琰之死，是因為他在寫給楊訓的信中有「時乎時乎，會當有變時」之語，含意晦澀，被人持向曹操檢舉，指崔琰此語實對曹操封魏王一事心存訕謗。曹操以為信然，遂迫令崔琰自殺。崔琰是曹操幕下的重要謀臣，立身清正，甚為曹操所敬憚。然而卻不免因這幾句含義不明的話而被加上莫須有的罪名，含冤而死，追源禍始，實由於校事官的檢舉。朝中大臣猶且不免因校事官之構陷而遭枉死，其他地位相形不如之人，自然更有危險了。在祕密警察得勢的社會裏，知識分子為了逃避羅織搆陷，大多以緘口不談時政為全身遠害之計。近人夏曾佑說：「魏武原出宦官，絕儒生，惡氣節。司馬氏因之，益以自危。為所猜者，無胡越之可走，則惟有自汙以求免而已。故有老莊之學。」（《老子序言》）這段話如果說得不錯，則魏晉士大夫之所以重名利而輕節義，又紛紛以頹廢玄虛之學為遁世之計，實與曹操所推行的「校事官」制度有絕對的關連。自古以來，凡是藉不正當手段箝制社會人士之思想言行者，都不免被指為殘暴專制的極權統治。曹操不幸而有此，真可說是他一生行為中最大的惡德敗行。他在當時人心目中的英雄形象，之所以逐漸會被「奸雄」二字所代替，這應當是極重要的一項因素。

不過，從三國的歷史看來，曹操所推行的校事官制度，尚非他一人之特創，同時的吳國亦嘗有之。吳國的孫權，向來被人認為一世之豪傑，從無人稱之為奸臣或奸雄。然則曹操和孫權之同時都在搞這一套把戲，豈不又成了「英雄所見略同」的笑談了麼？

吳國之有情報特務人員，《三國志・吳書》〈潘濬傳〉中即有明白的記述。潘傳云：

時校事呂壹操弄威柄，奏按丞相顧雍、左將軍朱據等，皆見禁止。

同書〈顧雍傳〉中亦說，呂壹在深得孫權倚信的時候，

舉罪摘奸，纖介必聞。重以深案醜誣，毀短大臣，排陷無辜。

其所作為，亦與曹魏統治區內的校事官同樣地可怕。但是，曹操惡名昭彰，孫權却並未因此而被人指為奸雄，似乎就不是很公平的事了。

## 劉備的評價並不高於曹操

曹操晚年，功成名就，如果他想自做皇帝，只不過舉手之勞而已，然而他一直到臨死都不曾這樣做。後世之人以為，他「名為漢相」而「實為漢賊」，之所以不曾實際篡漢自立，只是不願背此篡立之惡名，矯揉造作，實不足取。果如是，曹操能因畏憚清議之故而寧願放棄皇帝寶座，總算是

肯為國家社會維持節義觀念，應該說是很難得的。曹操後來被世人指目為奸雄，奸雄尚且有此難能可貴的道德情操，被《三國演義》推崇為正義典型的長厚君子劉備，理應具有勝過曹操十倍百倍的德行才是。然而在後世史家的眼中，劉備在這些地方的評價，似乎並不能勝於曹操。明人王夫之所撰《讀通鑑論》評劉備稱帝一事云：

> 以先主紹漢而存之正統者，為漢惜也，若先主則烏足以當此？其始也，依公孫瓚、依陶謙以與人爭戰，既不與於滅卓之謀，抑亦未嘗念及袁紹之且篡，而思撲滅之以存劉氏。董承受衣帶之詔，奉之起兵，乃分荊得益而忘之矣。曹操王魏，己亦王漢中矣。獻帝未死而發其喪，蓋利曹丕之弒，而己可以為名矣。費詩陳大義以諫，而左遷矣。是豈不欲與賊俱生，而與高帝力爭血食者哉？承統以後，則亡吾國者，不共戴天之仇也，以苻登之孤弱，猶足以一逞，而先主無一矢之加於曹氏。即位後之三月，即舉伐吳之師。孫權一荊州牧耳，未敢代漢以王，而急修關羽之怨，淫兵以逞，豈祖宗百世之仇，不如一將之私忿乎？先主之意見，乘機以自王而已。

《三國演義》描寫劉備為仁厚忠愛、信義卓著的英雄，並以其終生致力的目標在興復漢朝，伸大義於天下，其志趣之高尚與器度之偉大，當世無人能及。看了王夫之的評論，真令人有爽然若失之感。平心而論，劉備如在曹丕篡漢之後不岌岌於自做皇帝，而只以漢中王的身分傳檄天下，起兵討曹，不僅可以在曹魏內部造成極大的震撼，亦必定可以在四海歸心的情形下為興漢滅曹的復國大業創造更有利的機運。然而劉備不但無此遠見，而且在即位稱帝之後便亟亟與東吳修怨，發大兵東征孫權，結果反因兵敗身死而賚恨没地，於興復大業毫無裨益，實在令人失望。《三國志・蜀志》卷十一〈費詩傳〉云：「群臣推漢中王稱尊號，詩上疏曰：『誠不為殿下取也。』由是忤旨，左遷永昌從事。」又卷九〈劉巴傳〉註引《零陵先賢傳》云：「是時中夏，人情未一，劉備在蜀，四海延頸，而備銳意即真。巴與主簿雍茂諫備，備以他事殺茂，由是遠人不復至矣。」〈費詩傳〉中的記事，已由王夫之加以徵引；而由《零陵先賢傳》中之所說，則劉備亟謀自立的打算，不但辜負了延頸以望興復的四海人心，也從此使人看穿劉備的底蘊，知道他的最大企圖無非是割據一隅，乘機自王，從前所標榜的興復志節及所謂伸大義於天下也者，都只是騙人的把戲而已。最糟糕的是，劉備因嫉恨雍茂之諫阻稱帝而借他事將之殺害，其嫉賢害忠的自私刻薄行為，簡直就與曹操迫死崔琰及殺害孔融的行為無大差別了。《三國演義》中的偉大英雄，其真正的底裏竟然如此，則我們實在没有更多的理由苛責曹操了吧！

## 既爲善亦爲惡，既有功亦有罪

從曹操的生平歷史看，他在漢末天下大亂之時崛起於兗州，與一旅之師東征西討，在數年之間就能將北方群雄逐一蕩平，完成了統一北方中國的大業，拯生民於水火，更延續了漢朝的歷史達二十餘年之久，成就殊為不凡。與三國時代的其他政治領袖相比，無論是文治武功，孫權與劉備都不能望其項背。雖然說他的品德與行事方式也許要差一些，可是劉備、孫權一樣亦有重大之缺失，並不會比曹操好到那裏去。三國戲裏的劉備與孫權，扮的都是代表正義人物的臉型，為何曹操一定要被畫成大白臉？這個問題頗不容易解答。

平劇中畫成大白臉的典型人物除了曹操之外，還有司馬懿、秦檜與嚴嵩等。司馬懿狼子野心，奪天下於孤兒寡婦之手，又復殘暴刻毒，因排除異己而殺害善類無數，乃是最標準的大奸巨憝。至於秦檜之通敵賣國、殘害忠良，及嚴嵩之逢迎君惡，誅鋤正人，其行為之卑鄙惡劣亦早已為國人所共知。將這些人物畫成大白臉以表示他們的性格，天下後世之人當無異議。但曹操卻是既為善亦為惡、既有功亦有罪的中性人物。他固然不宜歸入英雄豪傑一類，但如直截了當地將他畫成大白臉，以之與司馬懿、秦檜、嚴嵩等人同樣看成是十惡不赦的大奸臣，似乎也很不妥當吧！

# 廣角鏡下的武則天

武則天像

觀察一個歷史上的重要人物，如果不能深入其所生存的時代，瞭解其社會背景，而只以現代人的思想觀點與行為標準立論，則此一歷史人物的形象往往會被扭曲得十分厲害，遠失其本來面目之真相。歷史上的這類實例很多，中國歷史上唯一一個女皇帝武則天，大概亦有這種情形。

出現於唐宋以來的稗官野史，多誇張叙述武則天之殘忍好殺而多中冓之醜。以這種方式描繪出來的武則天，給予讀者的印象是淫毒陰狠，其品斯下。

電視連續劇「一代女皇」，大體上承受了此一觀點，而以仇恨報復作為貫串全劇的主題意識，觀感雖有創新，意義似無新造。凡此種種，對武則天這個人的認識，可說都失之膚淺皮相，殊不足概括論評武則天之為人。由此可見，真實的歷史故事，正是一般讀者所陌生的東西。基於此一原因，我們很應該用歷史學的廣角鏡頭，將這一段歷史作一番深入的研究探討，以便了解其中之真相。

## 高宗好內　婦言是聽

要了解武則天，先應該了解她的皇帝丈夫唐高宗，乃是何等樣的人物？《資治通鑑》卷一九八，〈唐太宗貞觀二十二年〉記云：

春正月，己丑，上作《帝範》十二篇以賜太子。

此所謂「上」，當然是唐太宗；「太子」則是高宗李治。《帝範》十二篇的篇名，乃是：君體、建親、求賢、審官、納諫、去讒、戒盈、崇儉、賞罰、務農、閱武、崇文，俱皆帝王為政施治之要道，可是

武則天外出情形（唐・張宣繪）

其中就單單沒有勸誡皇太子不可惑溺女色這一條。胡三省為《資治通鑑》作注，就針對此點發了一番議論，說：

太宗自疏其所行之過差以戒太子，可謂至矣。然太子病於柔弱好內，乃無一言及此以警策之。人莫知其子之惡，信矣！

照胡三省的看法，唐太宗之不曾以戒女色一條垂訓太子，以致唐高宗繼立為帝之後，恰好因這一條致命的弱點而受制於武后，實乃是由於唐太宗不知太子性格上的缺點，不能及早給予適當的警告之故。這話當然不對。不過，胡三省說，唐高宗一生之最大弱點即是「柔弱」而「好內」，這倒是十分正確的論斷。惟其因為柔弱，所以纔會「婦言是聽」，終於連長孫無忌、褚遂良等一班顧命大臣也因此而送命於武后的讒慝之言；惟其因為「好內」，所以武則天纔能以她的美貌獲得高宗的最大寵愛，最後終且恃寵而驕，挾制皇帝，在逐漸掌握國家大權之後讓自己成為歷史上唯一的一個女皇帝。所謂「好內」，說得更坦白一點，就是「好女色」。好女色之人必然縱慾無度，戕賊其身。惟其因為如此，武則天纔能以代替皇帝處理國政的機會，培養她自己的政治勢力。關於這一點，所有的正史野史中都不曾明白點出，而由胡三省為之一語道破，可謂探驪得珠，高明之至！

唐高宗個性柔弱而耽好女色，這大概是唐太宗所早已知道的事，只是不甚明瞭而已。關於高宗個性柔弱這一點，唐太宗在與長孫無忌的歷次談話中都曾提到，而且深以為憂。祇因長孫無忌一再向太宗強調太子之「仁孝」，又表示他將全力翊贊輔助，使太宗覺得無須深憂，這纔放心大膽地以高宗為皇位繼承之人。至於「好內」這一點，則不但太宗自己亦有此傾向，且為當時唐代上層社會之通病，司空見慣，所以亦視為了不足奇。

## 李唐宮廷　不重倫常

何以說當時的唐朝上層社會都有好尚女色的通病？這可以看下文的敘述。《新唐書》卷一九九〈儒林傳〉中之〈柳沖傳〉，記有柳沖論述唐代氏族的風尚說：

> 山東之人質，故尚婚婭；江左之人文，故尚人物；關中之人雄，故尚冠冕；代北之人武，故尚貴戚。及其弊，則尚婚婭者，先外族，後本宗；尚人物者，進庶孽，退嫡長；尚冠冕者，略伉儷，慕榮華；尚貴戚者，徇勢利，亡禮教。

這一段話總論魏晉南北朝隋唐以來南北社會的習尚及其流弊，簡明扼要，深中肯綮。當時山東、江南與關中地區的社會習尚及流弊，與本文無涉，可以略而不論；至於所謂「代北」，則正是隋唐帝室的龍興之地，其風尚習俗之影響力量，對唐代初年的歷史發展有重大關係，就不可不特加注意了。

李唐皇室雖然自稱出自關隴漢族，實際上乃是代北胡姓，陳寅恪先生曾特別著文討論，學者多無間言。代北胡人的婚姻對象，講求貴家大姓，故唐高祖李淵以上之歷代婚媾，多於竇氏、獨孤氏、長孫氏諸貴姓中求之。隋朝統一天下，楊氏更為至尊無上之貴姓。所以唐太宗雖貴為皇帝，妃嬪中仍不能少此貴姓之人。如鬱林王李恪之母妃楊氏，即是隋煬帝之女，太宗以楊妃地親而望高，在册立晉王李治為太子後，猶且一度欲以李恪為太子，賴長孫無忌之力爭而止，由此當不難想見楊妃在太宗心目中之地位。又如曹王李明之母妃，亦姓楊，本太宗弟元吉之妃。玄武門之變，元吉與建成同時被殺，太宗殺弟而納弟婦為妻，且欲立之為皇后。魏徵力諫，曰：「陛下不可以辰嬴自累。」乃止，事見《新唐書》〈太宗諸子傳〉中之〈曹王明傳〉。此楊氏當亦與鬱林王李恪之母同出一源，為隋朝之帝姓，否則當無作皇后之資格。唐玄宗以子婦為妻，唐高宗以父妾為妻，唐太宗亦嘗以弟婦為妻，且一度欲立之為皇后。閨門無禮之事如此之多，後世或以為此是「夷狄不知中國禮法」之故（《朱子語類》〈中語〉），殊不知實乃當時北方胡人之通病，「尚貴戚者，徇勢利，亡禮教。」他們心目中既然祇有勢利之觀點，於中國儒家之禮法名教，自然一切無視。而且這種觀點亦正適合好尚女色者之需要，於是乎唐代宮廷中遂特多此一類蔑棄倫常名教之事。唐太宗如此，唐高宗如此，唐玄宗如此，武則天家人之中尤多如是；於是乎乃有武則天後來種種駭人聽聞的蕩檢逾閑之事。

## 母系遺傳　天生異稟

武則天之父名士彠，出身太原木商，仕隋，僅官至「行軍司鎧參軍」，微員而已。唐高祖李淵在太原起兵，武士彠因緣時會，由大將軍府的官屬積功陞至刺史。唐高祖即位之後，更歷陞至外州都督，封爵至國公，官尊位顯，頓時成為唐朝新貴。武士彠初娶相里氏，早卒，生子元慶、元爽。士彠既貴，更娶隋觀王楊雄之姪女楊氏為繼妻，生女三人，長女嫁賀蘭氏，早寡，次女即武則天。士彠卒後，元慶元爽事繼母不盡禮，為武則天母女所深恨。武則天被唐高宗立為皇后，首先追封其父士彠為王，又進封其母楊氏為榮國夫人，秩一品。元慶元爽先後被武則天借事中傷致死，家屬流徙嶺外，乃以賀蘭氏之子賀蘭敏之為武氏之後，賜姓武，襲士彠之封爵。賀蘭敏之年少韶秀，深為外祖母楊氏所喜。不久，祖孫之間就有了極不名譽之事——賀蘭敏之烝於榮國，挾愛妄為，恌横多過失。這時，榮國夫人早已年屆六十，其太不尋常的生理情形，十分像是武則天做了「一代女皇」之後的所作所為。徇勢利而亡禮教的惡德敗行，嚴重到如此程度，在慣受儒家思想薰陶的讀書人心中，當然認為是不堪聞問之事，在武則天母女心目中也許根本無此觀念。這種觀念上的差別，就是讀史者必須加以注意的不同時代的不同背景，殊不可以今時人的觀念而等量齊觀，一例視之。

由武則天生母楊氏榮國夫人老而無恥之事看來，武則天之異常稟賦，或許與其得自母系遺傳之因素有關。武則天既天生異稟，唐高宗如非因斲傷過度而失去其男性之尊嚴，則武則天在唐朝皇宮中的權威，或許不致發展到如此迅速。非常不幸，唐高宗不但個性柔弱，而且也是一個因早年斲傷過度而使男性尊嚴瀕於崩潰之人。一旦武則天挾其淩厲之聲勢相壓相制，這位可憐的大唐皇帝即刻感到心力交瘁，完全招架不住。於是乎後來的發展便成為一面倒的情勢——武后的權威日盛一日，高宗皇帝則形同傀儡，尸位素餐而已。胡三省說，唐高宗的最大弱點在於柔弱而好內。「柔弱」已是衆所周知之事，「好內」之說有何證據，則可以從唐高宗諸子的出生時間中去推測得知。

## 武后得寵・乾綱不振

由《舊唐書》卷八十六〈高宗諸子傳〉見之，唐高宗共有八子，其出生順序及出生時間，約如下述：

㈠燕王忠——唐太宗貞觀十七年出生（公元六四三年）
㈡原王孝
㈢澤王上金
㈣許王素節——唐太宗貞觀二十年出生（公元六四六年）
㈤太子弘——高宗永徽四年出生（公元六五三年）
㈥太子賢——高宗永徽五年出生（公元六五四年）
㈦中宗顯——高宗顯慶元年出生（公元六五六年）

(八)睿宗旦——高宗龍朔二年出生（公元六六二年）

唐高宗出生於唐太宗貞觀二年，至貞觀十七年，其長子忠即已出生，高宗自己，亦不過只是十五歲的少年而已。許王素節乃高宗之第四子，永徽二年六歲時封王，則在素節出生時，高宗年止十九。原王孝及澤王上金之出生年份不詳，如以素節六歲封王之事為例，則孝及上金於永徽元年封王時，當亦已有六歲。以此推算，此二子出生之時，高宗年止十八歲。由於唐高宗得子甚早之故，當他在貞觀二十三年六月太宗駕崩之後登上皇帝寶座時，居然已經有了四個不算小的兒子，其年齡分別為七歲、五歲、五歲、四歲，他自己則為廿二歲。這四個兒子乃是已經養育成童之子，其他當然可能尚有業已夭折的兒子以及史書所不載的皇女。年甫弱冠而多子如此，所代表的意義，一是婚姻年齡太早，二是後宮妻妾太多。這種事情的結果如何？看《舊唐書》〈則天皇后本紀〉中的有關記載便可知道，此書中說：

永徽六年，廢王皇后而立武宸妃爲皇后。高宗稱天皇，武后稱天后。后素多智計，兼涉文史。帝自顯慶以後多苦風疾，百司表奏，皆委天后詳決。自是內輔國政數十年，威勢與帝無異。

顯慶，是唐高宗即位第七年後所改用的年號，前後凡五年，其時間自公元六五六年至六六〇年，高宗年二十九歲至卅三歲。唐高宗在年甫三十之時即「多苦風疾」，其時間又恰好在武則天新得恩寵之後不久，推測其中的原因，顯然與好色及縱慾有密切的關係。高宗自納武則天為后後，又生四子一女，最幼者即出生於龍朔二年之睿宗李旦，高宗時年卅五歲。自此以後，高宗之子嗣未見增加，雖其意義亦可解釋為武則天已專後宮之寵，他人不復再能分霑雨露之恩；但其另一種意義，亦可能暗示此後的皇帝業已失去生育能力，且其健康狀況亦越來越差了。據《舊唐書》〈郝處俊傳〉，郝處俊於高宗咸亨三年時拜中書侍郎，上元二年進中書令。三年，高宗以風疾，議欲遜位於皇后，令宰相議之。郝處俊執奏以為不可。其言有曰：

昔魏文帝著令，身崩後尚不許皇后臨朝，今陛下奈何遂欲躬自傳位於天后？況天下者，高祖太宗二聖之天下，非陛下之天下也。陛下正合謹守宗廟，傳之子孫，誠不可持國與人，有私於后族。

上元三年即儀鳳元年，這一年高宗年四十八歲。四十八歲正當人生的壯盛之年，唐朝的高宗皇帝在位二十六年之後，居然因健康狀況十分惡劣，且為繁劇不堪的國家政務所困，而有了厭倦之想，打算將皇帝寶座拱手讓與皇后，以便有脫身無累之樂，這種構想實在奇特之至。推測其中原因，固然極有可能出自皇帝本身的消極思想，但亦不能消除武則天從中慫恿的被動因素。貴為皇帝而消極如此，唐高宗與武則天之間的夫妻關係，實在耐人尋味。

不過，不管唐高宗的「乾綱不振」到何種程度，在做皇后時期的武則天，尚無踰越規矩的言行舉動。因為此時畢竟還是大唐的高宗皇帝當陽在朝，即使他再孱弱闇懦到何種程度，亦尚未淪落到「懼內」的地步。武則天為了鞏固她已獲得的權力，必須謹言慎行，避免為敵人製造口實。所以，她在私人生活方面的種種放蕩踰閑之行，都必需要到她獨自掌握政柄之後方纔敢於一一付之實行。當高宗尚在帝位之時，她必須竭力克制，以求確保自己的政治地位。以一個天生異稟的女人而能在狼虎之年如此動心忍性，盡力克制自己的言行舉止，以備有朝一日的快心逞意，僅此一點而言，不難看出武則天的非凡耐力。

## 推行科舉　拔擢寒門

據史書所載，武則天崩駕之時，年八十三歲。依此推算，她在貞觀二十三年太宗駕崩之時入感業寺為尼，應為二十七歲。這一年，高宗年方二十有二。二十二歲的新皇帝，居然會對二十七歲的先朝嬪御動情，顯然可知此時的武則天不但仍然風華絕世，而且必有一種成熟女性之美，遠非一般妙齡少女之所能比擬。到高宗崩駕之時，武則天年已六十一歲了。太子繼立，武則天的身分成為皇太后。雖然可以藉「臨朝稱制」的名義抓住政權不放，畢竟是名不正而言不順。好在他在高宗時業已「輔政」二十餘年，不但國家大事了然於心，而且早已預先安排腹心人物分佈要津，不管他是廢立嗣皇帝或者自為皇帝，都不必擔心有太大的阻力。這當然可以證明武則天具備掌握國家政權的能力，而這種能力又顯然來自高宗在位時對武則天所作的長期培養。不過，武則天後來做了女皇帝，既是皇帝，她的一切作為，便須以皇帝的身分相待，不能因其為女人之故而仍然以皇后或皇太后的地位相看。唐史權威陳寅恪先生曾以《舊唐書》〈張易之傳〉中所說的「武后多男寵」之事為例，特別說明此點，其言至可注意。陳先生說：

讀史者須知武曌乃皇帝或女主，而非太后。既非太后而是皇帝，則皇帝應備之禮制，武曌亦當備有之，區區易之、昌宗、懷義等男寵，較之唐代之皇帝後宮人數猶爲少也，否則朱敬則何以能昌言無忌諱，而武曌又何以公加賞慰，不自愧恥耶？世人又有疑武曌年事已高，何必畜此輩者，乃以史言爲過甚。不知賀蘭敏之亦且上烝其外祖母，亦即其祖母榮國夫人楊氏。計當時榮國之年齡必已五六十歲。榮國爲武曌之生母，以此例之，則武氏所爲，何容置疑？且朱敬則疏中明言□□□□，是其確證。此事頗涉猥褻，不宜多及，然世之通達古今風俗變遷者，自可捐棄其拘墟之見也。

武則天在唐高宗時「輔政」二十餘年，中宗及睿宗繼立後又以皇太后臨朝稱制五年，至六十八歲改唐朝之國號為周，自為皇帝者又十五年，總計其前後秉政之時間，長達四十餘年。四十餘年的時間當然不能算短，何況此後的二十年中又是她以一人之意旨主宰天下，更可以操縱隨心，不虞掣肘。所以治唐史者多以武則天在位時期中之政治施為，對唐朝歷史之發展實具有關鍵性的影響。舉其大者而言，便可列出如下三點：

①從寒門下士中拔取人才，置之高位，使甚感激，而甘心為武氏家族效力。才智進用之結果，一方面使國家政治得到進步之動力，一方面亦使武氏家族之政治勢力得到延長鞏固的機會。

②大力推行科舉考試制度，逐漸改變唐朝建國以來，政治權力始終操縱於關隴貴族集團之手的不平衡現象。

③以通婚之法使己身所生之李氏子孫與武氏近親結為一體，彼此之政治利益既然相同，即不可能相互敵對。故而即使後來武則天所建立之周朝被推翻，復辟後之大唐皇室仍然與諸武水乳相融，其政治力量直至唐玄宗之時尚未稍減。（唐玄宗所最寵愛之武惠妃，乃武攸止之女，武則天之姪孫女，唐玄宗嘗欲立之為后，因言官之諫阻而止。武惠妃死後，楊貴妃入宮，其事亦出於武氏家族之安排設計）。

## 篡唐爲周　晚年悔禍

武則天自為皇帝十五年之後，張柬之等擁廬陵王復辟，武則天憂憤而死。野史及通俗小說多將此事歸咎於武則天實行恐怖政治之失當，以致人心思唐，故而周祚不永。「一代女皇」結束時亦作此說，可知一般人以為此即是當時之事實，其實不確。《舊唐書》卷一八六〈酷吏傳〉中的〈吉項傳》，有關於此事的內幕祕辛，可以參看。引述如下：

初，中宗未立爲皇太子時，（張）易之，昌宗嘗問項自安之策。項曰：「公兄弟承恩既深，非有大功於天下，則不全矣。今天下士庶咸思唐家，廬陵既在房州，相王又在幽閉，主上春秋既高，須有付託，武氏諸王殊非屬意。明公若能從容請建立廬陵及相王，以副生人之望，豈止轉禍爲福，必長享茅土之重矣。」易之然其言，遂承間奏請。則天知項首謀，召而問之。項曰：「廬陵王及相王皆陛下之子，先帝顧託於陛下，當有主意，唯陛下裁之。」則天意乃定。項既得罪，時無知者。睿宗即位，左右發明其事，乃下制贈左御史臺大夫。

吉項勸張易之張昌宗向武則天獻議召回廬陵王，仍立之為皇太子，武則天既接受其建議，就表示她此後必然仍將歸政於唐，武三思武承嗣諸人不可能繼有其天下。只因張柬之等人猝然以兵力脅迫武則天交還政權，遂使後人誤認為中宗之復辟出於張柬之諸人之發動宮廷政變，武則天初無歸政予唐之意。但史書中既明白記述吉項勸張氏兄弟獻議召回廬陵王且仍立之為皇太子之事，此事之真相如何，自然明白如見。《通鑑》卷二一六唐玄宗天寶九載十月的記事中，亦有如下一條史文，可以與此參看。曰：

楊釗，張易之之甥也，奏乞昭雪易之兄弟。庚辰，制引易之兄弟迎中宗於房陵之功，復其官爵，仍賜一子官。

楊釗即楊國忠。楊國忠奏乞昭雪張易之張昌宗兄弟，而皇帝在所降制書中承認其事，當然可證其說不虛。然則武則天之篡唐為周，在其晚年早已有悔禍之心，迎中宗於房陵而仍立之為太子，即為復周為唐之第一步，事實固極為明白。只因張柬之忽然發動宮廷政變，遂使政局為之大變，武則天之此後計畫，亦無從實施了。但若因此即謂武則天並無還政予唐的意圖，則顯然與史實不符。

歷史上的武則天，不但深謀遠慮，機智過人，其行事方式亦高人一等，遠非那些平凡庸碌的男性皇帝所能企及。只因她以女人而敢做皇帝，大出常情之外，遂致各種批評都對她十分不利，殊非事理之平。時至今日，男女均權的思想業已深入人心，然後纔有人敢為她鳴不平。不過，為歷史人物鳴其不平，總須儘可能的根據史實立論，更不能與史實相背悖。以此而言，以現代人觀點所編寫的武則天故事與戲劇之類，尚有研究改進之必要。

# 善妒皇后的心路歷程

「天迴北斗挂西樓，金屋無人螢火流。月光欲到長門殿，別作深宮一段愁。」
「桂殿長愁不知春，黃金四屋起秋塵。夜懸明鏡青天上，獨照長門宮裏人。」

——李白〈長門怨〉二首

題名為〈長門怨〉的五、七言詩，歷代以來的作者甚多，但其所吟詠的主題則全都一樣——描寫兩千年前為漢武帝劉徹所廢掉的那一位陳皇后，在獨處深宮時的孤苦寂寞之情。貴為皇后，仍不免因皇帝丈夫移情別戀之故，而使她成為天底下第一等可憐的女人，這種事情，說起來實在使一般老百姓覺得不可思議；然而，這卻是古代宮廷故事最殘酷也最黑暗的現實。

皇帝與皇后的頭銜極端尊貴，但他們彼此之間應該仍是夫妻關係。既是夫妻關係，為什麼只可以有皇帝廢后，而沒有皇后廢帝的事情發生？顯然這正是古代宗法社會賦予男性特殊權利的不平等現象。由於皇后的地位十分尊貴，一旦被廢以後除了永閉長門，終老深宮，別無他途，境遇悲慘，因此古代宮廷中便出現了三種現象：一、皇帝的後宮妃嬪衆多，而皇后只有一個，為了希望登上皇后之寶座，妃嬪們必定需要藉爭寵之法來提高自己在皇帝心目中的地位，以便能百尺竿頭，更進一步，成為母儀天下而領袖六宮的皇后，於是乎後宮妃嬪之間必多爭寵之傾軋。二、皇后的寶座既是後宮妃嬪傾軋爭奪的對象，則身為皇后者自然必須運用一切手段來防衛她的地位不致為人所奪，於是乎皇后與妃嬪之間也就有了傾軋爭寵的現象。三、后妃爭寵，其共同的目標都在皇帝身上。皇帝的態度如果嚴厲而堅定，則後宮中狐媚取寵的傾軋之風可以比較收斂；反之，如果在位的皇帝正是喜愛妖冶美艷的色情人物，則宮廷中傾軋爭寵的風氣必定大盛一時，在此起彼落的風潮起伏之中，遭遇不幸命運的可憐皇后必定會有很多。試以歷朝以來的情形作一大致性的鳥瞰，則宋朝的皇帝都比較知法守禮，宮闈亦甚整肅，后妃爭寵的情形比較少見，即使亦有皇后被廢，其原因並不在這方面。明清兩朝，君主專制的權威達於極點，后妃與皇帝之間的權勢地位相去懸絕，后妃爭寵的情形更為少見，自更少出現因爭寵失敗而被廢的皇后。至於漢、唐兩朝，由於朝多庸主而又有外戚干政、宦官用事的各種因素摻雜其間，宮廷間的變故最多，后妃爭寵的現象也盛極一時。於是乎不但在當時出現了許多爭寵善妒的皇后，因爭寵失敗而慘遭廢斥的皇后也為歷代之冠。今先從漢朝說起。

## 爭寵失敗　金屋夢碎

漢武帝的陳皇后始極寵幸而終遭廢斥，史書上所記載的罪名雖然是由於「巫蠱」、「祝詛，大逆無道」，實際上的真正原因應該是爭寵失敗。這在《漢書》〈外戚傳〉關於「孝武陳皇后」的文字中即可看出其端倪：

及帝即位，立爲皇后，擅寵驕貴十餘年而無子。聞衛子夫得幸，幾死者數焉。上愈怒。又挾婦人媚道，頗覺。元光五年，上遂窮治之。……

所謂「擅寵」，當然是「專房之寵」的意思。雖然亦可看作皇帝對她的特殊眷愛，但亦何嘗沒有恃寵而驕，不讓皇帝移愛他人的情形？平心而論，以陳皇后之聰明美麗以及她與皇帝之間青梅竹馬一般的感情基礎，換了普通人，兩人之間的婚姻關係一定可以維持到白頭偕老，因為這其間即使她的丈夫有愛情偷跑的情形發生，她必定可以用軟硬兼施的手段迫使丈夫就範，而她的母親既是丈夫的親姑母，丈夫亦必因姑母的親情關係而不忍與她決絕。但是，問題就出在她的丈夫是當朝的皇帝，不但館陶長公主無法藉親情關係對皇帝施加壓力，陳皇后的軟硬功夫也會有使不上力氣之苦。非常明顯的事實是：陳皇后把持專寵了皇帝的感情不下十年之久，漸到後來，皇帝因不願忍受她的專橫獨斷而試圖另外發展，陳皇后對此的反應居然只是哭鬧、求死。諸如此類的手法，施之於一般男人則可，用在皇帝丈夫身上就糟了。因為皇帝丈夫與一般男人是大有區別的——第一，他可以照自己的好惡標準來馴治他心目中的悍妻，絲毫不必顧忌有人敢於反抗；第二，他一向認為他對後宮妃嬪的愛憎應以他的趨向為定，即使是「作配皇帝」的皇后，也沒有干預的權力。雙方的看法既然南轅北轍，皇帝對皇后的過分干預又漸生厭憎之心，這種關係一旦繼續發展到了推車撞壁的地步，陳皇后必然要遭遇大不幸，更何況她後來所採取的辦法是祈禱祝禳，給自己的敵對方面製造了「巫蠱」、「祝詛」的口實呢？

專制時代的中國皇帝，後宮妃嬪太多。自古迄今，從沒有不妒忌的婦女。后妃同為婦女身分，她們既希望得到皇帝的專寵，自不免因爭寵而妒忌他人。但如要爭取到皇帝的專寵，亦自有其必要的條件，其中更不知道正有多少權謀與心計的成分在內。縱觀一部二十四史，以后妃身分而能始終得到皇帝之專寵的，似乎只有一個唐朝的楊貴妃。白居易〈長恨歌〉所謂「後宮佳麗三千人，三千寵愛在一身」者，即指此而言。陳鴻所撰的〈長恨歌傳〉中，有一段文字描寫楊貴妃如何能得唐明皇特殊寵愛的情形，非常值得注意。抄錄如下：

膚髮膩理，纖穠中度，舉止閑冶，如漢武帝李夫人。別疏湯泉，詔賜澡瑩，既出水，體弱力微，若不勝羅綺。光彩煥發，轉照動人。上甚悅。進見之日，奏霓裳羽衣以導之。定情之夕，授金釵鈿合以固之。又命戴步搖，垂金璫明珥，冊爲貴妃，著后服用。繇是冶其容、敏其詞，婉變萬態，以中上意，上益嬖焉。時省風九州，泥金五嶽，驪山雪夜，上陽春朝，與上行同輦、止同室、宴專房、寢專席，雖有三夫人、九嬪、二十七世婦、八十一御妻，暨後宮才人、樂府妓女，使天了無顧盼意。自是六宮無復進幸者。非徒殊艷尤態、獨能致是，蓋才智明慧、善巧便佞、先意希旨，有不可形容者焉。

這一段文字的最後幾句話最值得注意。由此可以知道，楊貴妃之所以能得唐明皇之殊寵，除了「殊艷尤態」的美麗條件之外，更重要的是她善於以智巧便佞的能力施展其先意承旨的狐媚伎倆，終於使唐明皇在迷戀之餘，不作移愛他人之想。楊貴妃並未被唐明皇冊立為皇后，而妃嬪的地位同於妾媵；以妃嬪妾媵的身分逢迎取寵，這在楊貴妃可以這樣做，具有「母儀天下」身分的皇后似乎不能一例而為。這就注定了身為皇后者必定失敗的先天條件。如果身為皇后者不自知此不利條件，而一味只以挾制逞強的手法希望皇帝回心轉意，當然更難有成功的可能。陳皇后的失敗，應該屬於這種情形。但是，陳皇后的爭寵雖未成功，接著而來的無數個後世皇后未必就此甘心放棄她們爭取丈夫愛情的權利。於是，一幕幕后妃爭寵的悲喜劇接續不斷地在宮廷中發生，不但爭奪的花樣日見翻新，所用的手段亦日見慘酷。其中最顯著的事例，自當以唐朝的武則天為最。

## 後宮不寧　引狼入室

武則天原本是唐太宗的後宮妾媵之一，所得到的名號是「才人」。唐太宗死後，武則天出家為尼。因為唐高宗的王皇后與蕭淑妃爭寵不利，打算將武則天找來作幫手，因此鼓勵皇帝將武則天接回宮中，立之為昭儀，成為新皇帝的妃嬪成員之一。卻不知道王皇后的這一作法正是俗語所說的

「前門拒虎，後門進狼」，而且這個被她引進來的豺狼狠毒無比，結果不但蕭淑妃遭了殃，王皇后自己也被武則天所陷害，慘死獄中。關於這一段故事的始末情形，史書所載甚詳。駱賓王的〈討武曌檄〉中有幾句話描寫武則天的個性，甚為鮮明而突顯，即所謂「入門見嫉，蛾眉不肯讓人；掩袖工讒，狐媚偏能惑主」者是也。當年的武媚娘如果沒有這些特殊條件，如何能以隻手空拳的力量，一舉而除掉王皇后、蕭淑妃這兩個強有力的情敵？由武則天的事例更可以知道，身為妃嬪而想要擠上皇后的寶座，除了工於狐媚之道以外，更必須要有狠毒的心腸，否則難以確保勝利的成果。但是，武則天雖是這一門中的可怕人物，她的這一套權謀機詐、殺人不眨眼的手段，實際上也是師法前人之經驗而來，並非出於她個人之獨創。這一點，看《後漢書》〈后紀〉中的〈章德竇皇后紀〉，便可知道：

章德竇皇后，諱某，扶風平陵人，大司徒融之曾孫也。……建初二年，后與女弟俱以選例入見長樂宮，進止有序，風容甚盛。肅宗先聞后有才色，及見，雅以為美，馬太后亦異焉。因入掖庭。后性敏給，傾心承接，稱譽日聞。明年，遂立為皇后，妹為貴人。后寵幸殊特，專固後宮。初，宋貴人生皇太子慶，梁貴人生和帝。后既無子，並疾忌之，數間於帝，漸致疏嫌。因誣宋貴人挾邪媚道，遂自殺，廢慶為河間王。梁貴人者，褒親愍侯梁竦之女也，年十六，亦以建初二年與中姊俱選入掖庭為貴人。四年，生和帝，后養為己子，欲專名外家而忌梁氏。八年，乃作飛書以陷竦。竦坐誅，貴人姊妹以憂卒。自是宮房惵息，后愛日隆。及帝崩，和帝即位，尊后爲皇太后。……

由這一段文字可以知道，章德竇皇后從初次選入掖庭到立為皇后以後，所用來培養聲譽、逢迎取寵及殺害情敵的一切作為，幾乎與武則天所做的如出一轍。更有甚者，武則天還不過將情敵陷入不測之罪，置之死地而後已，竇皇后更因自己並未誕育皇嗣之故而殺母取子，坐享和帝即位之後的太后尊榮，其用心之歹毒似尤勝於後來的武則天。宮闈事秘，古往今來，因事往年湮而被埋沒掉的宮廷秘辛，正不知有多少。而上述種種爭寵、排擠、奪子、殺人的陰謀詭計，居然大半因妒忌皇后的自私心理所引起，實在不能不使人對皇后頭銜的尊貴性發生由衷的懷疑。

## 酷妒跋扈　毒甚於虎

宗法社會時代的禮法制度，正妻所生之子稱為嫡子，側室所生之子稱為庶子。自帝王侯伯以至士大夫庶人，立嗣以嫡不以長，只有在正室無出的情形之下，庶子纔有承嗣的希望。皇帝的正室衹皇后一人，作了皇后，即使皇帝的寵愛已衰，只要自己生有皇嗣，則一旦皇帝崩駕，自己所生的皇子即可繼立為帝，從此可將皇后的身分提升為皇太后，地位就愈加鞏固了。最怕的是皇帝移愛之後，所愛的另一妃嬪亦已生有皇子，則到時候不但自己的皇后地位不保，連帶地也會影響到自己所生皇子的承嗣資格，所發生的問題就更大了。為了這些顧慮，在位的皇后不但要為爭奪皇帝的愛情而竭盡一切所能施展其「妨賢害能」的手段，對於那些可能誕育皇嗣的後宮妃嬪，當然也應視為危險對象而設法將之清除。這種情形，在漢朝時已見其端倪。如《後漢書》〈后妃傳〉中所見的桓帝梁皇后，即此之類：

建和元年六月始入掖庭，八月立爲皇后。時太后秉政而梁冀專朝，故后獨得寵幸，自下莫得進見。后藉姊兄廕勢，恣極奢靡。及皇太后崩，恩愛稍衰。后既無子，潛懷怨忌，每宮人孕育，鮮得全者。帝雖迫於梁冀，不敢譴怒，然見御轉稀。……

東漢桓帝的梁皇后，乃順帝梁皇后之妹，大將軍梁商之女。順帝之子沖帝，不逾年而崩，質帝繼立，在位亦不過一年半。梁皇后決策迎立蠡吾侯劉志為帝，是為桓帝。所以這位桓帝梁皇后雖是順帝梁皇后之妹，在輩分上卻矮了一截，已經是名義上的兒媳婦了。這種攙越行輩的婚姻結合，目的當然是希望鞏固梁家的政治地位。於是，在桓帝梁皇后被正式册立之後，梁氏一門中就有了兩個皇后，一個大將軍，聲勢之盛，空前絕後。順帝梁皇后此時已成了皇太后，在位的大將軍亦已由梁商傳位至梁冀。有了太后姊姊及大將軍哥哥為其後盾，這位桓帝梁皇后的聲勢當然也盛極一時。於是，皇帝丈夫成了她的禁臠，他人不得染指。其後皇帝雖已移愛他人，懷孕的後宮嬪御卻一一死於皇后之毒手，所以桓帝也終於没有兒子。這種因皇后酷妒而殃及皇帝子嗣的事例，在歷史上數見不鮮，其流風所被，即使是北方胡人所建立的拓跋魏皇朝，亦未能倖免，說起來實在可慨之至。酷妒皇后的跋扈囂張行為，與皇帝權力之隆盛或衰微有其相關的變化關係。漢桓帝梁皇后的故事已經是一個明顯的例證了，見於歷史上的其他例證，則還可以舉出宋光宗李皇后的故事加以說明。

宋光宗后李氏

南宋皇朝的第三個皇帝宋光宗趙惇，乃宋孝宗趙昚之子，即位於孝宗淳熙十六年，時年四十三歲。他的原配妻子皇后李氏出身將門，天性妒悍，在光宗還在作皇太子時就已為孝宗所知，雖曾屢加訓誡，終無效果。專制時代的皇帝本來握有至高無上的權力，他如能施展君權廢掉皇后，即使再悍妒的皇后亦將無所施其伎倆，更何有悍妒跋扈之可言?無奈宋光宗趙惇懦弱無能，李皇后於是肆其悍妒，展開慘極人寰的殺戮，《宋史》〈后妃傳〉中對李皇后行止的敘述，即令人毛骨悚然：

帝嘗宮中浣手，睹宮人手白，悅之。它日后遣人送食盒於帝，啟之則宮人兩手也。又，黃貴妃有寵，因帝親郊，宿齋宮，后殺之，以暴卒聞。

身為皇帝，不但保護不了他所寵愛的妃子，甚至連自己所欣賞的宮人白手，也會為這宮人帶來斷手之禍，這種皇帝的懦弱無能，簡直勝過為曹操作傀儡的漢獻帝，可嘆孰甚！而悍妒皇后的囂張跋扈行為，到李皇后身上亦已發揮到了極點，她使宮廷中本來就已層出不窮的陰謀詭計，升格為公開的屠殺。

## 帝權伸張　後宮無事

專制皇帝的專制權力，在明、清兩朝發展到了最高點；其中又以明太祖、明成祖、明世宗、清世宗、清高宗這幾個皇帝的專制殘酷，最為其中的翹楚。專制殘酷的皇帝視殺人如屠狗豕，敢有違逆其意志者，其遭遇必定十分悲慘。惟其因為如此，所以當時的后妃都不敢公然顯示其懷妒爭寵之心。唯一例外的是明世宗時的陳皇后，她的遭遇當然十分不幸。《明史》〈后妃傳〉中有這麼一段故事：

> 世宗孝潔皇后陳氏，元城人，父諸生萬言，見〈外戚傳〉。嘉靖元年，昭聖皇太后為帝選婚，得后立焉。帝性嚴厲。一日，張、方二妃進茗，帝循視其手。后恚，投杯起。帝大怒，后悸，墮娠崩。……

同樣是喜歡後宮嬪御的白嫩小手，同樣招來皇后的不滿反應，只因兩個皇帝的性格顯然有剛強懦弱之分，因此，一個皇帝的皇后敢將宮人的白手斬下來送給皇帝以展現其閫威，一個皇帝的皇后卻因皇帝的赫然震怒而立刻被嚇得墮胎亡身。同樣事情的反應如此兩極化，可以證明酷妒皇后的妒忌態度實在是因皇帝之過度縱容方得以放膽施為。她們的動機雖然是因為妒嫉心理而起，如果皇帝的駕馭得當，未嘗不可以事先防止許多不必要的陰謀鬥爭。這當然是歷史經驗中的教訓，只是很多朝代的皇帝似乎都不太注意到這一點，是嗎？

# 從「貍貓換太子」說起

## ——漫談古代皇子的誕生

在從前京劇盛行的年代裏，看過「貍貓換太子」這齣戲的觀衆，不知有幾千幾萬人。這齣戲所描述的，是宋仁宗的生母李宸妃因誕育仁宗而被劉妃所陷害的故事。從「貍貓換太子」之後，還有金水橋、斷太后、打龍袍等一連串的後續故事，直到包龍圖審明此案之冤枉，受盡苦難的李宸妃方得與宋仁宗母子相認，而劉后及郭槐等一干奸黨亦得到了應得的懲罰。由於整部戲的故事內容十分離奇曲折，兩三百年以來，不知賺得多少熱情觀衆的同情熱淚。然而他們卻並不知道，這部戲從頭至尾只是出於編劇者之向壁虛構，毫無事實根據。若說它在歷史上還有什麼蹤跡影響的話，那亦最多只是劉、李二妃，宋真宗仁宗父子，以及包拯等在歷史上確有其人而已，其他種種，完全都談不到，更何來事實根據可言。

歷史上的李宸妃，確是宋仁宗之生母。但「劉妃」卻是宋真宗的皇后，李宸妃當時只是劉后宮中的侍女，職居司寢。在極偶然的一次機會裏，皇帝忽然對她瑩白可愛的一雙玉手發生了很大的興趣，召幸有娠，誕生仁宗，遂進位才人，再升婉儀，至仁宗繼位為帝後始進封宸妃。至於劉后，則因宋真宗在世時對她始終十分畏憚，凡是她的一切作為，皇帝都不敢加以干涉。所以她就在仁宗尚在襁褓之時就取為己子，交由李淑妃保視。仁宗自小在這種環境中長大，祇知道劉后是他的母親，卻不知道自己的生身之母另有其人。李宸妃當時地位卑微，又久處於劉后的積威之下，對此不敢有絲毫的反抗表示。及真宗崩逝，仁宗幼年繼立，劉后以皇太后的身分臨朝攝政，李宸妃除了「嘿處先朝嬪御之中，未嘗自異」之外，還敢有什麼表示呢？朝中文武大臣雖然明知此一事實，也無人敢冒此大不韙，輕易揭發其中秘密。直到李宸妃與劉后相繼崩逝，情勢完全改變之後，方纔由皇帝的叔父燕王對他說出此一「奪子」的內幕。仁宗當時自然悲痛逾恆，但亦已無補於當前之事實。《宋史》〈后妃傳〉對劉后的評價甚高，可知她是一個手段高超而極有膽識的能幹女人。她的「奪子」行為，一方面固然是鞏固自己權位的手段，另一方面也寓有對李宸妃「示懲」的意味；因為她可以把皇帝召幸宸妃之事解釋為宸妃對她的不忠，有「奪愛」之嫌。既然宸妃可以奪愛，她又為何不可奪宸妃之子呢？更何況她除了奪子之外，對李宸妃也沒有更進一步的傷害啊！後世的劇作家憑空編造出這一部宮闈秘聞來誣陷她曾以「狸貓換太子」的手段迫害李宸妃歷盡苦難，以彰顯其毒辣陰狠的殘酷面目，無寧有失事實真相。

劉皇后奪李宸妃之子為己子，在宋朝以前的中國歷史上是否曾有類似的事，已不可知；若在宋朝以後，則亦有另一事例，是即明朝宣宗皇帝時的孫貴妃。

根據《明史》〈后妃傳〉之記載，宣宗即位之初，冊妃胡氏為皇后，嬪孫氏為貴妃。胡皇后無子而多病，孫貴妃乃有奪位之心。但是孫貴妃自己也沒有兒子，於是乃「行計宮中」，「陰取宮人子為己子，即英宗也，由是寵眷益重。」胡皇后看到自己多病而無子，孫貴妃得寵而已有子，上表遜位，宣宗居然同意，胡后因此被廢，而孫貴妃成了新的皇后。及英宗繼立，孫后進一步尊封為皇太后，「而英宗生母，人卒無知之者。」以此一故事與宋真宗朝的劉后奪子故事相比，孫貴妃的作為，纔真正是毒辣陰狠，殘酷之至。因為劉后雖奪宸妃之子為子，畢竟只是公開的欺壓行為，而且她對李宸妃亦無進一步的迫害。至於孫貴妃，則完全是以陰謀詭詐的手段篡取他人之子為子，其間不知經歷了多少欺騙作偽，一方面在皇帝面前偽裝懷孕，一方面又在懷孕宮女產下英宗之後將她殺害，然後篡奪其所生之子作為己子，如此多方佈陣設計，完全只為了她個人奪位固寵之目的，其所作所為，可謂喪盡天良，滅絕人性，殘酷之至亦卑鄙之至。包公案中的貍貓換太子故事，如果換成了孫貴妃為主角，倒是十分恰當。只可惜

劉后　貍貓換太子劇中女主角之一

包公是宋朝人，孫貴妃是明朝人，彼此扯不到一起，真是很不湊巧。

在君主專制的時代裏，宮禁事秘，其中許許多多千奇百怪的悲喜劇，由於史無明文記載之故，後人已無從窺見其真相。如劉皇后孫貴妃之奪子故事，因為在文獻紀錄上有此記載之故，還可以使我們稍稍得見冰山之一角。至於那些不曾露出水面來的冰山底部，就無從得知了。清朝去今未遠，所留存的文獻紀錄也比較完整，若從現時所能見到的文獻資料中查證，像劉皇后孫貴妃那樣的奪子故事，在清朝或者不致發生。其中的主要原因，一則由於清朝的宮廷制度比較完善，類似上述故事所顯示出來的宮闈陰謀秘計，在當時已比較少有發生可能。二則自從明神宗時的首相張居正創立下「太后並尊」的先例之後，皇帝的生母即使出身卑微，亦可在所生之子即位為皇帝之後被尊封為皇太后，與嫡后處於同等的地位。此一「母以子貴」的成例創立之後，不但皇帝的後宮妃嬪益發重視自己的「龍子」，有權位的后妃亦不敢輕啟覬覦掠奪之心。「貍貓換太子」中的奪子故事，至此乃無發生的可能。因此我們很可以這樣說，宮廷中即使有「奪子」之事，也只限於明朝中葉以前，若是所謂「貍貓換太子」也者，那就根本只是向壁虛構的杜撰故事了。

清朝皇宮內有一個單位叫「敬事房」，其職司除管理太監之日常工作及懲罰不職者外，亦兼管皇帝的風流帳。舉凡皇帝於某年某月某日臨幸皇后寢宮，或召幸某某妃嬪，敬事房太監必須一一詳記於簿册，以為他日受孕之驗證。如果皇后或妃嬪有孕，由御醫診斷確定，並由敬事房查核簿册相符之後，即由內務府按后妃之身分與等級，每日增加其日常供應之銀米，並由宮殿監奏派總管太監一員，率領敬事房太監、御藥房太監及本宮首領太監等人加強值夜防護，以策安全。一旦誕生皇子或皇女，一方面奏報皇帝，一方面由宮殿監敬謹登記，以備他日纂修玉牒之用。至於新誕生的皇子皇女所需要的保姆及乳母，則在后妃有孕之日即已預先挑選準備，只要嬰兒出世，隨時可有乳母哺育，有保姆照料。從前北京東安門外之禮儀房（俗名為「嬭子房」），即是宮廷中預選乳母以備隨時宣用的特別機構。照一般人的想法，甫出娘胎的嬰兒當然與產母生活在一起，以便隨時加以哺育與照料。但皇家規矩似乎與此不同。《清朝野史大觀》中的〈清宮遺聞〉卷二，「皇室無骨肉情」一條對此即有明白的敘述，錄之如下：

> 清祖制，皇子生，無論嫡庶，一墮地即有保母持之出，付乳媼手。一皇子例須用四十人：保母八，乳母八，此外有所謂針線上人、漿洗上人、燈火上人、鍋灶上人。至絕乳後，去乳母，添內監若干人爲諳達，所以教之飲食，教之言語，教之行步，教之禮節。至六歲，則備小冠小袍褂小靴，教之隨衆站班當差。教之上學，即上書房也。黎明即起，亦衣冠從容而入乾清門，雜諸王之列，立御前。所過門限不得跨，則內侍舉而置之門內，則又左顧右盼，儀態萬方而雅步焉，皆諳達之教育也。自墮地即不與生母相見，每年見面有定時，見亦不能多言，不能如民間可以隨時隨地相親近也。至十二歲，又有滿文諳達教國語。至十四，

則須教之以弓矢或騎射。至十六或十八而成婚。如父皇在位，則群居青宮，即俗呼「阿哥所」也。如皇崩，即率所生母並妻分府而居焉。母爲嫡后則否，蓋子已正位，即奉爲太后矣。按自襁褓以至成婚，母子相見殆不過百餘面耳，又安得有感情哉？

滿語中的「諳達」，即是漢語中的「師傅」。清宮中的皇子，養育於乳保之手，從宮中太監處接受各種生活行動及禮儀方面的教育，如果長大之後不知用功讀書，則充其量不過是嬌生慣養的紈袴子弟而已。清代家法，對皇子的教育特別重視，「上書房」所聘請的漢文老師，都是翰林院中的知名之士，所以清代的皇子教育在歷代以來號稱嚴謹，所得到的成果亦可稱良好。若在明代，則在深宮中長大的皇子通常在十幾歲之後尚不肯「遺就外傅」，長大成人之後，不僅是紈袴，很多簡直就是超特級的頑童；如後來成為皇帝的明武宗、明熹宗等均是。推而廣之，在明朝以前，中國歷史上所見的頑童皇帝與紈袴皇子也不少，想必亦是不注重皇子教育的結果。以此而言，清朝皇子所接受的宮廷教育，應該算是十分理想的了。清人趙翼所撰《簷曝雜記》中便有一條論及此事，說：

本朝家法之嚴，即皇子讀書一事，已迥絕千古。余內直時，届早班之期，率以五鼓入。時部院百官未有至者，惟內府蘇喇數人往來黑暗中。殘睡未醒，時復倚柱假寐，然已隱隱望見有白紗燈一點入隆宗門，則皇子進書房也。吾輩窮措大，專恃讀書爲衣食者，尚不能早起，而天家金玉之體乃日日如是。既入書房，作詩文，每日皆有程課。未刻畢，則又有滿洲師傅教國書，習國語及騎射等事，薄暮始休。然則文學安得不深，武事安得不嫻熟？宜乎皇子孫不惟詩文書畫無一不擅其妙，而上下千古，成敗理亂，已了然於胸中，以之臨政，復何事不辦？

趙翼的這段話，雖然歌頌逾分，但亦具有相當程度的真實性，可以參看。以與明朝以前的情形相比，清朝皇子的教育顯然比較成功，所以清朝歷史上的皇帝也相對地比明以前各朝賢能勤政，其中的因果關係十分明顯。

從明朝的歷史看，明朝的皇子例封親王，且於封藩之後即須「之國」，不能在京師逗留，而其母妃則只能永遠居住在皇宮之中。所以皇子一經封藩就國，便是母子永別之期，從此再無相見之望。這是明朝封建制度下的人倫悲劇，在數百年中層出不窮，習以為常。清朝的皇子雖然亦封為親王或郡王，但這些王爵並無屬土，封王只在京中食祿，不必像明朝親郡王那樣必須就藩遠地。因為有此基本上的差異，所以清朝的皇子可以在封王分府之後奉母同居，而明朝皇子不能。至於清朝皇子在未分府以前居於宮中何處？據章唐容《清宮述聞》一書中的考證，其地蓋在東六宮北之千嬰門外，俗稱為「乾東五所」者。章書卷二記此云：

> 東六宮北千嬰門外，南向殿宇五所，曰乾東五所。中爲敬事房，左爲四執庫，又左爲古董房，右爲壽藥房，又右爲如意館。乾東五所清襲明舊，初爲皇子等所居，後移敬事房四

執庫古董房壽藥房如意館。

本來作為「阿哥所」的乾東五所，何以到後來會變成敬事房四執庫如意館等辦公場地？其事顯然與清文宗以後的歷朝皇帝均無子嗣一事有關——既然皇帝無子，「阿哥所」當然用不著，不如乾脆拿來作別項用途吧！而且這乾東五所從明朝以來即是皇子居住之地，其中的掌故軼聞顯然也多得掇拾不盡。只可惜宮闈事秘而文獻無徵，其中的掌故秘辛已無從查考了。唯一可以得到的一些蹤跡影響的是，明朝的光宗皇帝在出生之後一直受其父神宗之冷遇，以致供給淡薄，生活艱困。魏忠賢看出這是一個可燒的「冷灶」，在「皇長子」（即後來之光宗）境遇落寞之時，出來為他辦理膳食，多少滿足其生活上的需要，終於使得皇長子對他寵信有加，種下他日後在明熹宗朝勾結熹宗乳媼客氏專擅朝政的禍根。這些歷史往事雖然久已成為陳迹，但其當年的發生之地卻在這「乾東五所」，豈不是很可追念憑弔的古蹟嗎？

# 千載英名說「背嵬」

提起「背嵬軍」的大名，稍為熟悉宋代歷史的讀者一定都不會感到陌生；因為他們是南宋中興名將韓世忠、岳飛帳下最為英勇善戰的親軍，以「背嵬」為名。「背嵬」名稱甚為奇特，究竟是何意義，實在令人費解。這裏且先說明他們成軍建功的始末。

金滅北宋，女真部族的鐵騎，挾其雷霆萬鈞之勢橫掃半個中國，所到之處，幾乎是無攻不克，無堅不摧，宋軍望風披靡，其狀況極為狼狽。宋皇朝到此地步，眼看著已將無法立國。但是曾幾何時，在戰爭中逐漸磨練成熟的韓世忠、岳飛、劉琦、吳璘、吳玠諸人所統率的南宋軍隊，居然已蔚成勁旅，迭次予入侵金軍以嚴重的打擊。自宋高宗紹興四年至十一年，宋軍先後獲得十大勝捷，金軍迭遭喪敗，心膽俱落，乃不得不修正他們的武力入侵政策。由秦檜所一力主持的紹興和議，即是在這種情形下得到成功的。在南宋初期的「中興十大戰功」中，背嵬軍慣於以寡擊衆，力挫兇鋒，其表現極為突出，因此其聲譽亦最為輝煌。

「背嵬」之名，始見於《宋史》〈韓世忠傳〉，其出現時間則在宋高宗之紹興二年九月。此時，韓世忠正因戰功卓著而被任命為江南東、西二路之宣撫使，置宣撫使司於建康，有名的背嵬軍即於此時開始建立。李心傳所撰《建炎以來繫年要錄》卷五十八，紹興二年九月辛巳記云：

「世忠還建康，乃置背嵬親隨軍，皆鷙勇絕倫者。」

由於背嵬軍的成員皆是精挑細選出來的鷙勇壯士，讓他們去對付驍悍敢死的女真鐵騎，最能表現出殺敵致果的高度戰鬥力量。紹興四年十月，韓世忠在揚州大儀鎮附近設伏邀擊金軍，浴血奮戰，大獲勝捷，背嵬軍的表現果然十分優異。《建炎以來繫年要錄》卷八十一記其事云：

「世忠引軍次大儀鎮，勒兵爲五陣，設伏二十餘處，戒之曰：『聞鼓聲則起而擊敵。』聶兒孛堇聞世忠退軍，甚喜，引騎數百趨江口，距大儀鎮五里。其將撻也擁鐵騎過五陣之東，世忠與戰，不利，統制官呼延通救之得免。世忠傳小麾鳴鼓，伏者四起，五軍旗與敵騎雜出。敵軍亂，弓刀無所施，而我師迭進。背嵬軍各持長斧，上砍人胸，下捎馬足。敵全裝陷泥淖中，人馬俱斃。遂擒撻也。」

女真部族的鐵甲騎兵向來無敵於天下，想不到韓世忠所訓練的背嵬軍居然以其所用長斧上砍人胸而下砍馬足，卒使女真鐵騎全數陷入泥淖之中，而後人馬俱斃。讀史至此，真可為這些英勇戰士的英勇戰績浮一大白，拊掌稱快。當此之時，岳飛的名位尚在韓世忠之下，其軍中亦尚未聞有背嵬軍的建立。但是韓世忠所用的挑選訓練方法無疑曾對岳飛產生重大的影響力量。其後不久，岳飛帳下亦有了背嵬親隨軍，而且其戰鬥力之強勁亦不遜於韓世忠所部。這在紹興十年春間潁昌之戰中最可看出其實際情況。

宋高宗紹興十年春，金軍再度由淮泗入侵，南宋諸將分路出師迎敵。岳飛之軍出郾城，先以步兵大破金元帥宗弼之拐子馬，然後又與宗弼大軍在潁昌附近發生遭遇戰。在這一場戰爭中，岳飛部下的背嵬軍大大發揮了他們以寡擊衆的強勁戰鬥力量。《續資治通鑑》卷一二三記此云：

「金都元帥宗弼既敗於郾城，憤甚，以師十二萬次臨潁。……飛謂子雲曰：『敵屢敗，必還攻潁昌，汝宜急援王貴。』既而宗弼果至。乙卯，貴將游奕軍，雲將背嵬軍，戰於城西。雲以騎兵八百挺前決戰，步軍將左右翼繼之，殺其副統軍。飛進軍朱仙鎮，距汴京四十五里，與宗弼對壘而陣，遣背嵬軍五百奮力破之。宗弼還汴京。」

女真的都元帥宗弼，即是精忠岳傳所稱之「四太子金兀朮」，其人善於用兵，所部尤稱精銳強悍。但宗弼的鐵騎雖精，岳飛的背嵬軍只出動八百人與五百人的小數目，就能奮力摧破之，可見背嵬軍之鷙勇敢戰，實更勝於金人之鐵騎。南宋朝廷有軍如此，又有韓岳劉吳諸名將為之統率，以之北伐中原，理應可如岳飛所說之「直搗黃龍，迎復二帝」，為中國一洗積貧積弱之恥。然而曾幾何時，秦檜所主持的和議業已成功，諸大將之兵權皆被收奪，岳飛冤死獄中，而韓世忠投閒置散，南宋的軍心士氣從此一蹶不振，再不能出現中興十大戰功時代的昂揚軍心與如虹壯志，實在令人失望之極。宋高宗因貪戀權位之故而忘親事仇，自毀長城，這些事本已不值得再為人所提起；只是，在宋朝對外抗戰史上曾經有過如此顯赫戰功的韓岳背嵬軍竟亦從此在歷史消失不見，總不免使人感到無限的悵惘。

話說回來，背嵬軍命名的意義究竟何在？

清人王士禎在他所撰《分甘餘話》中，將「背嵬」寫作「背嵬」，並引宋人范成大之說云：「燕中呼酒瓶為嵬。大將酒瓶，皆令親隨人負之，故號曰背嵬。韓岳取其名以名親兵爾。」清人張培仁所撰《妙香室叢話》，以為「嵬」字即是「罍」字，其意義為酒瓶，北方語音中「嵬」「罍」二字同音，故而「背嵬」即是「背罍」，亦即是背負酒瓶之意。清人夏荃所撰《退菴筆記》亦作此說，但以為「嵬」字亦即「嵬」字，所以「背嵬」亦即「背嵬」。

綜合以上諸種說法，可知「背嵬軍」之所以得名，是因為他們具有主帥的親軍身分。親軍既有為主帥背負酒瓶之任務，以此為名，自可恰如其分地表明其親軍身分；所不同的是，舊時的親軍或許專司背負酒瓶，背嵬軍既為精挑細選出來的鷙勇戰士，也許已不再兼司背負酒瓶之責，如此而已。

另外，夏荃《退菴筆記》卷七有「韓瓶」一則，似可作為親軍為主帥背負酒瓶之證據。其文說：

> 泰州南門外農人掘地及喪家作墳，常可在土中掘得古代之瓦瓶。瓶身長圓而兩端微鈍，形狀甚似東瓜，瓶口有四小耳，土人呼爲韓瓶，據說即是韓世忠帳下背嵬軍所背負的酒瓶，每瓶約可盛酒一斗左右。瓶身長圓的作用是便於背負，瓶口有四小耳，其用途在繫繩；瓶以瓦製，則取其價賤易得，用畢即可丟棄。

泰州乃韓世忠當年駐軍之地，所以其地常多當年韓軍所棄之瓦瓶。由「韓瓶」之形製，可以想見當年的韓岳親軍，背上竟有這麼一個瓦製的長圓形酒瓶，則「背嵬」之名，其實還是很雅馴的哩。

趙烈文《能靜居日記》中記有一段曾國藩論述韓、岳軍制的話，其大旨說，韓世忠與岳飛之所以能夠成功，是因為他們對作戰訓練及軍事費用都有充分的自主權。政府既不能過問其軍費來源，他們自可充分運用其所獲得的軍餉，以優厚之待遇羅致超邁絕倫之勇士，訓練成為最精銳的軍隊。這一段話的意義十分重要，其觀點亦十分正確。自秦檜所主持的宋金和議成功，諸大將之兵權皆被政府所收奪，從此以後，軍隊皆已國家化，其薪餉待遇皆由政府規定，將帥無法以厚餉拔擢驚勇善戰之勇士為其親軍，雖韓岳復生亦無可為力，宋朝的軍事力量自然只有一天一天的走向下坡路。由此說來，背嵬軍之所以終於只能如彗星一般地發揮其極短暫之熠耀光芒，亦是客觀的形勢使然。讀史至此，徒使後人對之發生無限的結念，可慨之至。

# 蘇東坡之死

宋代大文豪蘇東坡，人多知其兼擅文章詩詞及書法，卻不知道他也喜談醫學而善於養生，所以纔能在流放時期歷盡艱險，終於安然無恙的生還中原。

廣東省在北宋時期尚未充分開發，除了北部和中部的小部分地區外，其餘極大部分都只是蠻荒之地，人煙稀少而水土惡劣，煙瘴盛行，中原人士謫官其地，大多難免因水土不服而慘遭煙瘴之害，客死異鄉。所以在北宋時，這些地方大多被當權派用作謫徙異己人士的死亡之地，令人望而生畏。當時有兩句流行的俗語說：「春循梅新，與死為鄰；高廉雷化，說著也怕。」所謂「春循梅新」與「高廉雷化」，皆是廣東東部與西南部的州名，春州即今之廣東省陽春縣，循州即今之廣東省惠陽縣，梅州即今之廣東梅縣，新州即今之廣東省新興縣；至於高廉雷化四州，則位於雷州半島附近一帶。這些地方在北宋時俱是最險惡的煙瘴之地，蘇東坡謫官至此，一住數年，最後並且被流放到更南的海南島，這就需要相當程度的疾病抵抗能力了。

在宋朝人所編輯的《五百家播芳大全文稿》中，收有蘇東坡貶官蘇州時寫給王定國的幾封信。

其中的一封說：

「揚州有侍其太保者，官於瘴地十餘年北歸，面色紅潤，無一點瘴氣，只是用磨腳心法耳。此法定國自己行之。更請加工不廢，每日飲少酒，調節飲食，常令胃氣壯健。」

蘇東坡能勸王定國勤練磨腳心之法，強健身體，他自己必定更能身體力行之。又另一信云：

「道術多方，難得其要，然以某觀之，惟能靜心閉目，以漸習之。但能閉得宜十息，爲益甚大。尋常晝夜，以脈候宜二三十息，數爲之，似覺有功。幸信此法，使真氣雲行體中，瘴冷安能近人哉？」

由此看來，蘇東坡後來謫官惠陽及遠流海南，大概便是靠腳底按摩及靜坐調息等法強化身體中的氣血循環，並進而健身養氣，以達到其疾病不侵之目的。除此之外，他還多方研究服食藥餌之法補虛益氣，以防治風痺癱瘓，其事屢見於他與友人之書信及雜著中。服食長生而兼修鍊養氣，使得蘇東坡的體質強健，精神愉悅，所以他雖然曾一再貶官遠謫，並且歷經惠陽、廉州、雷州而至瓊州，居然能始終百病不侵，實在不能

蘇東坡像

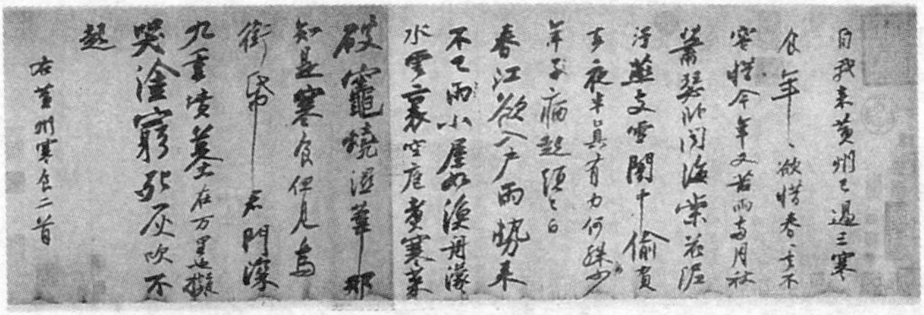

蘇東坡「寒食帖」

不使人佩服他的攝生有道，養衛得法。然而使人非常感到意外的是：蘇東坡七年嶺外不死，最後在遇赦北還，回到常州以後，卻因一場偶然的疾病而致死亡，這又到底是怎麼一回事呢？

宋哲宗元符三年正月，皇帝崩逝，由端王趙佶繼承大位，是為徽宗。新皇帝頒詔大赦天下，凡屬貶逐在外之謫官，均得量移近地，以示恩恤。蘇東坡因此得由海南島內遷至雷州半島之廉州。秋間，又奉命由廉州移舒州。甫離廣東，又有新的恩命，復官朝奉郎，提舉成都玉局觀，任便居住。這就是說，他此刻已由貶逐之流人重獲任用，不僅有薪俸可領，並且可以隨便居住，不必再像以前那樣受人拘管了。因此他由贛州雇船浮江而北，出長江，入運河，回轉他舊居之地的常州來。想不到他一過揚州就染患瀉泄之疾，因為調治不當，小病變為大病，終致奄然物化。由他患病以後的調治情形看來，蘇東坡之死，他自己絕對應負最大的責任。因為他在患病之後並未延醫治療，一直都只是自己服藥調理，終致因用藥不當而致自殞其生，實在大出想像之外。

蘇東坡自元符三年十二月由廣東北歸，經由贛州雇船北出鄱陽湖入長江而至揚州時，節候已交五月，天氣逐漸變熱了。大熱天中，整天窩住在船篷低矮木船裏的水上生活，悶熱不堪。所以一到揚州，全家大小都因中暑而感不適，蘇東坡尤甚。因為他這年已經六十六歲，雖因平素善於保養而健康無疾，但畢竟已是年過花甲的老人了，實在經受不起長途跋涉之後的溽暑困頓。船至儀真，艤舟東海亭下，與米元章同遊西山，逭暑於南窗松竹之下。因為天氣太悶熱之故，在海南島住慣了的他，倒覺得海南島的天氣遠比內地為涼爽宜人，一旦回轉常州，反而難忍此地的悶熱。船上無法成眠，他每夜露坐船頭納涼，又因貪涼而喝多了冷飲，到了六月初三的半夜裏，忽然大瀉特瀉起來。一夜瀉泄的結果，到天明時已困憊不堪。他認為夜間大瀉是由於風寒入侵腸腑所致，當以溫補治之，遂命家人煮黃蓍粥來吃，食後感覺頗為舒服。米元章有柬來，邀他翌日餐敘，他覆書同意。不料這天晚上又因「瘴毒大作」而猛瀉不止。自此以後，他就感到胸部脹悶，食不能進。米元章聽說他病由瘴毒，親自買了麥門冬送來。蘇東坡大為感動，作詩一首記之，曰：

「一枕清風值萬錢，無人肯買北窗眠。開心暖胃門冬飲，知是東坡手自煎。」

蘇東坡頗諳醫理，又稍知藥性，由此詩可知，他相信麥門冬飲子可以暖胃，有益於他的瀉泄之症。卻不料黃蓍粥固因性熱而藥不對症，麥門冬飲子亦只能暖胃而無益於腹瀉。拖延到了六月十四日，病情又復轉為夜發高燒而「熱毒大作」。蘇東坡自己揣摩，這完全是因為腹中所蘊熱毒太盛之故，必須多服清涼藥治之。然而他命人買來的清涼藥，卻居然只是人參、茯苓、麥門冬三味而已。

這種情形，可以在他寫給錢濟明的信中看到。信云：

某二夜發熱，不可言，齒中出血如蚯蚓者無數，迨曉乃止，困憊之甚。細察症狀，專是熱毒，根源不淺，當專用清涼藥。已令用人參、茯苓、麥門冬三味煮濃汁，渴即少啜之，餘藥皆罷也。莊生聞在宥天下，未聞治天下也。三物可謂在宥矣，此而不愈，則天也，非吾過矣。

蘇東坡相信人參茯苓麥門冬三藥煎濃汁代茶飲，可療腹中之熱毒，事實證明其見解不確。因為他的病情自此日重一日，並未見有好轉之象，既無法起坐，又無法躺臥，終日只能斜靠在床板上以殘餘的體力努力支撐，延至七月二十八日，終於撒手歸西。清人陸以湉在其所著之《冷廬醫話》中論此曰：

「余按病暑冷飲暴下，不宜服黃著。迨誤服之，胸脹熱壅，牙血泛溢，又不宜服人參麥門冬。噫，此豈非爲補藥所誤耶？」

究竟蘇東坡是否因誤服補藥而致其疾不可為？這也是一個很值得研究探討的問題。中藥裏的黃著，乃補中益氣之藥，其藥效中並無可治瀉泄一項。蘇東坡一夜暴瀉之後食黃著粥而美，顯然只是他的錯覺。明人王綸所著《明醫雜著》中說：

「凡泄瀉病誤服參著等甘溫之藥，則病不能癒，而或變爲黃疸。蓋泄瀉屬濕，甘溫之藥能生濕熱，故反助病邪，久則濕愈甚而成疸矣。惟用苦藥瀉濕熱，苦溫除濕寒，則癒。泄止及脾胃虛弱，方可用參蓍草藥以補之。」

這一段話的醫理是否正確，有待專家的研究。不過，他說治瀉泄之病不可用溫補之藥，以免病情發生另外的變化，則其說似不無徵驗。即以蘇東坡之病為例，蘇東坡在初食黃蓍粥之後雖然止住了瀉泄，但不久即因熱毒上攻而致齒縫出血，體發高熱，顯然其體中之熱毒已愈蘊愈甚，必須用清涼之藥加以舒解了。但人參與茯苓仍是溫補之藥，蘇東坡卻把它們當作清涼藥來服用，藥不對症則病不能癒，為此反覆折騰，高年體弱之人如何承受得起？他之所以元氣大傷而終致一病不起，正坐服藥錯誤之故。

清人林昌彝所撰《射鷹詩話》，對於蘇東坡因服藥錯誤而致自殞其生，亦有一段評論的話。他以為蘇東坡在初患腹瀉之時，應服大順湯或清暑益氣湯之類的方劑以去腹中之濕熱，誤食黃蓍粥則使熱邪內陷，只有增加治療困難而無益於疾病。及至牙縫出血，證明其內熱已深，暑邪已干犯臟腑，此時急應以甘露飲或犀角地黃湯等方劑克制體內之熱毒，豈可以人參茯苓加深其熱？其所說甚為有理。蘇東坡七年嶺外，不死於瘴毒而死於北歸以後所患瀉泄之疾，實在是因為對醫藥研究不精而又自信過甚之故。謂為服藥錯誤而致，應該不錯。一代文豪，雖善於養生而卻昧於醫理，卒致因服藥錯誤而促壽早死，實在可惜之至。

# 誰是忠臣？

岳飛的千古奇冤，世人多以爲是秦檜的陰謀所致。然而，背後若不是宋高宗主導，秦檜又怎能僅以「莫須有」三字，便屈殺了這位被國人恃爲長城的中興大將。秦檜逢君之惡，固然被宋高宗視爲股肱忠臣，卻也落得千古奸佞罵名。孰忠？孰奸？歷史明鏡高懸，足堪借鑑！

到過杭州西湖的人，一定知道西湖棲霞山麓的岳墳與岳廟。岳廟的殿宇巍峨，廟中所塑岳武穆的神像威嚴英武，每年不知吸引多少遊客前往瞻拜頂禮。而在廟西的岳王墳前，左右並排跪著四個鐵鑄的人像，上身赤裸，雙手反綁，其中兩個是秦檜夫婦，另兩個是與秦檜一同陷害岳飛下獄的幫凶張俊與万俟卨。千百年來，鐵像四周永遠有清不完的瓦礫石塊與臭穢之氣，這都是遊客們對四人洩憤唾罵以後所留的傑作，與巍然聳峙在鐵像對面的岳王

岳飛像

墳塋恰成鮮明的對比。清人徐昌曾有〈鐵人行〉詩詠之，曰：

> 鄂王抔土千秋高，冕旒像設人中豪。何年鑄此三尺鐵，墓下長跪羅奸曹。岳軍纔向黃龍指，和議先忘君父恥。獄成三字太狡橫，忍使忠良屈抑死。滔天罪案逃天誅，使爾身後同囚奴。行人過之盡唾罵，瓦石搏擊無完軀。縛虎縱虎計何密，恨弗生擒拔其舌。窮奇骨朽蕩飛塵，衹見神姦不見鐵。我聞金人十二環秦宮，又聞銅駝淚落哀秋風。鐵兮鐵兮竟累汝，蒙被首惡形模工。

這真是前人詩中所謂之「江山有幸埋忠骨，白鐵何辜鑄佞臣」了。

## 秦檜究竟是忠臣？是奸臣？

就事論事，鑄像的白鐵固然因為被用來鑄造奸人鐵像之故，而平白無辜地成了代人受過的犧牲品，然而跪在岳王墳前的秦檜夫婦與張俊、万俟卨這四個罪囚，又何嘗不是被人用來作為陷害岳飛的爪牙工具呢？秦檜夫婦或許確實是陰險毒辣的殺人凶手，但若不是幕後更有大力者之支持，他們也決無如此膽量，隨隨便便就以「莫須有」的三字冤獄，悍然殺害國人恃為長城的常勝將軍岳飛，而絲毫不必考慮可能發生的後果。《宋史》將秦檜列入〈奸臣傳〉。在秦檜的傳記中，歷史家將造成岳飛冤獄的罪過完全歸咎於秦檜的羅織指授，以及御史中丞万俟卨甘受秦檜驅使，鍛煉成獄，因此纔有後來的鑄像跪墓之事。其實這是不公平的判斷，早在明世宗嘉靖年間，作過兵部尚書的胡世寧就曾寫過一篇極其精闢的論辨文字分析其中關係，說：

武穆之冤，世以爲秦檜專殺而高宗不知也。然高宗豈不知哉？跡其平日，召至臥內，有金盤之賜，有精忠之書，有中興專委之託，有手書數十之典。且在當時，忠勳才傑如武穆者，舉目能幾？而其存其亡，不知問耶？蓋高宗寧偏安事虜，而不願父兄之返者，乃其素志也。故其初立，家族盡遷，而止一親弟信王榛起於河北，尚不肯援之爲助，而竟令馬擴識察之，以坐視其敗滅，其樂使武穆復中原而奉迎欽宗以南還耶？武穆初起偏校，歷著忠勇之蹟，高宗故所深契也。及其密疏請建宗室，即以苗劉之事見疑，而深忌之矣。故後中興之事，累請踐約而莫之許。想當檜賊留身奏事之時，探知此事，建議迎合。以爲「祖宗家法，素抑武臣，爲社稷計也；況才勇如飛，天下無敵者，使其縱兵滅金，得奉淵聖而歸，將置陛下於何地哉？其或遂爲劉裕滅秦歸篡之事，陛下亦焉得而制之也？且金人得中原，必不能有。故始以封楚，繼以封齊，而不以遂歸我國者，恐我得中原而遂令飛得長驅也。若飛戮則彼無所忌，必孚我事大之誠，而中原母后必皆見歸矣。就使中原終不可得，而偏安江左，亦不失爲帝王宗廟血食也。使飛而得志，陛下可得安枕而帝江南哉？」飛不可留，而帝心之所深合也。故今殺飛而檜以爲「上意」。及後檜死而帝任和議之事，以爲己意檜特贊之者，蓋

皆道其實也。言者乃獨罪檜而諉高宗於不知，何耶？（胡世寧《靜菴遺稿》）

胡世寧這一段話，在很多宋史資料中都可以找到具體的證據，足證其所說不虛。如《宋史》卷三百八十〈何鑄傳〉中說，岳飛既逮繫大理獄，秦檜先命御史中丞何鑄鞫問之。何鑄在審訊過程中，發現岳飛被控的反叛罪並無事實根據，白其冤情於秦檜。「檜不悅，曰：此上意也。」改命万俟卨為御史中丞承審此案，卒如秦檜之意鍛煉成獄。胡世寧所謂「殺飛而檜以為上意」者，指此。此外，宋人李心傳所撰《建炎以來繫年要錄》卷一七二，載有宋高宗在紹興二十六年三月所頒諭旨云：「朕惟偃兵息民，帝王之盛德，講信修睦，古今之大利，是以斷自朕衷，決為和議之策，故相秦檜，但能贊朕而已。近來無知之徒，以為盡出於檜，不知悉由朕衷。其悉體朕心，恪遵成績，以永治安。」秦檜死於紹興二十五年十月，高宗此諭，頒於秦檜死後之五月，無異公開承認秦檜所主持的宋金和議，事實上是宋高宗在幕後主導。

事實的真相明白如此，再要說岳飛之冤死是由秦檜以「莫須有」之罪名一手遮天而成的「矯詔」行為，顯然是太擡舉秦檜的身價了。問題是：岳飛是當時戰功最著而忠君愛國思想最為強烈的一代名將，而直搗黃龍、迎復二帝，以求湔雪亡國之恥，又是當時舉國軍民同仇敵愾的一致願望，宋高宗即使滿心只想做個偏安江南的小朝廷皇帝，又極怕徽欽二帝回來後會使他失去皇帝的寶座，可這些都只能是他藏在內心深處的自私自利想法，決不能寡廉鮮恥到不顧天下臣民之恥笑，公然形之於語言文字。在這種情況之下，如果有一個「聰明人」能窺破皇帝內心的秘密，悍然不顧一切困難，決意要為皇帝達成此一願望的話，宋高宗對之，豈有不感激樂從之理？秦檜在當時之所以能得皇帝的信任，這纔是最重要的關鍵因素。清人俞正燮論此云：

高宗統觀大勢，不得不和。然君父之仇，又不敢自居其名，群臣色厲內荏，多爲旁觀之論，獨一秦檜，公任其事，高宗謂其「樸忠孤立，一德格天」者也。高宗之才，十倍秦檜，和議本所自主。欲和議之成，不俟殺武穆。所以殺武穆者，非爲和議。正以卨、俊之言，示逗留之罰，寄跋扈之誅，殺之有名，可以駕馭諸將，又惡其議迎二帝，不忠於己，故殺之耳。（《癸巳存稿》卷八，〈岳武穆獄論〉）

## 宋高宗殺一儆百，岳飛冤死

俞正燮所謂「示逗留之罰，寄跋扈之誅」者，指紹興十一年岳飛不肯遵奉御筆詔書指揮出兵赴敵之事。《宋宰輔編年表》卷十六引《中興遺史》云：「紹興辛酉（十一年），虜人有飲馬大江之謀。大將張俊、韓世忠皆欲先時深入，惟岳飛不動。上以御札促其行者，凡十有七。後復親降御筆曰：『社稷存亡，在卿此舉。』飛奉詔，移營三十里而止。上始有誅飛意矣。」又《建炎以來繫年要錄》卷一三九，紹興十一年正月記云：「初，敵之來犯也，上命岳飛以兵來援。飛以前此每勝即被召還，乃以乏糧為辭。最後，上御札付飛曰：『社稷存亡，在卿此舉。』飛奉詔，移營三十里而止。及濠州既破，飛始以兵至舒、蘄境上。」這也就是《朱子語類》中批評中興諸將的所謂「韓、張、劉、岳之徒，富貴已極」，「驕惰不足用」，及「諸將驕橫」之所指。中興將帥，倘果因戰功卓著而漸至驕橫悖慢，不聽朝廷指麾，則其末流所至，勢必就是唐末以至五代的藩鎮割據之禍了。

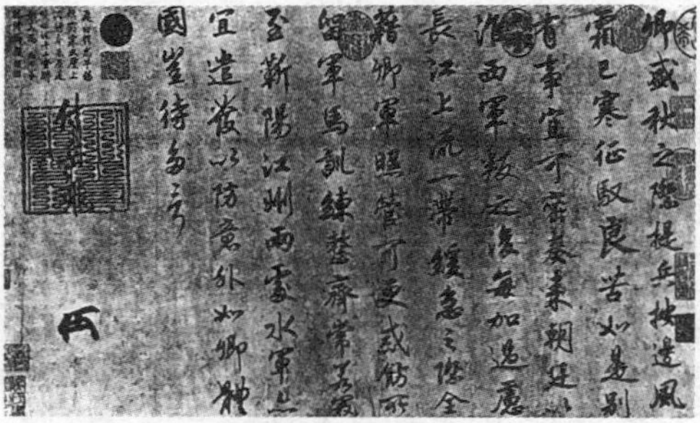

宋高宗賜岳飛手敕

宋懲藩鎮之禍，自太祖開國以來，即以「強幹弱枝」及「收將帥兵權」之法為制馭對策。韓世忠、張俊、劉光世、岳飛諸將倘果因富貴已極而漸生驕橫悖慢之習，則宋高宗為了保持其統治權起見，當然也要效法太祖、太宗以來的「祖訓」，及時加以懲戒，以收殺一儆百之效。

岳飛與宋高宗之間的關係比較疏遠，又有万俟卨、張俊二人從旁搆煽，所以宋高宗與秦檜都打算拿他來作為懲儆諸將的榜樣，而岳飛慘遭冤死之禍，乃終於不免，秦檜說此是高宗的「上意」，顯然不錯。不過，秦檜雖能窺見宋高宗之隱衷而曲意迎合之，最後並且甘冒天下之大不韙而悍然不顧一切地殺掉主戰派的大將岳飛，以達成與金人議和的終極目的，徹底完成宋高宗的心願，卻難逃「殘害忠良」的罵名，千秋萬世，永遠不能洗脫其臭穢不堪的奸臣形相，所付出去的代價卻十分巨大；遠不如宋高宗在利用秦檜實現了他的卑鄙心願之後，絲毫不必擔負任何政治上道義上的責任，也絲毫不損及他在宋朝歷史上的地位，這纔是高明之至的第一等陰謀家哩。俞正燮說：「高宗之才十倍秦檜」，若就此一點而言，實在是非常正確的論評。

## 南宋偃武修文積弱不振

南宋立國之初，國勢孱弱，既無可戰之兵，又無能戰之將，所以一遇到金兵大舉入侵，自皇帝以至臣民百姓，只有奔迸逃竄以求苟活一途，幾乎毫無抵敵能力。試看建炎元年金兵第一次大舉南侵，及建炎三年金兵第二次大舉侵宋，兩次戰爭的情形都幾乎彷彿如出一轍。但自建炎四年夏間第二次南侵的金兵退去之後，宋朝方面的情況逐漸有了改善。原因是南宋軍隊在長時間的戰火磨煉中逐漸出現了一些能征慣戰的將領，經由他們所訓練培養出來的勁旅，大多勇敢善戰，雖遭逢強敵，亦能堅忍不屈地奮戰到底，終於獲致勝利。紹興元年十月，金帥宗弼會諸道之兵數萬，欲由陝西越秦嶺侵入四川，在鳳翔之和尚原遭遇吳玠吳璘所率宋軍之堅強抵抗，激戰三日，金軍大敗，斬首及俘馘者以萬計，是為南宋歷史上極有名的「和尚原大捷」，吳玠吳璘兄弟亦因此戰而大為出名。此戰為宋軍大敗金人的一次決定性勝利，自此之後，雙方的形勢消長，發生了明顯的變化，宋軍愈戰愈強，金軍卻相對地減弱了。此後，劉錡有順昌之捷，岳飛有郾城之捷，韓世忠有淮陽之捷，張俊有永城亳州之捷。形勢發展到此一地步，南宋倘使舉國一心，真要以報仇雪恥、迎復二帝為其國策的話，金朝的麻煩還真不小。但自宋金達成和議之後，三大將的兵權盡為朝廷收奪，岳飛冤死，韓世忠也嚇破了膽，能征慣戰的軍隊逐漸因閒置不用而變得風流雲散，再要恢復當年全國軍民同仇敵愾、團結禦侮的蓬勃朝氣，就很困難了。這是秦檜主持和議為南宋帶來的最不利變化。從此南宋又像宋徽宗時代的北宋一樣，因偃武修文之故而變得積弱不振，不僅再無恢復之望，如果再一次遇到強大的外敵入侵，也再無抵敵的力量了。和議的禍害如此，雖說此是宋高宗的決策使然，畢竟也得要由秦檜這樣一個人竭力為之執行纔成。這纔是秦檜甘心成為宋高宗的御用工具之後，為國家民族所帶來的真正禍害哩。孱主與奸臣通力合作所演出的醜劇，真令讀史者為之擲筆三歎！

## 秦檜擅窺上意，卻遺臭萬年

歷史上的秦檜，早已被論定為殘害忠良、流毒社會、陰險毒辣、利慾薰心的第一等奸邪人物，所以《宋史》將他列入〈奸臣傳〉中，永留後世之罵名。但在宋高宗的心目中，此人實是貫徹皇帝意旨，忠實執行政策以達目的之忠臣。所以當秦檜力排眾議，努力貫徹和議主張時，宋高宗深知他所遭受的壓力極大，因而十分讚美他的「樸忠孤立」，認為他的耿耿孤忠，幾乎可以上格天心。杭州望仙橋畔的秦檜賜第落成，宋高宗特別將賜第中的一所閣子賜名為「一德格天閣」，並親書匾額懸掛，以示褒嘉。除此之外的加官進爵，賜予稠疊，更是多得記載不盡。這當然是宋高宗籠絡駕馭的手段，但亦何嘗不是君臣二人契合無間的事實表現？秦檜自紹興六年再登相位，至紹興二十五年十月病死，獨執國家大柄達十九年之久，生殺予奪，悉由己出，位高權重，富貴尊榮無比。但是他卻料想不到，竟會在身死神滅之後，以鐵鑄罪囚的形像長跪在岳王墳前，千秋萬代，世世遭人唾罵，永遠不得翻身吧！

從古以來，宮廷中的妃嬪與太監，永遠是最擅長窺伺「上意」與逢迎取寵的一群特殊人物；所造成的結果，則是培養出無數昏庸愚騃的糊塗皇帝，禍國殃民。不過，因為這些畢竟只是無知無識的「女子」與「小人」，人們無法以大義相詰責，自然只好付之嘆息而已。但如身為高級知識分子而且位居政府高官如秦檜者，居然亦效法妃嬪與太監之作為，以逢迎取寵與窺伺上意的手段來達到攫取功名富貴的目的，甚至不惜置國家民族之命運於不顧，人們的觀感就不一樣了。如果這些人在活著的時候因手握大權而使老百姓奈何不了他們，一等命歸黃泉，仍然要面對殘酷的審判。上帝的審判結果如何，雖非凡人所知；但後世之人對秦檜的審判則已昭然在目——跪在岳王墳前的秦檜夫婦鐵像，就是最明顯的事實。古語說：「以銅為鏡，可以知人；以史為鏡，可以知古今。」歷史的鏡子高高掛在那裏，後人大可借鑑一番。

# 明太祖的畫像

流傳在民間的傳說，以為明太祖朱元璋的像貌十分奇特——其前額、兩顴、耳鼻，以至上下顎都向外凸出而呈翹起之狀，據說在骨相上稱為「五嶽朝天」，乃是極貴之相。但額、顴、耳鼻以至下顎都向外凸翹的形狀必定十分難看，甚至可以說是奇醜。因此故宮博物院中所藏的明太祖御容，就有一張奇醜無比的，不但其狀貌略如前述，而且臉上還長滿了痘瘢。看了這一張奇醜無比的朱元璋像，不免會發生一些疑問——世界上果有如此醜陋之人麼？再則，人的像貌直接關係到一生富貴福祿，以如此至醜極陋的像貌，如何能成為一代的創業英主，那豈不是更大的問題麼？

這個問題，以前好像也曾有人提出來討論過。結論是：這一張奇醜無比的朱元璋像並非真的，真的朱元璋像應是故宮所藏的另一張——像

明太祖像之一

貌端正威嚴而面呈圓形，鬚眉皓然，一望而能使人產生敬畏之感的明太祖御容。郵政總局後來所印行的歷代帝皇郵票，屬於明太祖的就是此幅。既然郵政總局所印的明太祖畫像郵票不作奇醜之像，何以仍有此像為明太祖的畫像？由此當然可以知道，一般人對這個問題的認識並不清楚。他們或者不免為不可靠的民間傳說所迷惑。以為明太祖朱元璋的真正面貌正是如此！為了這一緣故，所以再把這個問題提出來談談。

如前所述，現存於故宮博物院的明太祖畫像，共有兩種類型，一種狀貌奇醜而滿面痘瘢，一種莊嚴威武而鬚眉皓然。何以一個人的畫像會有如此截然不同的兩種形狀？這可以引明代史學家談遷的話為證。談遷撰《棗林雜俎》智集「疑像」一條說：

「太祖好微行察外事。微行恐人識其貌，所賜諸王侯御容一，蓋疑像也，真幅藏之太廟。」

這條紀錄說明了一項事實：早在明太祖自己還活著的時候，他就曾因故佈疑陣之目的，而在真實的畫像之外，另外製造了一種假的「疑像」，以免被人識破其廬山真面。明太祖好微行私訪，這在明人的筆記中多有記述，如陸容所撰的《菽園雜記》中有一條說：

「高皇嘗微行至三山街，見老嫗門有坐榻，假坐移時。問嫗爲何許人？嫗以蘇人對。又問張士誠在蘇如何？嫗云：『大明皇帝起兵時，張王自知非真命天子，全城歸附，蘇人不受兵戈之苦，至今感德。』問其姓氏而去。翌日，語朝臣云：『張士誠於蘇人初無深仁厚德，昨見蘇州一老婦，深感其恩，何京師千萬人無此一婦也？』洪武二十四年後填實京師，多起取蘇松人者以此。」

又，徐禎卿撰《翦勝野聞》中記述明太祖的微行故事有四條，其中一條甚為有趣，云：

「太祖嘗於上元夜微行。京師時俗，好爲隱語相猜以爲戲。乃畫一婦人，赤腳，懷西瓜，衆譁然。帝就視，因喻其旨，謂『淮西婦人好大腳』也，甚啣之。明日，命軍士大僇居民，空其室。蓋馬后祖貫淮西，故云。」

此外還有明太祖在除夕之夜微行京師坊巷，為人代題春聯之類的故事，甚多，不能縷舉。總之，則是明太祖在做了皇帝之後，還喜歡易服私訪。說得好一點，這是他「勤求民隱」；說得不好，就是對人不放心，需要自己親加訪察了。試

明太祖像之二

看他在知道老百姓對馬皇后頗多譏侮不敬之後，立即派兵加以屠戮，就可知道他不但對臣民之不能衷心悅服極為不滿，而且更認為這種微行私訪有其必要，否則當不致有人將這種事實反映給他知道。平心而論，做皇帝的人居心如此忌刻，是很不好的。在明太祖自己，當然也會因此而深具戒心，生怕他的殘刻手段會招來老百姓或政敵的圖謀報復，自然也就更有預加防範之必要。他所採取的防範措施共有多少？現在當然已難知道；但至少有一項措施是可以知道的，那就是談遷所說，偽造一種假的「御容」頒行天下，使天下臣民誤以為皇帝生具「五嶽朝天」之相，其貴無比，一方面使人衷心發生敬畏之感，一方面亦可收淆亂視聽之效，其方法之巧與設想之妙，真可使人嘆為觀止。但亦正因如此，所以連後來的人也一起被他騙了。

陸容《菽園雜記》說：

「高皇嘗集畫工傳寫御容，多不稱旨。有筆意逼真者，自以爲必見賞，及進覽，亦然。一工探知上意，稍於形似之外，加穆穆之容以進。上覽之甚喜，仍命傳數本以賜諸王。蓋上之意有在，他工不能知也。又聞蘇州天主堂一土地神像，洪武中國工所塑。永樂初，有闕百戶者除至蘇州衛，偶見之，拜且泣。人問故，云在高皇左右日久，稔識天顏，此像蓋逼真已。」

這一條紀錄，說明了明太祖當時命畫工所傳寫的「御容」，不貴其真而貴其不真。雖然我們不能知道，傳世的奇醜之像是否即是此時所產生，但亦可與談遷的記述互相印證，知道明太祖的畫像確有真與不真的兩種。至於真的一種如何？則可由下面兩種記述中見之。

明張翰撰《松窗夢語》：

「余爲南司空，入武英殿，得瞻二祖御容。太祖之容眉秀目鉅，鼻直唇長，面如滿月，鬚不盈尺，與民間所傳奇異之象大不類。相傳太祖圖象時殺數人，後一人得免，意者民間所傳即後一人所寫，未可知也。」

又，明范介儒撰《曲洧新聞》：

「在武英殿見太祖真容有二。壯年者黑鬚長寸餘，面微長而豐，色甚皙，眉目有異。暮年者鬚鬢若銀，面益豐而圓矣，色更皙。乃知外間所傳龍額虬鬚，面有瘢痣者，妄也。」

明太祖建國都於南京，至成祖永樂時遷北平，而以南京為留都，所以明朝同時有南、北二京，各建六部，亦各有宮殿。「司空」，是工部尚書的古稱；「南司空」則是南京的工部尚書。張翰在南京做工部尚書時看到南京武英殿中的太祖畫像，與民間所傳的奇異之像不同，後來范介儒在南京武英殿中所看到的情形亦復一樣，以與談遷《棗林雜俎》及陸容《菽園雜記》等書中的記述互相印證，便不難相信，所謂五嶽朝天及滿面痘瘢的畫像，其實乃是明太祖用來欺騙世人的障眼法，其真正的容貌，當然就是張翰范介儒等人在武英殿中所見，後來存於故宮，再由郵政總局用來印製圖版的那幅畫像了。明太祖乃是一代的創業帝王，器宇當然不凡。看郵政總局印在郵票上的明太祖像，雖然說不上什麼日角龍顏等等附會之辭，其儀表堂皇，氣度威嚴，確實能與他的帝王身分相配稱。既然郵政總局已經考訂於先，民間傳說奇醜無比的明太祖像，就不宜以訛傳訛，一錯再錯。如其不然，就不免使不明就裏的讀者更生誤會了。

# 雲帆蔽天萬里行

## ——鄭和七下西洋的意義及影響

㈠

公元一四三〇年，亦即大明宣宗皇帝在位的宣德五年五月，朝廷頒下敕書，命令三寶太監鄭和等率領艦隊，第七度出使西洋。

鄭和等上一次奉派出使西洋，是明成祖永樂十九年（公元一四二一年）的事，回程則在永樂二十年八月。回來之後不久，就因為成祖駕崩，仁宗繼位，新皇帝降旨停罷出使西洋之故，而讓繼續出使的大事足足停頓七、八年之久。長時期停頓的結果，海船已因年久腐朽而無法使用，再要出使，就得另造新船。加上出使西洋所需的各種給賜之物以及大批官兵隨船出洋所需裝備給養，在在均須準備齊全，這工作做起來就極費時日。所以，從宣德五年五月宣宗決定再派鄭和出使西洋之日起，一直遷延到這年的閏十二月初六日，鄭和纔稱，將修造船艦，調集兵馬，及備辦各項應用物件的工作完成了大概，將出使艦隊於南京龍灣起椗啟行，於這月廿一日行至太倉縣劉家港停泊，就在這裏過年。翌年二月，艦隊由劉家港出長江口向南航行，於廿六日抵福建的長樂港，又需要在此作較長時間的等候。原因是此時臺灣海峽裏的東北季風已逐漸轉弱，不適於遠洋航行了。加上鄭和認為還需要在這裏多雇覓一些經驗豐富的遠洋水手及領航人員，以及艦隊在遠行之前，能有更充分的時間多做一些充分的準備與訓練更好。一直等到這年的陰曆十一月，東北季風開始再度轉強，艦隊的出洋準備也已充分完成，整個艦隊這纔於十二月九日由福建長樂港開出，經由閩江口的五虎門放洋。十二月廿四日行抵中南半島的占城，又在這裏停留到宣德七年的正月十一日方始向南航行，於二月初駛抵爪哇島的斯魯馬益港。從此往西，就是鄭和七下西洋的第七次萬里遠行了。

《明史》〈外國傳〉中的「婆羅傳」說：「婆羅又名文來，東洋盡處，西洋所自起也。」原來古代中國人習慣將大陸南方的海洋世界劃分為兩大區域——在婆羅洲以東

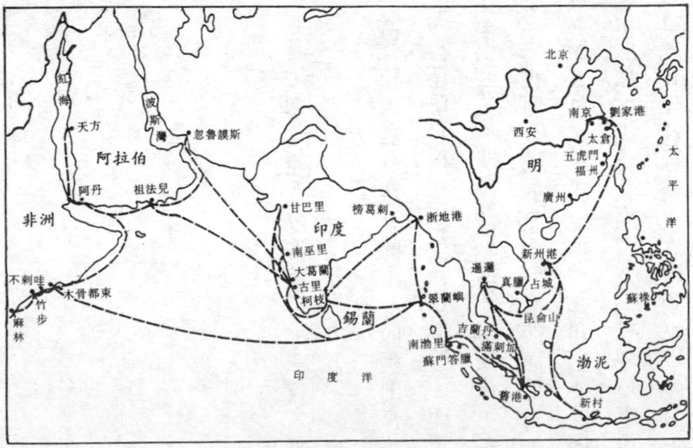


鄭和下西洋路線圖

的西里伯斯、新幾內亞以及迤北的菲律賓群島，統名之為東洋；此線以西的爪哇、蘇門答臘、馬來半島、印度、錫蘭、以及遠不可知的印度洋迤西一帶，就一概稱之為「西洋」了。由此亦可使我們知道，鄭和要去的究竟是那些地方？

打從明成祖永樂三年（公元一四〇五年）第一次出使開始，至明宣宗宣德六年的首尾二十五年中，鄭和奉使西洋，前後共有七次之多。他每一次離京之時容或不一定是冬季，但艦隊放洋的時間則一定必須在冬季。因為當時的帆艦必藉風力始能行動，沒有強勁的風勢，大型帆船在海中根本無法動彈。由中國大陸往南轉西至印度洋彼岸的東非洲及阿拉伯半島，來去都有恆定的季候風可資利用——去時乘冬季的東北季風，回時乘夏季的西南季風。宋人朱彧所撰的《萍洲可談》中說，海舟「方正若一木斛，非風不能動。」宋朝的遠洋帆船尚不若元明時代海船之巨大，在海中已是「非風不能動」的蠢然一物，鄭和所乘駕的寶船體型巨大，當然更非藉風力不可。只是，鄭和七下西洋雖是國人所十分熟悉的老故事，而對於他所乘駕的寶船究竟大到若何程度，恐尚非大家所了解的事，必須先加以簡單介紹一番。

(二)

《明史》〈鄭和傳〉云：

「永樂三年六月，命和及其儕王景弘等通使西洋。將士卒二萬七千八百餘人，多齎金幣。造大舶，修四十四丈、廣十八丈者六十二。自蘇州劉家河泛海至福建，復自福建五虎門揚帆，首達占城，以次遍歷諸番國。

四十四丈長的大型「寶船」，除去頭尾虛梢，其船底的長度不會少於三十二丈。船底長三十二丈而船寬十八丈，其體型已像是現代數千噸級的貨輪，明代中國時的木質帆船豈能大到如此程度？所以，史學界對《明史》〈鄭和傳〉中的此一記述，一直有很多人懷疑不信，以為此書中的記述可能有誤，但若從現在所能得到的證據看來，《明史．鄭和傳》中的此一記述，應該不錯。

民國四十六年，南京文管會在龍江關的明代龍江船廠遺址發現一根極大的鐵力木製古代舵桿。舵桿全長一一．〇七公尺，方型的上端刻有舵牙孔兩個，下端扁平，底部有舵葉的榫頭，側面亦有裝置舵葉橫樑的刻槽。以此舵桿計算舵葉的大小，再由舵葉面積推算船身的長度，結論是；使用此

關於鄭和寶船的二種考證模型

一舵桿的古帆船，其船身長度應在四十八丈至五十二丈六尺之間。根據《明史》及《瀛涯勝覽》等書所記，鄭和七下西洋時所乘「寶船」，大多在龍江船廠建造。發現鐵力木製巨大舵桿之處既是龍江船廠之遺址，此一舵桿又大到可用於四十八丈以上之木船，則龍江船廠有能力建造四十四丈長的「寶船」，應無疑問。十五、六世紀是世界史上「地理大發現」時代，著名的航海家哥倫布、達伽馬、麥哲倫都在此一時期創下他們偉大的探險成績。然而，他們當時所用來作航海探險用的船隻，大者不過一、二百噸，小者只有五、六十噸，以鄭和七下西洋時所乘「寶船」與之相比，體積大逾十倍。由此當可知道，明代中國時的造船事業，絕對要比當時的歐洲國家超出很多。

四十四丈長的大型寶船，其實際載重量有多少？作《中國之科學與文明》的李約瑟博士以為，其載重量應在一千五百噸以上；另一位英國學者米爾斯以為其載重量應為二千五百噸，排水量則為三千一百噸。不管那一種說法對，鄭和七下西洋時的大型寶船，其載重量約在二千噸左右，應為相當近似的估算。建造如此巨大的木質帆船，技術上的困難很多，比如船底龍骨的聯結問題，抗沉性水密隔艙的建造問題，船的總強度問題，帆的布置問題，建成後的下水問題，桅桿的結構問題等。必須要能逐一克服上述各種困難，方能使造成的帆船安全穩妥而且駕駛靈活。印度洋的風濤險惡，船隻航行易生意外。鄭和所統率的龐大艦隊，每一次的船艦總數都在二百艘以上，乘員人數將近三萬。然而他雖然七次遠航數十萬里，每一次的航行都能安全往返，足見這些船艦的安全性均無問題，船員的駕駛及航行技術尤其十分高超。十五世紀的中國人，在造船學及航行技術上都能有如此高超的成就，無怪乎李約瑟博士要對此讚美有加。就事論事，若無此高超的造船技術和航海知識，鄭和實不可能完成其七下西洋的偉大壯舉。譽之為中國航海史上的傑出成就，應不為過。

明人費信所撰《星槎勝覽》説，鄭和的大型寶船，有十二帆。明人羅懋登所撰《三寶太監西洋記》説，寶船有九桅。明人鞏珍所撰《西洋番國志》更説，鄭和的寶船「體勢巍然，巨無與敵。篷帆錨舵，非二三百人莫能舉動。」綜合這些記述可知，鄭和七下西洋所乘寶船雖然體形十分巨大，但因桅高帆多之故，在順風航行時可以憑著風力一縱萬里，迅疾無比。鄭和在宣德六年第七次奉使西洋時，曾在福建長樂縣南山寺撰文立碑，感謝天妃之靈貺默佑。碑文中說：

「觀夫海洋，洪濤接天，巨浪如山，視諸夷域，迥隔於煙霞縹緲之間。而我之雲帆高張，晝夜星馳，涉彼狂瀾，若歷通衢。」

語氣之間，簡直就以衝風破浪、跋涉萬里之航海生活視若稀鬆平常之事，毫無畏懼之心。有如此偉大的膽識，配合上高超的造船技術與航海水準，中國的航海事業必可在鄭和等人的領導之下一步步邁向更高的峰頂。只可惜當時的中國知識分子見不及此，以致當時的航海事業雖已有如此深厚的基礎，卻仍不能日新又新地繼續發展下去，反而因經濟困難的原因而被迫中止，説起來誠然是太可惜了。

(三)

《明史》〈鄭和傳〉記述明成祖第一次派遣鄭和率領大批兵員及龐大艦隊通使西洋的政治目的說：

「成祖疑惠帝亡海外，欲蹤跡之。且欲耀兵異域，示中國富强。永樂三年六月，命和及其儕王景弘等通使西洋。」

此外史籍，如明人沈德符所撰《萬曆野獲編》，清人查繼佐所撰《罪惟錄》，清人傅維麟所撰《明書》等，亦皆有類似之說。就事論事，當明成祖的「靖難」兵攻破南京而宮中忽然火起，建文帝不知去向之時，為了確實掌握建文帝的下落，明成祖確實曾遣使四出訪尋，以求廓清心中之疑。但鄭和七下西洋，在海外巡歷幾三十年，所經行之處將近天下之半，如說他在此長時間的出使期間只為尋訪建文帝下落及耀兵海外，便顯得太没有意義也太不合情理了。而從他「多齎金幣」結好外國，及在海外多貿奇珍異寶的情形看來，鄭和七下西洋的最大任務，恐怕還是為朝廷「貿買珍異」為主，所謂耀兵異域，只是輔助達成此一任務的必要手段；所謂尋訪建文帝，在最初容有此動機，在最後必定無此需要。

《明史》〈外國傳〉記述鄭和奉使西洋各國之時，於所到之處，皆以錦綺紗羅等物給賜其君長，以爭取其嚮慕歸順之心。《明宣宗實錄》中亦說：

「宣德五年六月戊寅，遣太監鄭和等賚詔往諭諸番國。凡所歷忽魯模斯、錫蘭山、古里、滿剌加……等二十國及舊港宣慰司，其君長皆給賜綵幣有差。」

所謂「綵幣」，就是織金文繡、綾羅紗緞、紵絲表裏等高級絲織品。在中古時代，這些產自中國的精美織物向來是歐亞各國君主最喜愛的珍品，明朝政府將它們作為賞賚之禮物，當然最能得其歡心。事實上則除了官式儀節中的賞賚之外，鄭和艦隊的隨船物品中正有極多的這種貴重商品，用來與西洋各國交換所希望貿買的奇珍異寶。這在當時人的記述中便有具體資料可查，稍一覆按，便知真相。

在鄭和七下西洋的隨行人員，有一個名叫馬歡的譯員，在他所著《瀛涯勝覽》中，對鄭和艦隊的貿易活動即有極詳細的記述。此書的「祖法兒國」一條說：「中國寶船到彼，開讀賞賜畢，其王差頭目遍諭國人，皆將乳香、血竭、蘆薈、没藥、安息香、蘇合油、木別子之類來換易紵絲、磁器等物。」又同書「阿丹國」一條說：「詔敕賞賜，至王府行禮，甚恭謹感服。開讀畢，即諭其國人，但有珍寶，許令賣易。在彼買得重二錢許貓睛石、各色雅姑等異寶。大顆珍珠、珊瑚樹高二尺者數株。又買得珊瑚枝五櫃，金柏、薔薇露、麒麟、獅子、花福鹿、金錢豹、駝雞、白鳩之類而還。」由此書及費信《星槎勝覽》等書可知，當時由鄭和艦隊所帶去的大批中國商品為綢緞、紬絹、紵絲、麝香、磁器、燒珠、鐵鍋、鐵鼎、樟腦、雨傘等，所買回的即是產自西洋的奇珍異寶及珍禽奇獸，以及珍貴藥物等。明人黃省曾所撰《西洋朝貢典錄》中對此更有明白的簡述說：「太宗皇帝入纘丕緒，……乃大賚西洋，貿采琛異，命和為使。……由是明月之珠、鴉鶻之石、沈南龍涎之香、麟獅孔翠之奇、梅腦薇露之珍、珊瑚瑤琨之美，皆充舶而歸。」「太宗」，即明成祖；「充舶而歸」，可知其數量之多。由此可知，鄭和七下西洋所完成的最大任務，與其說是宣揚國威，無寧說是在為皇家採辦奇珍異寶，以滿足宮廷的需要。鄭和七下西洋所乘駕的船隻，之所以被稱為「寶船」或「西洋取寶船」，實在是很有道理的。

(四)

鄭和統率龐大的艦隊及將近三萬之衆的大部隊七下西洋，雖說為當時的皇室帶回了充溢府庫的奇珍異寶及珍禽異獸，明朝政府為此而付出的經濟代價，亦極為可觀，只就大量人員的消耗性支出及艦隊維持費而言，就是很大的一筆開支了。

馬歡《瀛涯勝覽》中說，鄭和在永樂十一年第四次下西洋時，所統率的官校、旗軍、水手、工匠、書識人等共計二萬六千八百名。祝允明《前聞記》云，鄭和第七次下西洋時的人員總數，為官校、旗軍、火長、舵工、水手、工匠、醫生、書識等共計二萬七千五百五十名。大概鄭和七下西洋時每次所率領的官兵、水手、工匠人等，總數都在二萬七、八千名左右。這一支將近三萬人的大部隊，僅只糧食一項，每天就要吃掉白米三百石左右，通計一年當需十萬石。明代初年的米價即使便宜，每石價銀亦需銀子二錢。食米之外的柴薪油鹽及副食支出，數目較此更多出倍蓰。再加上人員薪俸及被服器械等支費，總加起來便不是小數目。這些支出既然都需由國庫負擔，時間久了便會感到不勝負荷。這應是人員消耗性支出的大概情形。至於艦隊維持費方面的支出，就大得多了。

明人張燮所撰《東西洋考》中曾有一段話說到當時的船隻建造費用，曰：「舟大者，廣可三丈五六尺，長十餘丈；小者廣二丈，長約七八丈……造舶費可千餘金。每往還，歲一修葺，亦不下五、六百金。」木質帆船的建造費用，並非按其長短大小比例增加。因為船愈大則所用的龍骨及桅桿愈是難尋的稀少巨材，其售價較之普通木料高出十倍二十倍不止。十餘丈長的普通海船造價如為每艘白銀一千餘兩，四十四丈長的大型寶船，每艘的造價可能就得白銀一、二萬兩。鄭和七下西洋，大、中型的寶船多至六十餘艘。此外尚有長達二十餘丈的糧船、馬船及座船，及體型較小的戰船及水船等，合計總數二百餘艘。這一支龐大艦隊的造船費用，當不下於白銀一百萬兩。而海船每二年一小修，四五年一大修，屆滿十年便須另造新船。鄭和七下西洋，前後歷時幾三十年。在這三十年中，需要有三次新造及若干次的大修小修，總計其修理及建造之費，很可能在白銀五百萬兩以上。這數目已遠比人員薪俸口糧等消耗性的支費超出甚多，更何況還有從事貿易活動的成本支出呢？

明人王士性所撰《廣志繹》中有一條說：「國初府庫充溢，三寶太監下西洋，賚銀七百餘萬，費十載，尚剩百餘萬歸。」《明史》〈鄭和傳〉中說，鄭和奉使西洋時曾「多齎金幣」。所謂「金幣」，就是「白金」與「文綺綵幣」之簡稱。「白金」即是銀子，用來購買絲織品及磁器、麝香、鐵器、樟腦等出口商品攜往國外交易，「綵幣」更是不可缺少的賞賚賜予之物，但其來源亦是在國內用銀子購買。明朝初年的物價低廉，白米一石值銀二錢，整個國家的全年歲入亦不過銀子三百餘萬兩而已。鄭和七下西洋，在大量耗費人員薪俸口糧及船艦的建造修理費用外，還得用大把銀子作貿易成本，直接間接作為購求奇珍異寶及珍禽異獸之用，這些費用總加起來需要多少銀子？是不是當時的政府財政所能負擔？其中即存有極大的問題。

永樂二十二年七月，明成祖崩。八月，仁宗繼立。新皇帝在登基之前詢問「赦詔所宜」，户部尚書夏原吉以為，「中官造巨艦通海外諸國，大起北都宮闕，供億轉輸，以鉅萬萬計」，建議首先停罷「西洋取寶船」。仁宗隨即降詔：「下西洋諸番寶船，悉皆停止。如已在福建、太倉等處安泊者，俱回南京。……各處修造下番海舶，悉皆停止。」這是朝中反對派人士基於財政理由反對下西洋所取得的最大勝利，使鄭和在第六次下西洋回國之後，未能即時再有第七次下西洋之舉。時隔六年之後，明宣宗於宣德五年再命鄭和出使西洋。但當宣德八年七月鄭和返抵國門之時，國內的反對派顯然已對此事取得了絕對的勝利。據《明宣宗實錄》所記，就在這年七月初八日，皇帝降詔重申禁海之令，並說「近歲官員軍民不知遵守，往往私造海舟，假朝廷幹辦之名，擅自下番，擾害外夷」，幾乎把鄭和奉使通西洋的任務說成了「私通外夷」的犯法行為。既然朝廷的態度已完全轉變，鄭和當然不可能再奉使出洋。再過兩年，鄭和年已六十四歲，病卒於南京。明憲宗成化十一年，亦即鄭和死後之四十年，皇帝欲再差寶船出使西洋，命兵部將當年鄭和出使西洋的檔案檢出呈閱，為兵部主事劉大夏所阻。

當時他對兵部尚書項忠說：「三寶下西洋，費錢糧數千萬，軍民死且萬計，縱得奇寶而回，於國家何益？」項忠深以其言為然，下西洋之事遂沮。由劉大夏的反對態度可知，當時知識分子對皇室糜費巨額金錢從事海外貿易持反對態度者，正復大有人在。由於當時的明朝政府實在擔負不了巨額的糜費，而這些反對分子的言論也確實言之成理，輝煌一時的下西洋壯舉終於因此停罷，而且再無恢復的機會。

(五)

鄭和七下西洋，不僅是中國航海史上空前偉大的壯舉，在中國對外關係史上也寫下了新的一頁。由史書所記可知，鄭和的艦隊所到之處，各國君長無不竭誠歡迎，彼此關係極為友善而融洽。這是因為鄭和的艦隊不僅為他們帶來豐厚的經濟利益，並且公平交易，從無恃強凌弱、以大欺小的暴力行為，深為各國信賴之故。亞非各國有感於中國朝廷之誠信相待，紛紛遣使入朝，明朝中國的聲威因此而極盛，華僑的海外拓殖事業也因此而得到有利的發展。鄭和逝世五百餘年之後的今天，他當年率領敦睦艦隊訪問各國的往事，迄今仍在南洋各地傳誦不衰，足見他當年所散佈的友誼種子，已獲得非常良好的成果。只因明朝政府基於財力不足之考量，未能長期保持此種兼具親善外交作用的海外貿易活動，以後華僑在海外各地的影響力因缺乏政府力量為其後盾之故，而在後來逐漸為歐洲各殖民地主義國家所奪，說來誠然可惜之至。

明人馬歡的《瀛涯勝覽》中有一首〈紀行詩〉說：

「皇華使者承天敕，宣佈綸音往夷域。鯨舟吼浪泛滄溟，遠涉洪濤渺無極。洪濤浩浩湧瓊波，群山隱隱浮青螺。……天書到處多歡聲，蠻魁酋長爭相迎。南金異寶遠馳貢，懷恩慕義攄忠誠。……」

由此詩所寫，使我們彷彿看見了當年鄭和七下西洋一幅壯闊雄偉的圖畫——在浩瀚無邊的大海滄溟之中，兩百艘木造的大帆船正以整齊的隊形衝風破浪，穩定地向前行駛。天風浩浩，旌旗獵獵，其氣象何等雄偉？艦隊所到之處，都有卉服椎髻的酋長率眾跪迎，畏威懷德，衷心欽慕大明皇朝的赫赫威儀。這一幅壯闊雄偉的圖畫足以使人激發起無限的景仰之心，身為中國人之一分子，孰不為鄭和當年在海外締造的這一份航海事業而感到驕傲？鄭和的偉大聲名，自然將因此而永垂不朽的了。

# 陳夢雷與《古今圖書集成》

在拙作〈李光地賣友〉一文中，曾經說到此事的受害者陳夢雷雖然沈冤不白，遭遇甚慘，但他後來卻能獨立編成我國歷史上最偉大的類書之一——《古今圖書集成》，因此之故，乃使他得以在我國學術上獲享大名，永垂不朽；這一段故事，當時未及詳述，今再以此為題，專寫一文記之。

所謂類書，乃是採輯各種書籍中的不同材料加以分類編排，以便讀者之參考檢閱，其性質略同於今日的百科全書。最早出現的類書，乃是曹魏時劉劭所編集的《皇覽》，但其書久佚。今存的類書，當以唐人歐陽詢所編的《藝文類聚》，宋人李昉所輯的《太平御覽》等書較有名，其後乃有明成祖永樂年間所編的《永樂大典》。

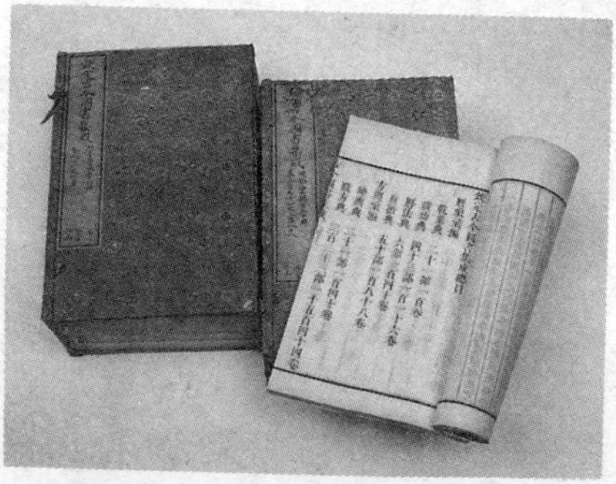

《古今圖書集成》書影

若以各種類書的份量來互相比較，則成書於唐高祖武德七年的《藝文類聚》，祇一百卷，共約一百零三萬字，乃是現存各種類書中規模最小而份量最少的。宋太宗太平興國八年所編成的《太平御覽》，及宋真宗大中祥符六年所編成的《册府元龜》，卷數各多至一千，全書的總字數，則前者約有四百八十萬，後者約有九百四十萬，在規模上已經遠過前代。但明成祖永樂六年所編成的《永樂大典》，卷數多至二萬二千八百有餘，總字數多至三億七千萬，在各種類書之中，堪稱空前絕後，足可睥睨群倫。

然而嚴格說來，此書並不能算是純粹的類書。第一，它祇是按韻分編，以韻統字，以字繫事，並非按性質分類，往往相近內容的事被割裂分編為數處，查檢極不方便。第二，此書的編輯祇是儘量收錄當時見存的各種書籍，如舊五代史及永樂寧波府志等等，有時常把整部書按其書名中的某一個字，在這個字的韻目中全部收錄了進去，如《西湖老人繁勝錄》，及《中興學士院題名》等。故而此書在編成之後，因篇幅過於鉅大之故，終於無法刊刻傳佈。五百餘年來，由於戰亂等等的原因，屢經散失，迄今尚存於世的殘卷，已不足原書的百分之三。在這種情形之下，我國現存的古代各種類書，以篇幅及規模而言，可以當得上此中第一的榮譽，就只好拱手讓給清代康熙年間由陳夢雷所一手編成的《古今圖書集成》了。

《古今圖書集成》共計有一萬卷之多，總字數約有一億六千萬，雖然在份量上要比《永樂大典》少了一半，但若比起其他較為有名的《太平御覽》及《册府元龜》等書，其份量又不止增加了十倍以上。況且此書的編排完善，查檢方便，搜羅宏富，自雍正六年刊佈以後，先後已曾複印過四次之多，化身千萬，流佈寰宇，充分發揮了它在學術研究上的參考利用價值。就此一觀點來看，《永樂大典》在這方面的成就，殊不能與《古今圖書集成》相比。陳夢雷地下有知，對於他所獨立完成的此一偉大巨作，很可以自豪了。

在雍正六年初次付印的《古今圖書集成》，書前附有雍正皇帝親筆撰寫的一篇序文，略述此書的編成經過，云：

「欽惟我皇考聖祖仁皇帝聰明睿智，亶生知之質，而又好古敏求，孜孜不倦，萬幾之暇，置圖書於左右，披尋玩味，雖盛暑隆冬未嘗蹔曠。積數十年之久，研綜古今，搜討殆遍。屢命儒臣，弘開書局，若《周易折中》發四聖之微言，《朱子全書》會群儒之奧義，皆稟自睿裁，復躬加校定。若律曆測源，推軒皇之神策，叶虞代之元聲，皆親行指授，以天縱之能，而準於儀器。凡注經考史，選詩論文，以及博聞多識之資，所纂輯雕鐫，充溢於內府，刪述之功，嘉惠無窮，稱極盛矣。而又以爲未攬其全，乃命廣羅群籍，分門別類，統爲一書，成册府之鉅觀，極圖書之大備。而卷帙浩富，任事之臣，弗克祇承，既多訛謬，每多闕遺，經歷歲時，久而未就。朕紹登大寶，思繼先志，特命尚書蔣廷錫等董司其事，督率在館諸臣，重加編校。窮朝夕之力，閱三載之勤，凡釐定三千餘卷，增刪數十萬言……我皇考金聲玉振，集五帝三王孔子之大成，是書亦海涵地負，集經史諸子百家之大成，前乎此者有所未備，後有作者又何以加焉？敬藏石室，寶垂久遠，用敘其本末綴於篇首，上以彰皇考好學之聖德，右文之盛治，並紀朕繼志述事，兢兢業業，罔敢不欽若於丕訓云爾。」

這一篇序文，把編集《古今圖書集成》一書的緣起完全歸功於康熙皇帝的發縱指授，又以為在康熙晏駕之時，其書尚未完成，且中多訛謬脫漏，所以在雍正即位之後，再命尚書蔣廷錫重新編校，又歷時三年而後告成。這一段經過，除了蔣廷錫受命重新編校部分是當時事實外，其餘部分，並不完全符合實情。

按，雍正《東華錄》卷一，康熙六十一年十二月癸亥，雍正諭云：「陳夢雷原係叛附耿精忠之人，皇考寬仁免戮，發往關東，後東巡時，以其平日稍知學問，帶回京師，交誠親王處行走。累年以來，招搖無忌，不法甚多，京師斷不可留。著將陳夢雷父子發遣邊外。陳夢雷處所存《古今圖書集成》一書，皆皇考指示訓誨，欽定條例，費數十年聖心。故能貫穿古今，匯合經史，天文地理，皆有圖記，下至山川草木，百工製造，海西秘法，靡不備具，洵為典籍之大觀。此書工猶未竣，著九卿公舉一二學問淵通之人，令其編輯竣事。原稿內有訛錯未當者，即加潤飾增刪，仰副皇考稽古博覽之至意。」由這一條上諭，可知《古今圖書集成》一書本係陳夢雷受命纂輯，至雍正時刊行全書，乃削去其名不錄。所以然之故，當然因為陳夢雷是誠親王胤祉手下之人，而胤祉在康熙末年參與擁立廢太子胤礽，乃是雍正的政敵之一。雍正繼位為帝，為了陸續收拾他過去的政敵，必須先去其羽翼。陳夢雷既是胤祉所得力倚信之人，自然在翦除之列。所以雍正在未發動對胤祉的處分之前，先將陳夢雷拿來開刀，所坐的罪名，則是他從前因此得罪的舊案——附逆。

其實陳夢雷當年所坐的附逆罪名，本是「事出有因，查無實據」之事，康熙後來亦知其冤，所以從輕發落了事。今雍正再以此為題，重新降旨處分，無非是「欲加之罪，何患無辭」。若陳夢雷在當年係由康熙交由雍正處効力行走，相信他不但不會因此得罪，而且一定會在《古今圖書集成》一書列上他的編輯大名，以彰雍正之功的。陳夢雷之生不逢辰，誠然是不幸之至。

陳夢雷充軍之後，誠親王胤祉也被禁錮，後來終於瘐死獄中。《陳夢雷文集》中有一篇〈進匯編啟〉，由此啟文看來，可以看出當年陳夢雷如何獨力完成《古今圖書集成》一書之編集，引敘如下：

「爲恭進『匯編』目錄、凡例，冒懇慈恩代奏，乞賜暫假回鄉，省視父母墳墓，願得終身圖報事。雷賦命淺薄，氣質昏愚，讀書五十載而技能無一可稱，涉獵萬餘卷而記述無一可舉。深恐上負慈恩，惟有掇拾簡編，以類相從，仰備顧問。而我王爺聰明睿智，於講論經史之餘，賜之教誨，謂三通、衍義等書詳於政典，未及蟲魚草木之微，類函、御覽諸家但資詞藻，未及天德王道之大，必大小一貫，上下古今，類列部分，有綱有紀，勒成一書，庶足大光聖朝文治。雷聞命踴躍，喜懼交并，自揣五十年來無他嗜好，唯有日抱遺編，今何幸大慰所懷。不揣蚊力負山，遂以一人，獨肩斯任。謹於康熙四十年十月爲始，領銀僱人繕寫。蒙我王爺殿下頒發協一堂所藏鴻編，合之雷家經史子集，約計一萬五千餘卷。至此四十五年四月內，書得告成。分爲彙編者六，爲志三十有二，爲部六千有零，凡在六合之內，鉅細畢舉。凡在十三經二十一史者，隻字不遺；其在稗史子集者，十亦只刪一二。以百篇爲一卷，可得三千六百餘卷。若以古人卷帙較之，可得萬餘卷。雷三載之內，目營手檢，無間晨夕，幸而綱舉目張，差有條理，謹先謄目錄、凡例爲一冊上呈。伏惟刪定贊修，上聖之事，雷何人斯，寧敢輕言著述。不過類聚部分，仰待我王爺裁酌。或上請至尊聖訓，東宮殿下睿旨，何者宜存，何者宜去，何者宜分，何者宜合，定其大綱，得以欽遵檢校。或賜發秘府之藏，廣其所未備。然後擇於江南浙江都會之地，廣聚別本書籍，合精力少年，分部讎校，使字畫不至舛訛。繕寫進呈，恭請御製序文，冠於書首，發付梓人刊刻，較之前代太平御覽、冊府元龜，廣大精詳，何止十倍。從此頒發四方，文治昭垂萬世。王爺鴻名卓越，過於東平河間，而草茅愚賤，效一日犬馬之勞，亦得分光不朽矣。」

由上面這篇啟文，可以使我們得到如下一些概念：

第一，陳夢雷編集《古今圖書集成》一書之創意，出於誠親王胤祉的指示。「謂三通、衍義等書詳於政典，未及蟲魚草木之微；類函、御覽諸家但資詞藻，未及天德王道之大。必大小一貫，上下古今，類列部分，有綱有紀，勒成一書，庶足大光聖朝文治。」「三通」即《通典》、《通志》與《文獻通考》，「衍義」即《大學衍義》，「類函」即《淵鑑類函》，「御覽」即《太平御覽》，上列各書，誠然都不能貫穿古今，包羅萬象。但誠親王胤祉在清代並未以學術知名，他為何能有此構想，授意陳夢雷編集一部曠古絕今，包羅萬象的絕大類書來「大光聖朝文治」呢？這種構想，若不是出於陳夢雷自己的設計，便是胤祉於日常隨侍康熙時，得之於康熙的談話。但因事無可考，雍正的上諭又近似「仇口架誣」一類，不可輕易採信，所以無從斷定其中原委。

第二，此書在編成之初，原定名為《圖書匯編》，共分六編，三十二志，六千餘部，三千六百餘卷。雖說雍正後來曾命尚書蔣廷錫費三年之力補其闕遺，正其訛誤，「釐定三千餘卷，增刪數十萬言」，但由刊刻頒佈的《古今圖書集成》看來，其內容的區分，仍祗是六大編，三十二典，六千一百零九部，與陳夢雷原來所區劃的內容並無出入；所不同的，祗是將「志」改稱為「典」，又將全書三千六百餘卷分為一萬卷而已。關於後一點，陳夢雷的啟文中原也說過：「以百篇為一卷，可得三千六百餘卷。若以古人卷帙較之，可得萬餘卷。」然則三千六百餘卷與一萬卷之別，不過是將陳夢雷原來所編的三千六百餘卷匀分為一萬卷，以示有別，如此而已。由此看來，蔣廷錫所費的功力，不過祇是「廣聚別本書籍」，「分部讎校」，正其訛錯，補其脫誤，倘竟因此而攘竊編集之名，抹煞陳夢雷的功績，實在太不公平。

第三，此序文中曾有「或上請至尊聖訓，東宮殿下睿旨，何者宜存，何者宜去，何者宜分，何者宜合，定其大綱，得以欽遵檢校」之語，所以此書雖然已在康熙四十五年時即已編成，但遲至康熙六十一年聖祖晏駕之時，仍未能刊刻流傳。若康熙於此確曾有所指授，則雍正序文將纂輯此書的發縱指授之功歸之康熙，誠然是事出有因了。

第四，此序文中曾經預測此書刊刻傳佈之後，「王爺鴻名卓越，過於東平河間」，由此一語，可知誠親王胤祉之所以樂捐鉅貲，僱請多人，以三年的時間從事此書的纂輯鈔寫，其目的無非要借此博學問之名的。清康熙一朝，文治武功，都卓有可觀，然而因諸子爭立之故，宮廷間的鈎心鬥角，無所不用其極，胤祉因康熙好讀書而希望藉此揚名邀寵，自在情理之中，而不知適以此而招雍正之大忌，而且併遷怒於陳夢雷。池魚之殃，罪不在陳夢雷本身，由此可以窺見其中的梗概。

陳夢雷於康熙二十一年因附逆案定罪，從寬減死，謫戍遼東，時年甫三十二歲。康熙三十七年，清聖祖東巡，夢雷面覲訴冤，得蒙恩召回京師，計在遼東十六年。回京之後，侍皇三子胤祉讀書，蒙康熙賜宅一所，胤祉又將他在京城西郊所購得的一所「水村別業」撥予夢雷，作為鄉居別墅，此別墅後來即作為陳夢雷編校《古今圖書集成》之用。據《陳夢雷文集》中所記，水村在京城的西北，河流環繞，榆柳千株，中有臺榭樓閣，閣下書室三楹，貯所著《彙編》三千餘卷。校閱之暇，泛艇渡河，沿河逐鵝群，聽蛙鼓，聞天際笙歌隱隱，小僮吹笛和之。鄉居生活，極其恬適愉悅。這一段生活，可說是陳夢雷從謫所放歸以後最為適意的。楊文言為《陳夢雷文集》作序，說他「頎髯玉立，頗不似當年尩羸纖弱之狀。」由康熙三十七年下算至康熙六十一年，陳夢雷在京中的時間前後凡二十四年。在康熙六十一年時，陳夢雷年已七十有二，雍正再次以陳夢雷當年叛附耿精忠作為發遣他的罪名，白首戍邊，窮老投荒，事實上已無生還之望。《福建通志》〈陳夢雷傳〉說，他的子孫後來均以遼東為籍，正是此一事實的最好說明。不過，陳夢雷雖然老死邊荒，他所一力纂成的《古今圖書集成》一書，卻在雍正六年刊刻以後，先後被複印至四次之多，不但國內知名，而且傳播國外，蜚聲於學術界，此一成就，當是陳夢雷可以自慰的。

《古今圖書集成》的初次刊印，在雍正六年，其情形略見前述。這可算是《古今圖書集成》的第一版。原書係以銅活字排印，共印六十四部，另樣書一部。正書一萬卷，目錄四十卷，分裝五千零二十冊。板框高二〇點六公分，寬十三點六公分，每半葉九行，行二十字。字大而兼書大，看起來很是省力。由於此一版本印數甚少之故，在當時即被視為珍本書籍。這六十四部《古今圖書集成》的存貯及頒賞情形，現在還能知道的是，京中的文淵閣藏一部，乾清宮藏一部，皇極殿藏兩部，翰林院藏一部，另外則圓明園的文源閣、熱河文津閣、瀋陽文溯閣、揚州文匯閣、鎮江文宗閣、杭州文瀾閣各藏一部，以上合計十一部。雍正時的軍機大臣兼內閣大學士張廷玉，曾先後奉頒賜兩部。乾隆時的內閣大學士舒赫德、于敏中，及尚書劉墉，各曾蒙頒賜一部。江浙藏書家鮑士恭、范懋柱、汪啟淑、馬裕等四人因修《四庫全書》時進書有功，亦各奉頒賜一部。又廣東南海葉華溪亦曾奉頒一部。以上合計十部。連前共計二十一部。其餘四十餘部的下落就無法查考了。

這一部銅活字版的《古今圖書集成》原版，因為卷帙巨大，運輸非常不便。南海葉氏之書，後來展轉歸康有為所有，康氏曾有跋文云：「此本自吾邑葉氏領運自京而來粵，費萬金。」在雍正乾隆年間，米價每石不過銀一兩。此書的運費即需銀一萬兩，按當時幣值，可購米萬石，伸合現時的幣值，當不止新台幣二千餘萬元，說起來殊屬駭人聽聞。在《古今圖書集成》的初次印本中，這也可算是一段有趣的掌故。

由於《古今圖書集成》的第一次印本數量太少，學者求觀此書甚為不易。清人張金吾由此書中輯錄金代逸文，其師黃廷鑑為之作序，追述他們二人當年假館於吳興知不足齋鮑氏借讀此書的情形說：「憶己卯夏，偕往霅溪知不足齋鮑氏借讀圖書集成賜書，日分閱數十巨册。時初暑方來，揮汗成雨。予至暮倦且息矣，月霄（即張金吾）則燃燭煌煌，蚊蟲四集，漏再下不輟。」由這一段敘述，可知此書在未曾大量傳佈之前，欲求一讀，是何等的困難。因為這種客觀事實的需要，乃有後來的幾次複製印本。

清光緒初年，英人厄爾奈斯・美查及斐特烈・美查兄弟計劃在上海開設印書局翻印中國古書，最先著手翻印的，就是《古今圖書集成》。此書於光緒十年開始籌印，由美查兄弟所募股開設的「圖書集成印書局」負責印行，用連史紙十開鉛印，所用鉛字為三號扁體字，故通稱為「扁字本」。至光緒十五年竣工，計印一千五百部。此書在國外銷行頗廣，外國學人開始對《圖書集成》一書加以利用，可說完全得力於美查兄弟的翻印。但因校對欠精，錯字甚多，因此也相對地減低了它的利用價值。而在光緒十六年時，清德宗又曾面諭總理各國事務衙門用照相石印之法翻印雍正六年初次印行的銅活字殿板本。此書後來由上海同文書局負責印行，照殿板原式印製一百部，每部工價銀三千五百兩，至光緒二十年告成，書品裝潢，一照殿板原式，不過其中將雍正以後清朝皇帝的御諱一列改避，所以文字略有不同。又新增「考證」二十四冊，總冊數乃多至五千零四十四冊。若以印製時間的先後來說，則美查兄弟所印行的扁體字本可稱為《圖書集成》的第二次印本，同文書局的石印本則可稱為此書的第三次印本。

《圖書集成》的扁字本雖然板式較小，但其總冊數仍有一千六百二十冊之多。另加目錄八冊，共計一千六百二十八冊，卷帙仍不能算少。加以錯訛甚多，頗不能為國內學術界人士所滿意。而同文書局的石印本則不但卷帙更多，且印刷欠精，使人看起來感覺到一無是處。為了精印流傳起見，到了民國廿三年，上海中華書局遂有影印殿板《圖書集成》原本之議。他們首先設法買到南海康有為舊藏的殿板原本一部，用機製連史紙三開大本，將原書九葉合為一葉，照相製版縮小影印，以節省篇幅。印成以後的影印本，共計五萬餘葉，分訂八百冊，內目錄六冊，正書七百九十四冊。另又將同文書局版的圖書集成考證亦用照相縮印，分裝八冊，連前共計八百零八冊。這是《圖書集成》的第四次印行，亦是雍正間以殿板印行以後第三次複印本。這一次的照相縮印本，由於印製技術進步，故雖篇幅縮小了很多，而字體仍極清晰。而卷帙既少，不但檢閱庋藏都大為便利，售價亦大幅降低。民國五十年間，臺北的文星書局再度將《圖書集成》用精裝本影印流傳，更增加了攜帶與閱讀的便利。迄今在臺各公私機關學校的圖書館多有此書的收藏，則應歸功於文星書店的影印。如以此書的複印次數算起來，文星的影印本，應當算是第四次的複印了。

由宋明等朝編纂類書的情形看來，類書的最大功能，是保存了很多古代的逸書。例如《藝文類聚》、《太平御覽》、《册府元龜》等書編成於唐宋二朝，其中就保存了很多唐及五代以前的遺篇逸文。《永樂大典》編成於明朝初年。其中所保存的宋、元兩朝逸書更多。乾隆年間開館纂修《四庫全書》，館臣從中輯出的逸書，多至五百餘種。《古今圖書集成》編成於清康熙年間，所收輯的書多至一萬數千卷，其中一定也保存著很多明代的逸書，及金、元時人的遺篇逸文。基於這一觀點，自清代以來，就有很多學人致力於研討《古今圖書集成》，希望在這方面能有所發現。最顯著的事例，就是前文曾有引述的黃廷鑑及張金吾，為求搜輯金代遺文而假館於吳興知不足齋鮑氏，所輯得的金代逸文，計有丁暐成的〈釋迦成道賦〉，王易的〈北岳詩序〉，陳大中的〈小兒痘疹方論序〉等篇，皆是當時所久已散失的，並經張金吾錄入他所編輯的《金文最》一書中。其次則明末的徐光啟生平致力農學，所著農學專書甚多，但迄今祇《農政全書》一種流傳於世，其餘均已失傳。據《明史》〈藝文志〉，徐光啟農學著作之可考者，尚有《農遺雜疏》五卷。又，清人徐乾學的《傳是樓書目》子部農家類中，亦著錄有徐光啟所撰的《甘薯疏》一卷，《蕪菁疏》一卷，但這些書目前均已無傳本。而《圖書集成》〈草木典〉卷五十四，載有徐光啟所撰的一篇〈甘藷疏序〉，可算是徐氏逸文的殘餘，很值得珍視。凡此所述，皆是《圖書集成》一書中收有明代以前時人遺篇逸文之一證，亦即是《圖書集成》一書值得我人重視的理由之一。至於其他方面，則又見仁見智，各由讀者的觀點而定了。

清人張廷玉《澄懷園語》說：

「自有書契以來，以一書貫串古今，包羅萬有，未有如我朝《古今圖書集成》者。是書……搜羅經史諸子百家，別類分門，自天象、輿地、明倫、博物、理學、經濟，以至昆蟲草木之微，無不備具，誠冊府之鉅觀，爲群書之淵海。……自明時有《永樂大典》一書，乃姚廣孝、解縉、王景等督率一時博洽淹雅之儒，殫力編摩，書成凡二萬二千九百餘卷，共一萬一千零九十五本，藏之秘閣。此書體例，按洪武正韻排比成帙，以多爲尚，非有剪裁釐正之功，當時即有譏其冗濫者。以《古今圖書集成》較之，有霄壤之別矣。」

張廷玉以為《古今圖書集成》一書乃是康熙雍正兩朝詞臣所合力纂輯，又取與明朝的《永樂大典》相比，以顯示《圖書集成》之盡善盡美，雖不免言之過當，而實亦有相當的正確性。試以《圖書集成》的編排方式來說，凡是每一部分的分門別類，都有大小相從的隸屬關係，非常合乎現代的圖書分類原則，按目檢尋，一覽了然。而每一小部之內，先有總論，次彙考，次藝文，次紀事，次外編，凡屬此一部分的有關資料，均一一收錄，鉅細無遺。展卷披誦，對於這一部分的一切記載，都可有完全的瞭解，充分具備其百科全書式的參考價值。迄今為止，中外學者仍有甚多人以此書為檢尋資料的最便利的線索，所資以參考利用的價值甚大。此書的成就既然如此卓越，陳夢雷的大名亦可隨而不朽。雍正當年刊印此書時，雖然竭力抹煞陳夢雷的纂輯之功，然而紙終不能包火，我們今天已經知道陳夢雷在此書上的貢獻如此之大，雍正的謊話還騙得了人麼？

# 關於《永樂大典》

前寫〈陳夢雷與古今圖書集成〉，曾經約略提及我國唐宋以來幾部著名類書的大概情形。《古今圖書集成》雖是清代類書之翹楚，但若就篇幅的數量言，明代所修的《永樂大典》，較此要超出一倍以上。此書的存佚情形及其價值，亦頗不乏可談之處，因再在此一述。

《明太宗實錄》卷二十一，載有明成祖永樂元年七月戊子令翰林學士解縉等編輯類書的諭旨，可視為纂修《永樂大典》一書的緣起。諭云：

「天下古今事物散載諸書，篇帙浩穰，不易檢閱。朕欲悉采各書所載事物類聚之，而統之以韻，庶幾考索之便，如探囊取物爾。嘗觀韻府、回溪二書，事雖有統，而採摘不廣，記載太略。爾等其如朕意，凡書契以來經史子集百家之書，至於天文地志陰陽醫卜僧道技藝之言，備緝爲一書，毋厭浩繁。」

成祖此諭中所提到的「韻府、回溪二書」，即宋人錢諷所編的《回溪史韻》，與元人陰幼遇所編的《韻府群玉》；前者四十九卷，後者二十卷，皆是在解釋字義以外，兼載掌故，而依韻目編

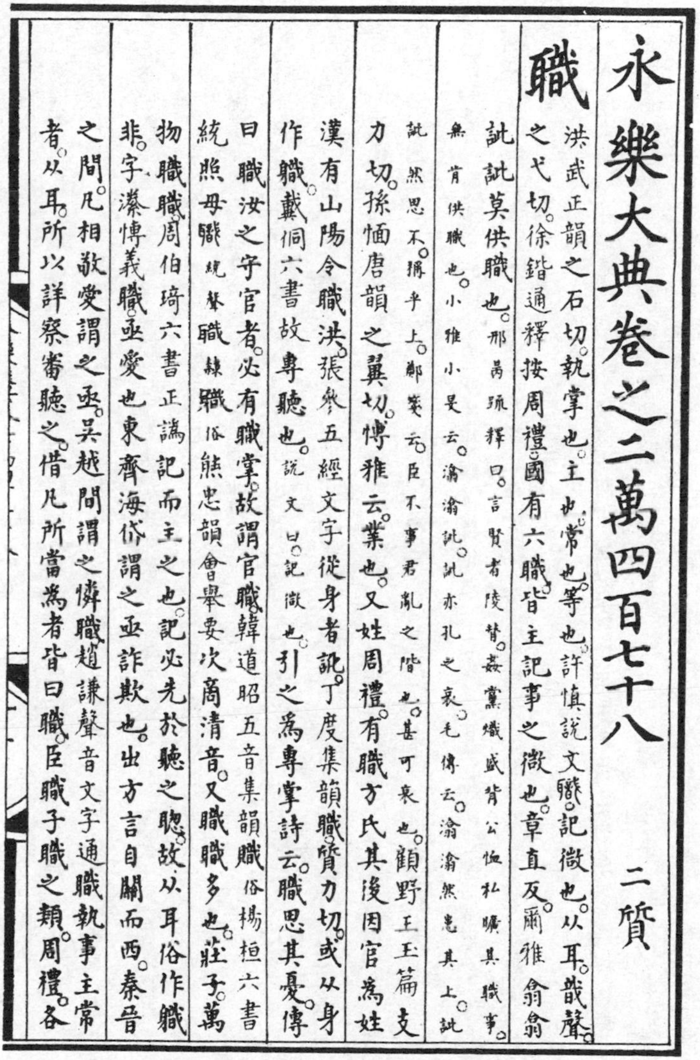
永樂大典卷之二萬四百七十八　二質
職
洪武正韻之石切執掌也主也常也等也許慎說文職記微也从耳戠聲
之弋切徐鍇通釋按周禮國有六職皆主記事之微也章直反爾雅翕翕
訿訿莫供職也邢昺疏釋曰言賢者陵替姦黨熾盛背公恤私曠其職事
無肯供職也小雅小旻云潝潝訿訿亦孔之哀毛傳云潝潝然患其上訿
訿然思不稱乎上鄭箋云臣不事君亂之階也甚可哀也顧野王玉篇支
力切孫愐唐韻之翼切博雅云業也又姓周禮有職方氏其後因官為姓
漢有山陽令職洪張參五經文字從身者譌丁度集韻職質力切或从身
作職戴侗六書故專聽也說文曰記微也引之為專掌詩云職思其憂傳
曰職汝之守官者必有職掌故謂官職韓道昭五音集韻職俗揚桓六書
統照毋職統聲職隸職俗熊忠韻會舉要次商清音又職職多也莊子萬
物職職周伯琦六書正譌記而主之也記必先於聽之聰故从耳俗作職
非字滌博義職亟愛也東齊海岱謂之亟詐欺也出方言自關而西秦晉
之間凡相敬愛謂之亟吳越間謂之憐職趙謙聲音文字通職執事主常
者从耳所以詳察審聽之借凡所當為者皆曰職臣職子職之類周禮各

永樂大典（明嘉靖隆慶間內府重寫本）

排，以便檢索，其性質略似今日所通用的辭典之類。所不同的是，辭典的編纂係按部首，以上各書則按韻目，故是一種韻書而兼辭典的工具書。明成祖病《回溪史韻》與《韻府群玉》等書所收內容不廣，諭令解縉等另編一書，要悉采「書契以來經史子集百家之書，至於天文地志陰陽醫卜僧道技藝之言」，幾乎已將天下古今的事物包羅殆盡。如此一來，便使《永樂大典》的編纂方法雖然亦如韻書，其規模則龐大無倫，略如其後來的面目。

解縉奉諭編集新的類書，集一百四十七人之力，在一年以後初步完成編集工作，於永樂二年十一月奏進，賜名曰「文獻大成」。既而成祖閱書，以為尚未能符合他悉采「書契以來經史子集百家……」的目標，命重新再修，而以姚廣孝、劉孝篪、解縉等總其事。又經費時四年，集二千餘人之力，於永樂六年十二月纂成，抄繕進呈，其書二萬二千九百餘卷，賜名曰《永樂大典》。至此，編書工作方告一段落。明成祖為此書作序，極稱其「包舉宇宙之廣大，統會古今之異同，巨細精粗，網羅無遺。」《永樂大典》之能夠成為中國古今以來類書中的巨擘，便是由於明成祖的求博求大願望而來的。

《永樂大典》在編纂之初，本來計劃將古今以來經史百家之書悉按其內容，以洪武正韻為綱，以韻統字，以字繫事，藉便檢閱參考。例如卷六百六十二的「癰」字下，先釋字義，然後將有關「癰」字的一切辭類均順序排列，並註明其出處，抄錄其本文。在「頸癰」之下有「胃脘癰」、

「發背癰」、「腸癰」等，均屬於醫療方面，又有「鄧通唶癰」、「為父吮癰」、「擊佛致癰」、「哭捧母癰」等條，均屬於歷史故實。所謂「凡天文地理、人倫國統、道德政治、制度名物，以至奇聞異見，庾詞逸事，悉皆隨字收載」，即指此而言。

《永樂大典》之編纂，「以韻統字，以字繫事」，本是當初所定的纂修規則，但其後則並不能嚴格遵守此一規則。《四書全書總目提要》說，此書「或以一字一句分韻，或析取一篇，以篇名分韻，或全錄一書，以書名分韻，與卷首凡例多不相應，殊乖編纂之體。疑其始亦如韻府之體，但每條備具始末，比韻府加詳，今每韻前所載事韻，其初稿也。繼以急於成書，遂不暇隨條採掇，而分隸以篇名。既而求竣益迫，更不暇逐篇分析，而分隸以書名。故參差無緒，至於如此。」以整篇的文章入韻編纂，如《大典》卷六百二十三「農」字韻的「進農書」一條下，收入《呂和叔文集》中的〈代文武百寮進農書表〉，《柳宗元文集》的〈進農書狀〉，《文苑英華》中侯喜所撰的〈中和節百辟獻農書賦〉等等，猶可說是隨韻分編，與體例不至大乖；但如卷一萬一千七百七十「曾」字韻下全收宋人曾布所撰的《曾公遺錄》三卷，卷四百八十五至八十六「忠」字韻下全收繡像繪圖本《忠經》一書，卷三千一百四十三「陳」字韻下全收元人陳宣子所撰《陳了翁年譜》一卷，卷八千三百三十九「兵」字韻下全收宋人陳規湯濤所撰的《守城錄》四卷，如此這般地不暇分析，以整部書「隨韻分編」，則不但有乖編纂體例，且亦不便查檢，其性質實已近似叢書，而不是類書應有的規制了。《四庫全書總目提要》推測其體例混亂的原因是由於成書倉促之故，頗能得其實情。至於另一項原因，則是由於所收書籍太多，所以纔有後來的限於時間而倉促成書之弊。清人劉統勳謂：《永樂大典》「但誇捃拾之繁，未協編摩之式」，頗為篤論。然而，亦正由於此一原因，遂使《永樂大典》中保存了宋元以來的甚多孤本秘籍，清代以來的學者，只要稍為留心發掘，便可得到甚多瓌寶。《永樂大典》之為人重視，其最大原因亦在於此。

《永樂大典》纂成之後，全書二萬二千九百餘卷，分裝一萬一千九十五册。書高五〇・五公分，寬三〇・四公分，朱絲欄界。每面八行，每行除標題及條目用大字單行繕寫外，餘均用小字雙行繕寫。錄文用黑色，文前所加的書名及著者姓名用硃色，紅黑相間，甚為精緻美觀。加以書式高大，紙質潔白而堅厚，一種古色古香之味，觸手即生。此書原衹一部，貯於宮中的文淵閣。明世宗嘉靖三十六年，宮中失火，奉天門、午門、三殿及文淵閣等悉遭焚燬。世宗聞變，夤夜降旨命速搬出《永樂大典》。此書得不燬，世宗之力。世宗平時對此書甚為寶愛，遇有疑難，常登閣檢書，按韻索覽。至此，乃以為此書衹此一部，形同人間孤本，難免遭受意外損失，似應另錄一部，分貯他所，以防不虞。於是，在嘉靖四十一年開始，《永樂大典》乃有錄副之舉。自嘉靖四十一年始事起，選用各色儒生一百餘人專門從事抄繕，計歷時五年，至穆宗隆慶元年四月，錄副的工作方告完成。副本抄完後，《永樂大典》的正本仍貯存於文淵閣，副本則貯於「皇史宬」，金匱石室，鎖扃甚固。終明代之世，除了皇帝偶一翻檢之外，外人無從得見。明神宗萬曆間，南京國子監祭酒陸可教曾建議將《永樂大典》刊刻流傳。但因書多至二萬餘卷，刊印不易，所以終於未能實現。此書之所以在後來不免散佚，即由於此。

明崇禎十七年李自成破北京，貯於文淵閣中的《永樂大典》正本因文淵閣被燬而付之一炬。至於貯於皇史宬中的《永樂大典》副本，雖然鎖扃嚴密，但因每年夏間均須將書搬出曬晾，在一鎖一啟之間，便不免發生偷盜損失。明人張岱所撰的《陶菴夢憶》，卷六〈韻山〉一條曾說：「胡儀部青蓮攜其尊人所出中秘書名《永樂大典》者，與《韻山》政相類，大帙三十餘本，一韻中之一字猶不盡焉。」張岱是明末時人，其時他已看見胡青蓮所藏其父某人所偷出的《永樂大典》三十餘本，然則由其他人所偷出的《永樂大典》，其數量當更不止此。滿清入關以後，皇史宬所藏的《永樂大典》副本移貯於翰林院。乾隆三十七年，安徽學政朱筠奏請擇《永樂大典》中收錄完整的古書分別繕寫，以備著錄，而免散亡，事下軍機大臣查覆，謂：「此書移貯之初，本多缺失，現存在庫者共九千餘本」。據此云云，可知《永樂大典》的副本自由皇史宬移貯於翰林院，其數目已由原來的一萬一千九十五冊減少為九千餘冊，所失少的約計有一千餘冊之多。這些書在未經乾隆時館閣諸臣的檢閱之前便已失少，其中的內容若何，當然已無法知道。《永樂大典》的正本既燬，這些缺少的副本便構成了無可補救的損失。追溯禍始，當然是由於明代時典藏與管理之人監守自盜而生的結果。在整部書中零星偷出數冊以至數十冊，充其量不過具備古董價值而已；然而一部完整的《永樂大典》因此而告殘缺不全，以致其中所保存的古書亦因此而永遠散失，這豈但是「大典」之厄，亦是古書之厄。這些偷書者的愚行，實在教人痛恨。

安徽學政朱筠奏請擇取《永樂大典》中收錄完整的古書分別抄繕，以備著錄，這是由於朱筠以前在翰林院供職時曾經繙閱大典，知道其中所收「古書之全，而世不恆覯者，輒具在焉」。按，《永樂大典》在纂成時的卷數多至二萬二千以上，雖然我們現在已不能知道此書在纂修時所採用的書籍共有若干，但即使就此書的總卷數及明成祖的纂修宗旨而言，我們當可知道，凡是在明成祖永樂初年所見存的各種經史子集，必定已包舉無遺。自古以來，古書的散亡情形極為驚人，距古愈遠，能夠存留下來的古書愈少。明成祖永樂初年，距今已有五百餘年。在五百年前傳世之書，到現在又少了許多。《永樂大典》所採集的既是當時傳世之書，其中必然有許多是今時所無之書。基於此一原則，不管《永樂大典》收錄的方式是整書收入或分篇分段收入，只要不殫化費較多的時間從事輯錄排比，便不難使已佚的古書重新出現。自乾隆中葉四庫全書館開館以來，一直到民國初年，學者們抱持著這一信心向《永樂大典》的存書中從事鑽研，一直都有很好的成績。所以，儘管《永樂大典》的編纂方式頗為後人所詬病，它在保存佚書這方面所發揮的功能，卻是一直為人稱道的。

《永樂大典》的輯佚工作，當以清雍正間全祖望觀大典書籍時為發軔之始。全氏《鮚埼亭集》外編卷十七有「鈔永樂大典記」，云：

「聖祖仁皇帝實錄成，詞臣摒當皇史宬書架，則《永樂大典》副本在焉，因移貯翰林院，然終無過而問之者。前侍郎臨川李公（即李紱）在書局，始借觀之，於是予亦得寓目焉。其例乃用洪武四聲韻分部，以一字爲綱，即取十三經廿一史諸子百家，無不類而列之。所謂因韻以統字，因字以繫事者也。而皆直取全文，未嘗擅減片語。夫偶舉一事，即欲貫穿前古後今書籍，斯原屬事勢所必不能。而大典輯沓並包，不遺餘力，雖其間不無汗漫陵雜之失，然神魄亦大矣。若一切所引書，皆出文淵閣儲藏本。自萬曆重修書目，已僅有十之一，繼之以流寇之火，益不可問。聞康熙間崑山徐尚書健菴（即徐乾學）以修《一統志》言於朝，請權發閣中書資考校，寥寥無幾，則是書之存，乃斯文未喪一碩果也。因與公定爲課，取所流傳於世者概置之，即近世所無而不關大義者亦不錄，但鈔其所欲見而不可得者，而別其例之大者爲五。其一爲經。諸解經之集大成者，莫如房審權之易，衛湜王與之二禮，此外莫有仿之者。今使取大典所有，稍爲和齊而斟酌，則諸經皆可成也。其一爲史。自唐以後六史，篇目雖多，文獻不足。今採其稗野之作，金石之記，皆足以資考索。其一爲志乘。宋元圖經舊本，近日存者寥寥，明中葉以後所編，則皆未見古人之書而妄爲之。今求之大典，釐然具在。其一爲氏族。世家系表而後，莫若夾漈通略，然亦得其大概而已，未若此書之賅備也。其一爲藝文。東萊文集，不及南渡，遺集之散亡，大典得十九焉。其餘偏端細目，信手薈萃，或可補人間之缺本，或可以正後世之僞書，則信乎取精多而用物宏，不可謂非宇宙間之鴻寶也。會逢今上纂修三禮，予始語總裁桐城方公，鈔其三禮之不傳者，惜乎其闕失幾二千册。而吾輩力不能多畜寫官，自從事於是書，每日夜漏三下而寢，可盡二十卷。而以所簽分令四人鈔之，或至浹旬未畢，則欲卒業於此，非易事也。然以是書之沈屈，忽得人讀之，不必問其卒業與否，要足爲之吐氣。嗟乎，溫公通鑑之成，能讀之至竟者，祇王益柔一人，其餘未及一卷，即欠伸思睡，況大典百倍於此，其庋閣也固宜。今吾輩銳欲竟之，而力不我副，是則不能不心以爲憂者也。」

由全祖望所記，可以知道幾點事實：

第一，《永樂大典》纂修時所用的書籍，皆是文淵閣的藏書。而明代文淵閣的藏書，自明成祖永樂至明神宗萬曆約二百年間，所失少的已有十分之九，至明末李自成破北京，而殘存者愈少。即此一端而言，可知《永樂大典》所收的書籍，其中絕大部份現在都已失傳。

第二，據全祖望的意見，《永樂大典》中所保存的古代佚書，以稗史野記、金石文字、宋元圖經、氏族源流、及前人文集等項最為可貴。當時他與李紱雖亦曾擇要鈔錄，而因費用無出，且耗時太多，而未能遂願。全祖望後來外放為知縣，此事因此亦就中止。

據繆荃孫所撰《永樂大典考》，全祖望當時從《永樂大典》中所鈔輯的佚書，計有宋田氏的《學易蹊徑》二十卷，高氏《春秋義宗》一百五十卷，王安石《周官新義》六十卷，及曹放齋《詩說》，《劉公是文鈔》，《唐說齋文鈔》，史真隱《尚書周禮論語解》，《二袁先生文鈔》，元人竇苹的《酒耘先生會譜》，明永樂間所修《寧波府志》等書。其後法式善亦從《永樂大典》中鈔錄唐人文集甚多，以與通行本相比較，多有增益。杭世駿撰《續禮記集說》，所採宋元人學說，亦大半自《永樂大典》中輯錄而來。

至乾隆間開四庫全書館纂修《四庫全書》，安徽學政朱筠奏請從《大典》中輯錄古書，以備著錄，事經軍機大臣等議覆可行，並由乾隆降諭派遣翰林院編修檢討等官三十餘人專門從事校勘，於是《永樂大典》的輯佚工作始大規模展開。但因乾隆的諭旨中，有所謂：「除本係現在通行，及雖屬古書，而詞意無關典要者，不必再行採錄外，其有實在流傳已少，其書足以啟牖後學，廣益多識者，即將書名摘出，撮取著書大旨，敘列目錄進呈，候朕裁定，彙付剞劂。其中有書無可採，而其名未可盡沒者，祇須注出簡明略節，以佐流傳考訂之用，不必將全部付梓。」以此翰林院中負責校勘《永樂大典》各官，為求採取葳事，往往祇將《大典》中成篇錄入而輯錄容易的各書加以貫串排比，其零碎分散的斷言片語，大多棄之不顧。當時從《大典》中輯出的佚書，計經部六十六種，史部四十一種，子部一百零三種，集部一百七十五種，共計三百八十五種，四千九百四十六卷。另存目者一百二十九種，六百十六卷。乍看起來，所輯得的數量已自不少，但若比之《大典》中的原有寶藏，又不過只是數十分之一而已。

在乾隆年間大規模從事《永樂大典》輯佚工作中所輯出的古代逸書，現在還可以舉出最著名的幾種為例。經部方面，有宋人黃倫所撰的《尚書精義》五十卷，宋人李如圭所撰的《儀禮集釋》三十卷，晉杜預所撰《春秋釋例》十五卷，唐人史微所撰《周易口訣義》六卷，宋程大昌所撰《易原》八卷，宋毛晃所撰《禹貢指南》四卷，宋司馬光所撰《切韻指掌圖》二卷。史部方面，有宋薛居正所撰《舊五代史》一百五十卷，宋李燾所撰《續資治通鑑長編》五百二十卷，宋李心傳所撰《建炎以來繫年要錄》二百卷，宋路振所撰《九國志》十二卷，元郝經所撰《續後漢書》九十卷，以及宋《嘉泰吳興志》二十卷，宋《嘉定鎮江志》二十二卷，元《至順鎮江志》二十一卷，宋陳振孫撰《直齋書錄解題》二十二卷。子部方面，有元人王楨所撰《農書》二十二卷，晉劉徽撰《海島算經》一卷，北周甄鸞撰《五經算術》二卷，元李治撰《益古演段》三卷，梁元帝撰《金樓子》六卷，唐林賡撰《元和姓纂》十八卷。集部方面，有宋宋祁《景文集》六十二卷，宋劉敞《公是集》五十四卷，劉攽《彭城集》四十卷，王珪《華陽集》六十卷，元姚燧《牧菴文集》三十六卷，金王寂《拙軒集》六卷，宋張戒《歲寒堂詩話》二卷，宋周密《浩然齋雅談》三卷。但因《永樂大典》中所有的古代逸書實在太多。在四庫全書館所已輯錄的以外，只要稍加涉獵，便不難有極大的收穫。如清人徐松即曾在四庫館臣輯錄之後，從《大典》中輯出《宋會要》五百卷，《宋中興禮書》及《續中興禮書》一百五十卷，《大元馬政記》一卷；文廷式亦從《大典》中輯出《大元官制雜見》一卷，《元高麗紀事》一卷，《大元倉庫記》一卷，《大元氈罽工物記》一卷，《元代畫塑記》一卷。即是到了近代，羅振玉還曾從《大典》中錄出宋《吏部條法》的殘本二卷。足見《大典》中寶藏之多，真是觸目皆是。至於近代人之所以不能從《大典》輯出大批逸書，其原因並非由於《大典》中的寶藏已盡，而是由於乾隆時所尚存在的《永樂大典》九千餘冊，經過歷朝以來兵燹劫火，其數量愈來愈少之故。

世界書局於民國五十年間搜輯海內外的《永樂大典》殘本付之影印流傳，其數量共計祇七百四十二卷，僅及《大典》原書百分之三。四庫全書館輯書不盡，而《大典》原書又復散亡殆盡，存留在《大典》中未及輯出的大量古代逸書，從此亦同歸澌滅。全祖望以為此書乃「斯文未喪」之僅存碩果，今則此一碩果亦已消失於茫茫宇宙之中，使全祖望復生於今日，必將有斯文道喪之興歎也。

存在於乾隆時的《永樂大典》殘書九千餘冊，何以在後來會逐漸散失殆盡？這仍然可以與此書以前的亡失情形相提並論，其原因不外兩點，第一是竊盜，第二是戰禍。

清人繆荃孫所撰《永樂大典考》云：

「光緒乙亥（元年），重修翰林院衙門。庋置此書，不及五千册。嚴究館人，交刑部斃於獄，而書無著。余丙子（光緒二年）入翰林，詢之清秘堂前輩，云尚有三千餘册。請觀之，則群睨而笑，以爲若庶常，習散館詩賦耳，何觀此不急之務爲？且官書焉能借？迨丙戌（光緒十二年），志伯愚侍讀鋭，始導之入敬一亭觀書，並允借閱。……前後閱過九百餘册，而余丁內艱矣。……癸巳（光緒十九年）起復，詢之，則賸六百餘册。」

照繆荃孫所說，可知《永樂大典》由乾隆三十八年交翰林院官輯逸時算起，在歷時九十四年之後，到了光緒二年，此書的總數，已由九千餘册減少至三千餘册，所失少的數目凡六千餘册。自光緒二年至十九年的十八年間，更由三千餘册減至六百餘册，所失少的數目凡二千數百册。此書由明入清，在一百餘年間，所失少的數目不過一千數百册；而自乾隆三十八年至光緒十九年，相隔的時間亦不過一百餘年，所失少的數目竟多達九千册，則此書在清時散亡之速，實在可說是極為驚人的。常熟秉衡居士《荷香館瑣言》記此書在翰林院被竊情形說：

「《永樂大典》原書本萬餘册，陸續散出。光緒乙亥檢此書，不及五千册，至癸巳，僅存六百餘册。相傳翰林入院時，使僕預攜衣一包，出時盡穿其衣，而包書以出，人不覺也。又密邇各國使館，聞每《大典》一册，外人輒以銀十兩購之。館人秘密盜售，不可究詰，致散亡益速。」

此云翰林院官員偷書，劉聲木《萇楚齋筆記》記之尤詳。云：

「其偷書之法，早間入院帶一包袱，包一棉馬褂，約如《永樂大典》兩本大小。晚間出院，將馬褂穿於身上，偷《永樂大典》兩本，仍包入包袱內，如早間帶來樣式。典守者見其早挾一包入，晚復挾一包出，大小如一，不虞其將馬褂加穿於身，偷去《永樂大典》兩本，包於包袱內而出。」

翰林官偷書，並非人人能為之。因為繆荃孫就曾經說過：「翰林院內有寶善亭三間，內貯多書，凡書之出入，皆辦事八翰林主之，其他編檢無權也。」由此說來，則偷書之人，無非此負責典藏之「辦事八翰林」。《大典》在明代時為典藏之人「監守自盜」，以致失少一千餘冊，此猶不過是攜回賞玩；而清代典守翰林之偷書，既有外國使館高價收購，其動機遂不堪問。何況上行則下效，館中吏役，又何嘗不可乘機偷盜售賣，以為漁利之資呢？《永樂大典》在乾隆三十八年以後的一百餘年間竟失少九千冊之多，其原因正在此。葉德輝《書林清話》卷八云：

《永樂大典》有百餘本，在萍鄉文芸閣學士廷式家。文故後，其家出以求售，吾曾見之，皆入聲韻，白紙八行，朱絲格鈔書，面爲黃絹裱紙，蓋文在翰林院竊出者也。」

文廷式所竊的《永樂大典》一百餘冊，在他本人頗曾資為利用，以供輯錄逸書之用，他人之偷書，其情形則不可知。舉此一例，可知《大典》在清代遭偷竊損失之情形為何如。

清人王頌蔚〈題丁松生文瀾歸書圖〉有云：「邇來橫海肆樓船，漢廷未暇修儒術，頗聞守藏史不愼，文德官書半放失。」丁松生是浙江杭州人，杭州在同治時兩遭太平軍侵陷，所藏文瀾閣《四庫全書》散亡殆盡，賴丁松生之力搜集抄補，得以復完，故王頌蔚題詩稱之。詩中所云「邇來橫海肆樓船」，蓋指咸豐十年英法聯軍攻破北京之事。

據說英法聯軍入北京時，因翰林院與使館相近，館中所藏書籍，被英法兩國士兵任意破壞棄裂，以致《永樂大典》頗有損失。此說之眞實情形如何，不得而知。而光緒二十六年八國聯軍之役，則翰林院所藏《永樂大典》殘書，確曾遭受重大損失。蔣芷儕《都門識小錄》云：

「庚子拳亂後，四庫藏書，殘佚過半。都人傳言，英法德日四國運去者不少。又言洋兵入城時，曾取該書之厚二寸長尺許者以代磚，支墊軍用等物。武進劉葆眞太史拾得數册，閱之皆《永樂大典》也，此眞斯文掃地矣。」

又，王小隱《夢天餘話》云：

「庚子拳匪之亂，紅巾滿京華……譯學館總辦劉可毅太史，於亂兵馬槽下拾得《永樂大典》數十册。」

翰林院所藏《永樂大典》殘書，至光緒十九年時本已祇賸六百餘册，自經此次大亂之損失，存者更尠。所以到了清代末年，學部將此書發交京師圖書館庋藏時，其所有總數，已止有六十册。

六十冊與一萬一千九十五冊的比數懸殊，可知此書損失數量之大。至民國五十年間，世界書局努力搜集此書的海內外存本，以影印方式輯印流傳，致使我們目前所能見到的《永樂大典》存書，尚有七百四十二卷，較之劫後殘存，已不啻增加了五六倍之多，亦可稱是不幸中之大幸了。

由世界書局輯錄影印的《永樂大典》殘本七百四十二卷，雖然其數量已祇及《大典》原書的百分之三，然而其中的零金碎玉，仍有不少。民國以來，張菊生、趙萬里等人還屢屢從中輯出前人所未錄的逸書及逸篇。其後羅振玉並曾以日本人富岡君撝所藏一冊《大典》殘本中殘存的宋「吏部條法」二卷，輯入他自已所編的《吉石盦叢書》，作為輯逸書之一種。現在經世界書局的廣泛搜集，此一「吏部條法」的殘卷已增至九卷之多，備載於《大典》卷一四六二〇至一四六二九的「部」字韻各本內，足可補羅振玉採輯之不及，裨益於宋代考選制度之研究考證非淺。又第四九二三卷至四九四〇卷玄字韻各本，收錄元人胡次和所撰的《太玄經集注》及陳仁子所輯的《太玄經輯注》，乃是過去未有流傳的注本，可供研究揚雄思想及太玄經的參考之用。又第一三一九四卷中字韻本收宋元間人吳攢所撰的《種藝必用》與張福所撰的《種藝必用補遺》二書，乃是我國古代農學書籍中的兩部重要著作，在研究農學發展史上有甚大的參考價值。原書久已失傳，今卻保存於《大典》殘本之中，不可謂非《大典》僅存的寶藏之一。除此之外，《大典》所存殘本，在校勘學上仍可發揮甚大的價值，舉最重要的一例來說，便是宋人李燾所撰的《續資治通鑑長編》。

李燾所撰的《續資治通鑑長編》，原書久佚。清康熙間，徐乾學始從泰興季氏得到藏本一部。祇一百七十五卷。記事始於宋太祖建隆元年，迄於英宗治平間。其後四庫全書館從《大典》中輯錄佚書，始從《大典》中輯出記事至哲宗元符間的五百二十卷本。但此書雖經收入《四庫全書》，外間仍無傳本，學者無從得見。嘉慶二十四年，常熟張金吾設法從《四庫全書》藏本中傳鈔此書一部，用活字版排印流傳。然而四庫本不能無繕寫之誤，傳鈔益增魯魚亥豕，再加上活字版本的校印不精，遂使此書的通行本錯訛百出。到了光緒五年，譚鍾麟為浙江巡撫，借用文瀾閣《四庫全書》本校勘張本，付浙江書局重新刊刻印行。負責從事校勘工作的黃儆季等人，除以四庫本與張本對勘外，並大發宋史有關文籍從事考覈，校出四庫本的錯誤甚多。但浙本的校勘雖精，因為未曾用《大典》原本校勘之故，其中的部分錯誤，仍然未能校出。今世界書局影印的《大典》殘本各「宋」字韻殘卷，收有《續資治通鑑長編》的尚有九卷之多，試取與浙本對比，便可看出其中的錯誤正復不少。如浙本卷十四，宋太祖開寶六年三月癸未，李崇矩責授左衛大將軍，其下註云：「然亦不知何事也。」《大典》卷一二三〇六此條下註云：「然亦不知坐何事也。」兩相比較，可知浙本落一「坐」字，遂致文義不完。又，浙本卷二六三，宋神宗熙寧八年閏四月壬辰朔，鄜延路災傷歲飢，「知延州趙高舍流民以空營」條，《大典》卷一二五〇六此條，作「知延州趙卨」。按《宋史》卷三三二有〈趙卨傳〉，熙寧間以龍圖閣直學士知延州，可知浙本之「趙高」，實係「趙卨」之誤。又，浙本卷二六三，熙寧八年閏四月甲午，詔宋昌言具析妄塞訾家口事條，「侯叔獻請勿閉」句下，落去「既從叔獻請不閉」七字，而《大典》卷一二五〇六第十一頁同句下有之，可知浙本與四庫本均有脱誤。類此的例子，也可以從其他的大典輯逸書中找到類似的例證，不枚舉。即此而言，《大典》的殘本雖所餘無多，其可供校勘及輯佚的功用仍復不少。假使《大典》的原書尚能保存至今日，其所能發揮的這兩方面功效，正不知要高出若干倍之上。

清人文廷式所撰的《純常子枝語》卷三云：「《永樂大典》今存於翰林院者僅八百餘册，余乙酉丁亥在京時，志伯愚鋭詹事方協辦院事，曾借讀三百餘册，其可採之書，惟宋元地志為最夥，惜未募寫官，不能盡錄。惟集《經世大典》得六七卷，又鈔其詩文及説部之冷僻者得千餘紙，為《知過軒隨錄》而已。他時當補讀所未竟者，宋元文獻，猶可撏撦百一也。」文廷式書中所說的「乙酉丁亥間」，即光緒十一年至十三年，其時文供職翰林院，故得借讀《永樂大典》三百餘册。自此以後至庚子拳亂《大典》散亡殆盡，再無人能有機會讀到如此衆多的《大典》殘本。所以，文廷式讀《大典》後所作的讀書札記，極足珍貴。

《純常子枝語》雖説，他從《大典》中所鈔得的資料千餘紙，已集為《知過軒隨錄》，但近年來由文華印書館輯印的文廷式全集，其名為《知過軒隨錄》者，並無大典逸文之記載；倒是另一卷名為《永樂大典輯佚書》者，收有甚多輯佚文字，不知是否文華印書館編印文廷式全集時所改。

由《永樂大典輯佚書》的內容所見，文廷式當年從《大典》殘書中鈔得的資料頗不少。如《大典》一〇一二〇所收唐人《交州記》一卷，即已由文廷式全部輯出。又《大典》卷六〇四〇所收李迂仲黃實夫的《詩集解》，卷一三〇八六所收《太平圖經志》、《宜春志》、《墊江志》，卷一三一三七、六三三九、一三一三四各卷所收《江州志》，卷一四一二五、一三四五〇、三一三八、一二〇一五、一〇三六各卷所收趙希循的《會心錄》，均是失佚之書。以上各書既早已散佚，《大典》原書又已亡失，文廷式所輯存的逸文，乃成為僅有的文字。祇是，文廷式所輯的大典逸文，其原書亦有今日尚能見到的。如他由《大典》卷一〇一三六所輯出的宋人撰《經史百家制度》一書，《大典》原書即在世界書局的影印本中。又如由《大典》卷一〇一一六、一四三八一、一〇一一五各卷中所錄出的宋元人詩文，一三一三五、一一八八八、一二〇一六各卷中錄出的唐宋故實多條，其原書亦在世界書局影印本中。

從前人初從文廷式的《純常子枝語》中看到他曾鈔有《大典》逸文千餘紙集為《知過軒隨錄》的話，以為文廷式的《知過軒隨錄》必有甚多《大典》逸文。觀乎此，可知文廷式所輯錄的資料，未必能使《大典》原書的損失得到較多的彌補。《文廷式全集》的編者曾說，文廷式的遺稿尚有很多因為缺乏連貫性而未能整理付印，不知其中尚有這方面的資料否？果爾，則文廷式在《大典》中錄出的逸文，尚須作另一番估量，未可輕下結論也。

由上面的敘述可以知道，《永樂大典》一書的最大價值，是此書中所收錄的甚多前代佚書。由於《大典》的寶藏輯錄未盡，所以，不管前人所作的輯佚工作做得如何周詳完備，《大典》原書的亡失，總是我國學術文化上無可彌補的損失；更何況前人在這方面所作的輯錄工作不實不盡，實在不能使我們感到滿意。世界書局所輯印的《大典》殘本，雖然已有七百四十二卷之多，但若比之此書的亡失數量，又不啻是小巫之見大巫。但願自清代以來陸續被盜竊損失的《大典》原書，今日尚存於世，在若干時日之後，尚可經由出版家的努力搜尋而重新與我們見面。否則的話，此一巨著的損失，便將是永遠無可彌補的了。

# 記張岱的《石匱書》

## ——兼論明史紀事本末纂修情形

張岱，字宗子，浙江山陰人。他是明末極有名的江南才子，著有《陶菴夢憶》，《瑯嬛文集》，《史闕》，《說鈴》等書。其中以《石匱書》最負盛名。《小腆紀傳補遺》〈張岱傳〉說，張岱的《石匱書》修成之後，浙江學使谷應泰曾以五百金向他購買原稿，後來就根據此書的資料，修成《明史紀事本末》八十卷。《國朝耆獻類徵》〈谷應泰傳〉，也有類似的記述。而另一類傳說，則更以谷應泰的《明史紀事本末》，其實是抄襲了張岱的《石匱書》而來的。由於《石匱書》久已亡佚，無從取對，諸如此類的說法，也就更加增添了《石匱書》在後人想像中的價值。

《瑯嬛文集》卷一，有張岱的〈石匱書自序〉，說：「余自崇禎戊辰，遂沘筆此書，十有七年而遽遭國變，攜其副本，屏跡深山，又研究十年而甫成此帙。」崇禎戊辰即是崇禎元年，越十七年為崇禎十七年甲申，是歲明亡。又越十年，即是清順治十一年，《石匱書》原稿，大概便成於此年。谷應泰於順治十三年由户部員外郎擢浙江提學僉事，在浙江買得張岱的《石匱書》原稿之後，至順治十六年，他所著的《明史紀事本末》八十卷即告梓行問世。兩人所費在修書上的時間，一為廿七年，一不過三、四年。時間上的相去如此懸殊，而《明史紀事本末》的內容又號稱詳盡周備，在這種情形之下，又怎能教人不懷疑此書不是真正出自谷應泰之手呢？

谷應泰出身進士，在清初頗負文名。要說他的《明史紀事本末》就是由抄襲而來，事實上大概還不至於。但是，由於《石匱書》的亡佚，谷應泰的抄襲嫌疑，也就很難洗刷。其中的真實情況，很值得我們研究、推敲。

張岱在〈石匱書自序〉中曾表明他的寫作態度，說是：

「事必求真，語必務確，五易其稿，九正其訛，稍有未核，寧闕未書。故今所成書者，上際洪武，下訖天啟，後皆闕之，以俟論定。」

這是說，他的《石匱書》原稿，尚缺崇禎一朝史事。《瑯嬛文集》卷三又有張岱致周戩伯的一封信，內中說到張岱曾以《石匱書》原稿送請周戩伯校閱，「細觀諸傳，見吾兄筆削之妙。」繼之又說，谷應泰因欲修纂《明史紀事本末》，廣搜崇禎一朝的邸報，他因此得以利用谷應泰所搜集的資料，「於其中簸揚淘汰，聊成本紀並傳」，再送請戩伯校閱。由這兩點事實看來，張岱的《石匱書》，應該是一部紀傳體的私修明史，而谷應泰的《明史紀事本末》，乃是紀事本末體。兩書的體例既然不同，而且谷應泰所買的《石匱書》原稿，還缺了崇禎一朝史事，那末，谷應泰祇能在材料的運用上就便地利用了張岱的《石匱書》，而不致有直接的抄襲行為了。以上這些，是我們在未曾看到《石匱書》的原稿之前，所只能如此推測的結論。

但是，《石匱書》的原稿，在既經亡佚之後，是否終無發現可能呢？這一點還難以確定。而且，目前據我們所知道的。至少還有一部《石匱書後集》，可以在我們的研究工作上為我們提供很多有力的線索。

江蘇省立圖書館從前曾藏有一部《石匱書後集》的傳鈔本。此書本是劉氏天尺樓所藏，後歸杭縣藏書家葉景葵，展轉歸該館所有。書凡六十三卷，無序文。前為莊烈帝后及獻愍太子的〈本紀〉，繼為永、定、福、唐、桂、魯、諸王的〈世家〉，再次為崇禎及南明諸臣的〈列傳〉，最後為〈藝術列傳〉，〈列女傳〉，〈孝子傳〉，〈盜賊列傳〉，而以李自成，張獻忠二傳為結。以上的內容，恰好補完張岱在《石匱書自序》中所說的闕略部分。但這一部傳鈔本中，亦有甚多缺漏，僅存篇目而無本文。如卷廿六〈錢謙益王鐸傳〉，卷廿七〈洪承疇馮銓傳〉，卷三十〈鄭芝龍傳〉，卷卅一〈吳三桂傳〉，卷五十五〈甘煇傳〉等。大概是張岱在撰著時尚不免有所顧忌，不敢貿然著筆，因此纔僅有篇目而故缺本文。

以《石匱書後集》與《明史紀事本末》相比，便可知道，《明史紀事本末》所記的崇禎一朝史事，自卷七十二〈崇禎治亂〉到卷八十〈甲申殉難〉全部不過十萬字，只有《石匱書後集》的四分之一。《石匱書後集》的篇幅如此，《前集》的情形，大概亦可以推測得到。但如再比較兩書的內容，那末，所發現的事情就更多了。

《明史紀事本末》卷七十五〈中原群盜〉，與《石匱書後集》六十二卷〈中原群盜列傳〉在事實上是完全相同的。紀事本末文後的論贊，也就是列傳前面的總論，所差異的不過數字而已。另外，紀事本末卷七十二〈崇禎治亂〉，卷七十七〈張獻忠之亂〉，卷七十八〈李自成之亂〉，卷七十九〈甲申之變〉，卷八十〈甲申殉難〉，與《石匱書後集》卷一〈烈皇帝本紀〉，卷六十三〈盜賊列傳〉中的張獻忠李自成列傳，卷二十〈甲申殉難列傳〉，卷二十一〈甲申殉難勛戚列傳〉，也祇有文字上的繁簡之分，所用的史料與所持的觀點，則完全一樣，文字的組織與語氣，亦很多相似。這就不免教人懷疑，究竟是張岱抄了谷應泰的書，還是谷應泰抄了張岱的書呢？照情理推測，兩者都不可能。但張岱既然能夠利用谷應泰所搜集起來的資料，補完《石匱書》的缺略部分，那末，他與谷應泰的關係就定不簡單。看起來，谷應泰的《明史紀事本末》，在修輯時很可能延聘了張岱一同工作。以張岱對明代歷史的熟諳情形來說，谷應泰也很應該借重他。

比較兩書的材料取捨，可以發現，《石匱書後集》中保存了很多對滿洲、蒙古、南明等史事的記述，其中有若干記述都是後來的官修《明史》所沒有的，所以特別可貴。而《明史紀事本末》則對此一概小心謹避，幾乎可說是隻字不提。這當然是由於官修的《明史》此時尚未開館纂修，對這些史事的態度不明，谷應泰不敢冒昧從事之故。對於流寇史事，谷應泰大概也採取了「隱惡揚善」的態度，如〈中原群盜〉記李自成史事說，崇禎十五年，李自成在得到宋獻策、牛金星等人為謀主之後，一改過去的流竄焚殺作風，開始以戢暴安良來撫輯人民，軍紀嚴明，秋毫無犯。「得良有司禮而用之，貪污吏及豪強富室，籍其家以賞軍。」於是人情大悅，為之歌曰：「殺牛羊，備酒漿，開了城門迎闖王，闖王來了不納糧。」河南郡縣，傳檄而定者數十。此後明朝屢遣大兵合勦無功，即是由於民心向附，基礎強固之故。這一類史料，在此後的官修史書中都不能見到，《明史紀事本末》也略而不提，而在《石匱書後集》中，卻被保存下來了。很顯然的，谷應泰以清朝官吏的身分來纂修這部《明史紀事本末》，他必須處處顧到清朝官方的立場，因此，他在史料的擷取上是有其選擇取捨標準的。反之，張岱並沒有這種顧慮。他儘可以比較自由地以「作史所以傳信」為目的，將若干比較並無大礙的史料，在他的史書中保存下來。這一層，應當是兩書基本立場的同異之處。

《瑯嬛文集》卷三，有張岱致李硯翁的一封信，說：「弟石匱一書，洮筆四十餘載……」乍看起來，此話顯然與《石匱書自序》中所說的成書時間，前後不符。但如考訂《石匱書後集》的內容，則這兩句話似乎正可以幫助我們對《石匱書後集》的成書時間，多一些瞭解。

按，《明史紀事本末》卷八十〈甲申殉難〉所載殉難諸臣事蹟，事實上乃是由《石匱書後集》的〈甲申殉難列傳〉與〈甲申殉難勛戚列傳〉中刪節而來的。但兩書所記的同一人事蹟，卻偶有歧異，可以舉出最顯著的兩個例子：

㈠左都御史李邦華——紀事本末說，邦華聞難，題詞閣門，「走文丞相祠，再拜自經祠中。」《石匱書後集》則說，邦華先拜文丞相祠，後返寓，閉門書版，遂縊死。所題詞句雖同，而一云縊死文丞相祠，一云縊死寓中，顯然不同。

㈡新樂侯劉文炳——紀事本末說，燕京陷，文炳與弟文耀，擇一大井，「驅子孫男婦及其妹共十六人，盡投其中。縱火焚其第，火燃，俱投火死。」《石匱書後集》則說，文炳「呼妻妾子女及其妹悉避樓上，撤其梯，縱火焚之。大小男婦共十六口，皆啼號呼文炳。文炳曰：汝等先去，我亦來矣。遂就縊，共燔火中。」一云投井，一云火焚，亦不一樣。

研究兩書之所以互有歧異，大概是紀事本末成書較早，當時傳聞如此，遂據以修入書中。及後續經考定，已經無法更改。照常情推測，紀事本末的成書既然如此匆促，張岱受聘同修，總不可能在修輯紀事本末的同時，另外撰寫他的《石匱書後集》。然則《石匱書後集》的成書時間，無論如何要比紀事本末為晚。此時亦就儘可以充分利用後得的資料，改正前此的傳聞錯誤了。張岱致李硯翁書中所說的「泚筆四十餘載」，應該是統括前書與後書而言的。計其時間，則後書的成書時間，可能已在康熙十年左右。

《明史紀事本末》每卷之後，均附有駢偶體的一篇論贊，洋洋灑灑，情文並茂。與每卷的史文相比，很不像是同出一人之手，從前亦嘗私自懷疑，也許這八十卷史文後面所附的八十篇論贊，纔是真正出自谷應泰的手筆。如以《石匱書後集》所見的情形看來，則這一懷疑，亦需要重新加以估計。

前面已曾說過，紀事本末卷七十五〈中原群盜〉後的論贊，與《石匱書後集》卷六十一〈中原群盜列傳〉，卷前的總論，完全一樣。如果張岱不致抄襲谷應泰的文章，那末，這一篇論贊，應該便是張岱所寫。另外則李自成與張獻忠列傳後面所附的贊語，亦與《紀事本末》〈張獻忠之亂〉、〈李自成之亂〉二卷的論贊很為相像。試舉張獻忠列傳為例，張岱在傳後所寫的贊語很短，不過二百來字，末了說：

「乃論者以自成犯闕，欲薄誅獻忠。不知獻忠殘虐，亙古所無。譬人之死也，獻摯其手而後闖刺其心，獻揕其胸而後闖扼其吭，厥罪惟均，豈能末減也哉！」

拿來與《明史紀事本末》相比，很有相似的地方：

「論者又以獻猶據蜀，闖則犯闕，按法行誅，薄乎滅等。而不知獻亂以來，財賦絀於吳楚，士馬斃於荆襄，民命塗於中野，夫以是瓦解土崩，一蹷而壞。譬猶人之死也，獻摯其手而後闖刺其心，獻揕其胸而後闖扼其吭，則獻之與闖，厥罪惟均也。窮奇檮杌，又可以九品差次乎哉！」

比較起來，是張岱的文字稍嫌簡略，而谷應泰的文字更為典雅，說理更為明暢。如果張岱確曾參與《明史紀事本末》的纂修工作，那末，這一類的論贊，大概是先由他撰成，而後經由谷應泰的補充潤飾。論贊如此，史文亦然。這是筆者比較兩書之後所得到的一點推論。

走筆至此，想到讀者也許會問，以為張岱既有修史的能力，為什麼要放棄創作的機會，而甘心為谷應泰作幕後的無名英雄呢？這個問題，應當與兩人的身分有關。張岱身為明朝遺民，雖能修史，而客觀環境似乎並不能允許他的史著能夠散播流傳。谷應泰則不然。他是新朝的官吏，只要他的書中沒有譭謗新朝的地方，他儘可以利用官史的身分，使他的史著自由刊佈流傳。《明史紀事本末》之必須由谷應泰這樣的官吏來潤飾審定，來刊印發賣，正是由於這種緣故。而《石匱書前集》的原稿自經谷應泰收買以後，存燬之權，已不屬於張岱。這一點，大概又是《石匱書前集》之所以不免亡佚而只有後集傳鈔本得以保存的緣故了。

# 陶澍神傷碧蓮姐

舊戲中有一部戲名為「雙官誥」，張伯謹所編的《國劇大成》中，曾經介紹其故事情節，大致如下：

宋朝有一商人名薛子奇，山西大同人，娶得一妻二妾。第一個妾劉氏，生了一子，年才四歲。子奇出外經商，路中遇見舊友萬子淵，就一同到了鎮江。後來子奇一人獨往蘇杭販貨，萬子淵在鎮江得病身死。當子奇和子淵分別的時候，留有家信和銀子，交給子淵帶回。不料被房東知道，一見子淵已死，頓起不良之心，將銀收没，假稱子奇已死。薛家聽見這個消息，就命老家人薛保前去迎歸靈柩。以後正妻傅氏，二娘劉氏都不願守節，逕自改嫁，只有三娘王春娥立志守節，吃盡辛苦，教養孤兒倚哥成人，老僕薛保為人忠義，幫同維持門户。其間薛子奇由蘇杭回轉鎮江，知道萬子淵已死，從此心灰意冷，不再經商。後投入軍隊，很有軍功，一直陞到兵部尚書，告假回家。薛保一見，以為是鬼，經子奇説明經過，才知以前所傳子奇身死之信完全錯誤，三娘出見，亦復悲喜交加。此時倚哥赴京應試，已點中狀元回來，父子團圓。皇帝知道子奇立功朝廷而三娘守節，薛保忠義，都加封典。張、劉二人聽得子奇生還而倚哥高中狀元，都回來請求收容，被子奇罵了一頓，然後命她們去替三娘看守貞節牌坊，以示譏辱。

這一齣戲也有分作兩部分來演唱的，在薛子奇未曾衣錦榮歸以前，三娘苦節撫孤的那一段，名為「三娘教子」；及至薛子奇父子雙雙歸來團圓，三娘連得封誥兩次，纔名為「雙官誥」。當然，平劇的演出很講究效果集中，兩段戲中間的冗長情節多被刪去，以致不易看出整個故事的原來面目。至於薛子奇在萬子淵病死之後因何與家中斷了連繫，以及從軍之後如何升至高官等等需要交代明白的關鍵，亦復含混帶過。以致整個故事看起來甚多矛盾破綻，很難使人滿意。論其原因，則是由於「雙官誥」的本來面目並非如此，改編之人草率從事，以致留下了太多的破綻與漏洞。這只要看《辭海》一書中對此的簡單介紹，便可知道。

《辭海》釋「雙官誥」一條說：

「劇曲名，清陳二白撰，演馮琳如第二妾碧蓮守貞撫子受榮事。因琳如既顯宦，子又登甲科，父子官誥，皆歸碧蓮，故名雙官誥。平劇三娘教子故事本此。小說有妻妾抱琵琶，梅香守節一事，作者緣此演成。或云，爲明楊善作也。」

《辭海》的解釋雖然很簡單，但因陳二白所撰的「雙官誥」原本尚有流傳，比對二者之間的同異，仍舊可以看出此一故事的原來意義及究為何人而作。謂馮琳如為楊善，雖然很有相似之處，但亦不能相符。

根據蔣瑞藻《小說考證續編》卷二引敘《閒居雜抄》一書的記載，京劇「雙官誥」中的男主角，原名馮琳如，乃是明朝山西大同府的宦家之後，曾為府學生員。有妻妾各一，妻名羅慧娘，妾名莫貞娘。其後馮琳如又看上了慧娘的丫鬟何碧蓮，收為通房，並無侍妾身分，平劇中的「三娘」之稱，乃是後來所加。馮琳如之父上襄，曾任廣東潮州府知府，因與鄉宦林喬結仇，被林喬買通醫生毒死。而林喬在後來恰被點派山西提學使，又因尋仇之故而將馮琳如革去生員。琳如為了避禍，乃逃往河南開封府，在彼行醫為生。適逢瓦剌入犯，河南巡撫于謙起兵勤王，知道馮琳如深諳韜略，禮聘入幕，又專門致送白銀五百兩作為安家之費。馮琳如託居停主人張近橋將銀子送回大同，順便修書一封告知北上勤王之事。卻不料張近橋存心乾没，並不將書信與銀子送回。而馮琳如的學中朋友萬子淵此時因避禍來到開封，張近橋見萬子淵的面貌與馮琳如相似，就與萬子淵串通，由萬子淵冒充馮琳如仍在開封行醫，而將五百兩銀子均分吞没。不料林喬在此時亦因陞任進京，路過開封，聽說馮琳如在此行醫，竟派人扮為強盜，將冒充馮琳如的萬子淵誤殺了。張近橋為了維持他的騙局，仍以萬子淵為馮琳如，告知前來開封探訪主人的馮家蒼頭馮仁，說馮琳如已被林喬派人殺死，靈柩現停在此。馮仁急回大同稟報，羅慧娘與莫貞娘頓起異心，藉口家貧，不肯付銀往搬靈柩。倒是碧蓮有義而馮仁感德，二人摒擋所有，由馮仁再往開封搬回靈柩。靈柩搬回之後，羅、莫二人不肯為夫守節，先後再醮而去，連自己的衣服首飾及值錢之物亦攜帶一空。碧蓮及馮仁痛恨主母無情無義，立志要守節撫孤，於是茹辛含苦，以針黹為生，苦苦度日。及至琳如之子馮雄長大，又將他送入書塾攻讀，希望能得中科舉，光耀門庭。整個「雙官誥」的故事，在這一部分還比較能與平劇中的「雙官誥」故事相似；在此以外，就大不一樣了。

馮琳如與河南巡撫于謙一同北上勤王，並不知道他自己家中發生的變故。而明朝的英宗皇帝在土木堡兵敗，皇帝被瓦剌所擄，馮琳如不巧也成了俘擄，因保護英宗有功，深為這位俘虜皇帝所信任。一年之後，英宗被瓦剌放回，而琳如仍被羈留在沙漠。又過了幾年，景泰帝病危，英宗復辟，馮琳如得到這個消息，從瓦剌部落中逃了回來。這時于謙已經被奸臣所害，英宗感念馮琳如昔日的扈衛之功，就命馮琳如繼于謙之職，任之為兵部尚書，並給假三月，回家省親。

馮琳如一路衣錦還鄉，十分烜赫榮耀。不料在家鄉附近先後看到他的妻子羅慧娘與側室莫貞娘，都在見到他的面貌之後急急逃走。到家之後，老僕馮仁和三娘碧蓮也以為他是鬼魂出現，甚為驚恐。及至彼此弄清事實真相，又知妻妾先後負心再醮，家中幸賴碧蓮艱苦撫孤守節等等情形之後，馮琳如大為感動，說，羅慧娘與莫貞娘當年如此恩愛，在他患病沈重之時，力言決不負恩改嫁，想不到如今肯為他撫孤守節的，卻只是他當時未曾看在眼中的丫鬟碧蓮。於是他將皇帝所贈的一品夫人誥封，給了碧蓮。適在此時，馮雄也已高中殿試第三名探花，也有給予母親的誥封。由於他的嫡母羅氏與生母莫氏在他貧窮困苦時都不肯接濟他，母子情義早絕，此時也將誥封給了碧蓮。碧蓮同時得了父子二人的誥封，因此此劇取名為「雙官誥」。論其情節，陳二白所編撰的此劇，整個故事完整明白，其中並沒有平劇「雙官誥」故事之矛盾牴牾，於故事人物之個性刻畫亦甚為清楚。所感到缺憾的是，全劇太覺冗長而缺乏緊湊突出之感，平劇「雙官誥」之所以要將它改編刪節，未始沒有道理。只是，改編以後的平劇「雙官誥」，叙事疏漏而破綻太多，當然也不是成功的作品。

綜觀陳二白所原撰的「雙官誥」故事，其重點完全在表揚丫鬟碧蓮之志節高尚，不肯如羅慧娘莫貞娘之因貧窮易志變節，所以她即使家徒四壁，在窮無隔宿之糧的困難情形之下，仍然要為馮琳如艱苦守節，撫養遺孤，以資延續馮氏家門的香煙。這種守貞不二的節操，求之於禮義仕宦之家，已是十分不易，如今竟出現在一個貧窮出身的丫頭梅香身上，看起來自然更加使人感動。辭海「雙官誥」一條以為這是明朝楊善的故事，乃是因為楊善在英宗北狩之後，曾被景泰帝派往瓦剌擔任談和專使，靠著他的能言善道，竟說服了瓦剌的也先，將英宗以禮送回，因此在英宗復辟後頗見寵信，除此之外，楊善的生平並沒有與「雙官誥」主角馮琳如再有相似的地方。《小說考證續編》所引的《閒居雜抄》，又以為此是繼于謙之後出任兵部尚書的陳汝言，或陳汝言之後的馬昂，因為馬與馮二字相近，或者馮琳如即是馬昂的假託云云。凡此俱是揣測影響之說，不足憑信。因為故事中的馮琳如以被黜革的生員遽擢用為兵部尚書，在明朝從無此例；而且林喬雖然對馮家懷恨甚切，也不能以一個現任的職官身分，公然指使家丁，將馮琳如憑空毆死的道理。所以，縱使何碧蓮守節撫孤的故事果有其事，其中的故事情節亦必定有了甚多的穿插妝點，決不可能便是百分之百的真人實事，更不可以出以膠柱鼓瑟的態度從旁附會。只是，「雙官誥」的故事在後來曾使清代名臣陶澍為之感懷身世而黯然神傷。倒是大可提出來，談的掌故材料。

陶澍，字子霖，號雲汀，湖南安化人，清仁宗嘉慶七年進士，由翰林院編修累官至兩江總督，道光十九年卒於江寧任所，賜諡文毅，入祀京師賢良祠。陶澍之所以能被稱為清代名臣，是因為他在道光五年出任江蘇巡撫以後，便能力任艱鉅，以漕糧海運之法解決蘇州、松江、常州、鎮江、太倉等四府一州累年困難疲累的漕運問題，福國利民，澤被蒼生。至道光十年擢任兩江總督之後，又復能排除一切公私阻力，以票鹽法整頓兩淮鹽區一百數十年來的積弊，不但將公私侵漁及官鹽滯銷而私鹽盛行等等弊端一掃而空，而且將每年應納的正雜鹽課釐剔清楚，自道光十年至十八年，凡徵完鹽課二千六百四十餘萬兩，使得嘉慶、道光以來幾成不治痼疾的鹽法，為之澈底改觀，對於政府財政的收入裨益極大。郭則澐撰《十朝詩乘》說：

「陶文毅督兩江，始創淮北票鹽之議，而敬文愨力成之。迨道光三十年，淮南亦一律改票。魏默深詩云：『但有公廚總聚羶，斷無百載不更弦。書陳蠹要三薰沐，衣舊蟣須九澣煎。甲乙海王微管束，下中田賦貢揚篇。鼎新革故神明事，鹽漕何人破舊筌？』蓋百年來淮商據爲利藪者，至是頓革。』

另據清朝野史所載，由於陶澍之整頓鹽法，淮鹽之積弊盡除，以致向來倚賴揚州鹽商為生的士紳官吏盡失其利，對陶澍恨之刺骨。為了發洩他們的怨恨，揚州人至有在紙牌上畫一桃樹，另畫一伐樹之人，以隱寓詛咒陶澍之意的。對於如此這般一個正直廉能的好官，正史野史中當然都不乏有歌頌讚美的文字。但若不是陶澍在看戲時對「雙官誥」中女主角碧蓮姐的堅貞苦節倍感神傷，以致在不知不覺中透露出他內心中的無限隱痛的話，我們對於陶澍早年生活中的一段傷心往事，還無法知悉其中的底蘊哩！我們中國人讀史論人，講究隱惡揚善，尤其在勸懲故事中常寓有鼓勵好人出頭的意思。基於這一傳統思想，關於陶澍的這段故事，就更加值得提出來一說。

據清人梁恭辰所撰《池上草堂筆記》說，清宣宗道光八年時，陶澍正在江蘇做巡撫，梁父章鉅則在蘇州做藩司。清朝的制度與民國不同，江蘇一省有兩藩司。一稱江寧藩司，與兩江總督同駐南京；一稱蘇州藩司，與江蘇巡撫同駐蘇州。陶澍與梁章鉅同是嘉慶七年的同榜進士，這年九月，恰好他們的另一個同年進士朱士彥由浙江學政滿任還京，船過蘇州，陶、梁二人以同年身分設席公讌，同時更招伶侑觴，演劇娛賓。由於朱士彥是讌會中的主賓，當然要請他點戲。而朱士彥所點的，正好是這齣「雙官誥」。梁恭辰記述當日的演劇情形說，當台上正演雙官誥至後半段之守節撫孤及夫妻相會，一家團圓時，「文毅垂淚承睫不能忍」。士彥睹狀，亟語梁章鉅說：「此我失檢，忘卻雲汀家亦有碧蓮姊也。」據說，這一天在撫署中看戲的觀眾，上下共有一百餘人，見此情狀，幾乎人人都不看戲而轉過頭來看陶澍的表情。由於這一緣故，陶澍早年生活中的一段傷心往事，終於也流傳開來了。

陶澍在後來雖然做到官居一品的三省總督，他的家世卻是出身寒微。由《陶文毅公全集》之後所附的〈文毅陶公行狀〉中見之，他的曾祖父崇雅，祖父孝信，都是沒有功名出身的「白丁」；直到他的父親必銓，纔因讀書而得為當地縣學中的一名秀才。清代的秀才，必須挨到「出貢」後方能被選為縣學中的教諭，如果未出貢也未考上舉人，就只好以教讀為生，俗稱為「處館」。陶澍的父親，既不曾中舉，也不曾出貢，因此他家的生計就只靠他父親教學生的束脩收入維持。陶必銓生陶澍及其弟陶溍兄弟二人。由於家中貧窮而陶澍又是居長，所以陶澍有幸運入學讀書，而其弟陶溍則只好扛著鋤頭在鄉間種田。《陶文毅公全集》中有〈亡弟子晉哀辭〉，說：

「幼值家落，歲且歉，府君攜余館於外，留弟就村塾肄業，一載輒廢。嘗隨先母黃安人持筐採藜藿以食，行坐靡不偕。未幾，安人棄世，府君方綜理安化學宮事，旋館益陽，饔飧給於人，勢不能以兩子往，故弟遂廢學，與諸從兄之業耕者伍，長鑱短鍤，朝出暮歸，府君心竊憐之。」

這段文字不但寫出了陶澍之弟子晉之因家貧輟學，也極清楚地描寫出了陶澍早年的家庭生計情況——陶澍隨父就館在外，其母攜弟妹家居，由於饔飧不繼，至於必須以採食野菜果腹。貧寒之狀況如此，讀之令人酸鼻。另外在陶澍所撰的〈顯妣黃安人行述〉中，這種境況描寫得更為清楚。「行述」云：

「居平茹苦若薺，歲饑采藜藿以佐食，或數日釜炊無顆粒，未嘗形諸口。大人性不耐家事，每歲客異地，安人以所旨蓄儲之餅，俟其歸而食之。以故安人在日家雖貧，大人亦自忘其貧至是也。」

陶澍早年的家庭生活雖然貧苦如此，而當時的社會習慣通行早婚，男女雙方在十多歲時便要訂親，只要家境稍為過得去的人家，都不例外。陶家的境況雖然並不寬裕，但因陶父具有秀才身分，在鄉下也許是個有面子的書香人家，何況陶澍也很早就已啟蒙讀書，有個做秀才的父親教著，將來也不會是個沒出息的人。因此之故，陶澍很早就與當地的黃姓之家訂了親，只是在未曾及齡之前尚未完娶而已。但是這門訂親已久的婚事，在後來卻出了想不到的變化，這在梁恭辰的《池上草堂筆記》中也有記述，說：

「文毅少極貧，初聘同邑黃氏女，有姿色。吳姓者聞黃女姿色，謀奪為其子繼室，以厚利啗黃翁，黃頓萌異志，逼公退婚。公不可，黃女之母亦不願。而女利吳之富，意已決，又其父主持甚力，遂誓不適窮生。家有養婢，願以身代，女之母許之，文毅亦坦然受之，初不相疑，即今之膺一品夫人誥命者也。……」

由於陶澍的嫡配夫人原是代主出嫁的婢女，與「雙官誥」中的碧蓮姐身分相當，所以無怪乎陶澍要因觀劇而淚承雙睫的了。而且這位陶文毅公的嫡配夫人在嫁到陶家之後，所過的生活也還是極為艱難困苦的。

《陶文毅公文集》中有〈祭周氏女文〉，所弔祭的即是黃氏夫人所生的長女瑞姿，後嫁湘潭周氏，道光三年卒，陶澍哭之甚悲，又為文祭之，其中說到瑞姿初生時的家庭情況，是：

「嗚呼！女之初生，太歲在庚，其年鄉舉，余始有名。明年入都，女妹又生，雙瓦在寢，其泣喤喤。女母於時，健婦當門，入臼而爨，出汲以薪。負女以襁，出女於绷，交幅在背，有纏其幐。左鑾右觸，頭角雙崢，以哺以育，以逮於成。」

陶澍中舉人，在嘉慶五年庚申，越二年，亦即是嘉慶七年壬戌，成進士。照上文所說，黃氏夫人所生的長次二女，都是在嘉慶五、六兩年中先後誕生的。明代的俗語，雖然有「窮秀才，富舉人」之稱，但因明清兩代的制度不同，在清代中個舉人，並不能像《儒林外史》的范進中舉人那樣，即刻便有當地的鄉紳來攀交情、送銀子，還有自願投充的下人前來充任奴才婢僕，頓時之間就可使門庭改觀，由窮秀才變成富鄉紳。這其間的差別，是由於明代的舉人可以選官，而清代的舉人不能。既不能選官，自然不會有人前來趨炎附勢。所以，秀才固窮，舉人也不例外。陶澍在中舉人之後遠道赴京應試，家庭生活並未因之而有改善，若不是有這個婢女出身的「健婦」在家親操井臼，陶澍的後顧之憂確實也是很有問題的。原本「雙官誥」第十九齣，末扮老蒼頭馮仁上場，唱云：

〔解三醒〕恨形衰，救貧無計；傷家難，主死人離。止留得碧蓮，爭盡孤兒氣，五六載，熬遍寒饑。我指望乘楦捆履相爲食，只怕哀死蒼頭歲月非。相依倚苦，鉼無儲粟，泣撫孩提。

此時，且扮碧蓮亦上，在合唱前一段之末三句後，碧蓮自唱云：

〔前腔〕禦饑寒，女工微細；痛連年，減食單衣。還虧得嬰孩，食用無多費，聊博個，接濟無虧。只恐聰明懶究詩書義，不爭的衹索糕糜苦攬衣。空虛氣嘆，貧無就熟，撚斷空機。

這兩段唱詞中所描寫的碧蓮與老僕馮仁同心守貧撫孤的困苦情況，宛如陶澍赴京應考時在家食貧撫幼的黃氏妻子，觸景生情，聽起來自然倍覺傷感。這之後，由於家中無米斷炊，碧蓮與馮仁趕工不及，行將有枵腹之虞，碧蓮不得已使馮仁帶同馮雄前往改嫁後的羅慧娘及莫貞娘處，「不拘銀米，借貸些來，權過幾日。」馮雄見到慧娘之後，唱云：

〔忒忒令〕可憐我，孤和寡凄涼怎言，柴共米日逐難免。我庶母啊，因教我來此，要借些餘羨。惟望你，念先人，恤孤兒，垂憐憫，我感謝你不淺。

由於慧娘拒絕借貸，馮雄又向生母莫貞娘求援。卻不料貞娘亦全無情義，反因離家之日曾被碧蓮譏笑，勾起舊恨，大為不快，唱云：

〔江兒水〕不記得相辭日，如何出大言，好不瀾番唇舌，把人輕賤。那貞節牌坊伊家建，這饑寒，何必向吾求援，可知輪不著我誥封榮顯。與你三十黃錢，權當一飡朝膳。

羅、莫二人之絕情負義，嫌貧愛富，與陶澍自己當年的遭遇相比，又無異是黃氏父女之逼迫退婚，負心別嫁，看起來更令陶澍平添無限之感觸。直到最後全局告終，馮琳如平安歸來，馮雄高中探花，二人之誥封並為碧蓮所得，衆人同唱祝辭，云：

〔芙蓉樂〕閨香燦錦霞，畫閣傳盃斝，喜十年困苦，一旦榮華，不枉了撫孤守節連中蕖，博得個子贈夫封錦上花。門風可誇，羨忠孝節義，譜冠名家。

〔朱奴燈〕冰霜盡，枯木再葩，徵應福慶衍無涯。男並高冠女五花，垂國史千秋佳話。天家感皇恩，游加遥頓首，九重闕下。

〔尾聲〕閨中殷鑒如描畫，普天下賢妻休訝，莫讓那婢女揚名道，正室差。

這幾段唱詞，不但將矢志守節的婢女碧蓮描寫成了名垂青史的閨中奇女子，也罵盡了那些貪富嫌貧的賢妻正室，到頭來竟尚不如一名婢女之篤守貞節，不慕榮華。何碧蓮的遭遇和最後所得到的福澤富貴，和陶澍的「婢女之妻」十分相似，誠所謂是「閨中殷鑒如描畫」，足可使普天之下的賢妻正室為之氣短，而梅香婢女則吐氣揚名。因為事實十分湊巧，那位嫌貧愛富的陶澍原聘之妻，到後來的遭遇，竟比「雙官誥」中負心別嫁的羅慧娘與莫貞娘還要不幸。這一段故事，也見於梁恭辰的《池上草堂筆記》，說，黃女在退婚另嫁吳姓之後，「吳姓恃富，又佔曾姓田，兩相讐鬥，吳子被毆死，吳翁亦繼卒。族中欺黃女寡弱，侵呑其田產殆盡。時文毅已貴顯，以丁外憂歸里，始悉其顛末。憐黃女在窘鄉，贈之五十金。黃女愧悔欲死，日抱銀號泣而不忍用，旋為偷兒竊去，而自縊。聞文毅今尚每年周恤其家不倦云」。陶澍原聘之妻的不幸遭遇，正好襯托出陶澍的糟糠之妻慧眼有識。然則陶澍原聘之妻之所以有後來的不幸遭遇，亦正是嫌貧愛富的自然結果，與傳說故事中的朱買臣之妻無異，無可追悔。不過，由「雙官誥」中的碧蓮姐連想到自己的糟糠之妻，陶澍對她當年的委身相許，應該只有更多的感念。其所以在看戲之時「淚承睫」而「不能忍」者，正是因為有這雙重的感觸吧！

按，陶澍在嘉慶七年成進士，朝考點庶吉士，至嘉慶十年散館，授職翰林院編修。適在此時，其父必銓病故，陶澍循例丁憂。此亦即是上文所說的「時文毅已貴顯，以丁外憂歸里。」然則黃氏聘妻之自改嫁以至失意，亦不過只是五六年間的事情而已。明清時代的翰林，乃是朝官中的清華之選，宰相尚書，大多由翰林出身。黃氏聘妻正在失意之時，忽然看見當年所目為窮措大的酸秀才竟然已成了翰林，自覺彼此間的身分已有雲泥之別，而其由來則只是由於當年的一念之差，此時的失悔與羞愧，自然是十分難堪的了。其實清朝的翰林仍是窮京官，尤其是尚未開坊的編修、檢討等官，祿入菲薄，而京中的生活費用又十分昂貴，若無放學政，點考差的機會以資沾潤，窮翰林的苦日子仍是十分難挨的。鄉下人以為點了翰林就是十分貴顯的尊官，那就是太不明瞭實際情形了。

# 八國聯軍佔領下的北京城

清光緒二十六年歲次庚子，中國北方掀起了一場空前的巨變，先是義和團大殺洋人及圍攻使館，繼之則是八國聯軍的武裝入侵，其情形很有點像是今天出現在伊朗的回教極端派革命分子的作為。不過，庚子拳亂為中國所帶來的災禍極慘，今天的伊朗情勢將會如何演變，則尚是未可逆料之事。

八國聯軍於庚子年陰曆七月廿一日攻入北京，慈禧太后挈帶光緒帝、后與少數宮眷，倉皇逃出京城，當晚逃到貫市，兩天之後抵達懷來縣。根據野史所記，當慈禧光緒等一行抵達貫市時，在路上整整一

八國聯軍向北京進軍

聯軍佔領北京後舉行勝利入城式

天沒有東西可吃。「民或獻蜀黍，以手掬食之。」「時天寒，求臥具不得。村婦以布被進，濯猶未乾。夜燃荳萁，人相枕藉而臥。」到了懷來縣，知縣吳永將他亡母柯太夫人所遺的呢夾襖及自己的舊馬褂藍夾袍進呈，太后與皇帝方有禦寒之衣。當時情況之狼狽，由此可見。太后與皇帝狼狽出奔，面子上當然很難堪。為了顧面子，明明是逃命落難，公私載籍還不肯據實直書，還一定要冠冕堂皇地稱之為「出狩」。所以，關於這一段歷史，史書上稱之為「庚子西狩」。這且不去說它，可怪的是，自從太后和皇帝狼狽逃出京城之後，一直到光緒二十七年十一月「回鑾」為止，整整有一年多的時間，史家的記事之筆，都把筆頭子指向皇帝和太后臨時駐蹕之地的「行在所」──西安，以他們的言行舉動為記事的重心，而毫不記述被皇帝和太后所拋棄的京城──北京，在這段時間之內究竟是何光景。以致時間隔了將近一個世紀之後，我們簡直不能清楚明白的知道，在這段時間之內的北京居民，與留在京中未及逃出的文武官員，究竟過的是什麼樣的生活？

## 一個十分恐怖的人間地獄？

英國人樸笛南姆威爾寫過一本《庚子使館被圍記》，根據此書的記載，八國聯軍攻入北京之後，北京頓時成了人間地獄──聯軍士兵在城中恣行姦淫擄掠，樸笛南姆威爾本人即是其中的一分子。他們以勝利者的身分持槍橫行於城中，見人則任意打罵或槍殺，見物則搶劫，其行為之粗暴殘酷，毫無理性。其最後則是士兵們都搶到無數的銀洋與元寶，巨家宅院中的書籍古玩與珍貴磁器等，則被任意踐踏破壞，其混亂殘破的情形，令人慘不忍睹。中國方面的文獻紀錄，亦有類似的記載。如羅惇曧所撰的《拳變餘聞》說：

「聯軍入城後，搜殺拳匪，尸山積焉。城內外民居市廛，已焚者十之三四，聯軍皆大掠，鮮得免者。珍玩器物，皆掠盡；其不便匣藏者，則賤值售焉。婦女慮受辱，多自縊，朝衣冠及鳳冠補服之屍，觸目皆是。其生存者，多於門首插某國順民旗，求保護。」

又，柴蕚所撰的《梵天廬叢錄》卷三〈庚辛紀事〉云：

「怡親王為某國兵所拘，既加箠楚，復令為諸兵浣衣，督責甚嚴，卒以困頓不堪而自裁。克勤郡王與慶部郎寬，同時被拘，楚辱備至。使同駄死尸出棄之，日往返數十次，不准稍息，日食以麵包一枚，清水一盂。二人頤養素優，不耐其苦，數日後，乘隙往訴於李相少荃，哭求設法。李無如何，慰而遣之。啟秀初為日軍拘禁，既因母死，李相為之緩頰，請放假十日，俾歸治母喪。日軍許之，惟恐其逃逸，仍以綆繫其一手，使人牽之偕行。啟治喪已，往見慶王，慶王諷以微詞，啟不省，仍退而就禁。崇綺則於城破後僅以身免，其眷屬盡為聯軍所拘，驅諸天壇，數十人輪姦之。崇子葆公爵知之，憤恨無地，即自縊以死。崇奔保定，居蓮池書院，仰藥死。崇家本富，素究服飾，其所有衣服三萬餘襲，盡為聯軍所得，寸絲尺縑無遺。」

由上面這些文獻紀錄的內容，使讀者大致可以產生一種不甚明確的印象輪廓，即是說，八國聯軍佔領下的北京城，乃是一個十分恐怖的人間地獄，遺留在北京城的居民，所過的簡直是水深火熱一般的生活，暗無天日，淒慘無比。但是，這究竟是當時的真正情況麼？

自光緒二十六年陰曆七月廿一日聯軍攻陷北京，到光緒二十七年十一月二十八日帝后回鑾，中間相隔的時間有一年四個多月。北京城中的居民，會長時間置身在這種暗無天日的地獄中麼？推想實際情形，一定不會經常如此。人們之所以會作此想像，當然是因為有關這方面的文獻資料太少，單憑前述諸種籠統概括的傳聞報導，不免會產生這種模糊恍惚的不確實印象。若是我們肯致力搜求比較可信的有關資料，所得的結果一定不致如此。以筆者現在所能看到的資料而言，就應該可以得出這樣的結論。

## 葉昌熾和高枏的日記暴露實況

光緒二十六年七月廿一日聯軍入京，皇帝與太后倉卒間微服出奔，當時能夠得知此一消息而迅即追趕前去扈從隨駕的，只有很少數的高級或親信的王公大臣及近侍官員；由於消息隔膜而無法隨扈，或是因為缺少逃難費用而無法隨後逃出的京中官員，尚有數百人之多。這些人之中，總會有人把此一時間內的所見所聞紀錄下來。能夠掌握這些原始而直接的資料，再與外國新聞的報導參互比較，一定可以窺見淪陷後的北京城中，究竟是何光景。在這方面可以舉出來作參考的，一是葉昌熾的《緣督廬日記》，一是高枏的《庚子日記》；此外則日本人佐原篤介所輯的《拳亂紀聞》，其中也有當時人親見的若干事實紀錄。

葉昌熾與高枏，都是光緒十五年己丑科的翰林，光緒廿六年拳亂發生時，同在翰林院中供職正七品的「編修」，即是俗稱翰林。聯軍攻陷北京後，葉昌熾一度逃往昌平，但旋即於閏八月初七日由昌平遷回北京，其實際在外避難的時間只有一個半月。至於高枏，因為是窮翰林而又家口繁重，在拳亂發生後多數京官紛紛請假出都時，他沒有法子可以逃難，只好留在京中，以不變應萬變。這兩個人的日記資料，可算是現在所能看到的最有價值的原始材料了。尤其是高枏的日記，從拳亂發生以迄帝后回鑾，中間一日不缺，其參考價值更高。但是，就在高枏的日記中，我們可以看到幾段與柴萼〈庚辛紀事〉完全不同的記載。一是關於啟秀的，一是關於崇綺的。

## 洋人心中的「首禍」人物

庚子拳亂，一方面固然是由北方民間普遍仇視教民的心理而起，另一方面，慈禧太后意欲廢光緒立溥儁，而因外國公使的反對以致未能成為事實，由是而遷怒及於洋人，進一步想利用義和團的仇洋心理來達到她排斥外國勢力之目的，雙方互相利用，於是方能使義和團運動由民間發展到官方來。在這種演變過程中，徐桐和崇綺，是兩個極重要的人物。他們都因為希圖「援立」而迎合慈禧的心理，視光緒如眼中之釘，大阿哥溥儁雖然尚未正位，這兩個野心家卻已被列名於「商山四皓」之中，成了溥儁的佐命元勳了。拳亂劇烈時，徐桐並且主張多殺幾個許景澄、袁昶這樣的「二毛子」，好為天下除害。因此之故，徐桐和崇綺一直被洋人視為是釀釁啟畔的元兇首惡之一，與剛毅、載漪、載勛等人厥罪惟均。至於啟秀，雖然出身翰林，卻胸無點墨，為了希圖顯達而攀附徐桐，被徐桐視為得意門生，薦舉他出任禮部尚書、軍機大臣，雖不學無術而居然位至顯要。聯軍入京，徐桐來不及逃走，他的兒子刑部侍郎徐承煜深怕洋人或者會因徐桐之故而禍及全家，因此竭力攛掇徐桐上吊而死，他自己則洋洋然自以為得計。但徐桐雖死，洋人對徐承煜的生平作為一樣深惡痛絕，以致他與啟秀依舊成了洋人心目中的「首禍」人物，暫時的寬弛並不能擔保他們此後的安全，後來情勢的發展，即是如此。

因庚子拳亂而來的中外和議，開始於慶王奕劻及李鴻章被派為全權大臣，回到北京來與各國使臣展開接觸之後。聯軍方面，最初要求滿清政府應先將禍首交出，然後才能正式開議，但慈禧太后堅決不肯答應。磋商至再，無論是硬逼軟索，慈禧太后方面，始終只肯作點點滴滴的讓步。這就使聯軍方面十分憤怒了。他們抓不到躲在西安的載漪、載瀾、載勛、剛毅、英年等等縱拳排外的禍首，就將注意力轉移到此時仍在北京城中居住的啟秀和徐桐之子。高枬日記敘述啟秀和徐桐之子被捕事，見於光緒二十六年十二月初九日及十一日兩天的記事。初九日記云：

「九愚奐如先後來。奐如言，徐三、徐八、啟秀被拏至府尹衙門。由此看來，出兵三千之爲禍首，明矣。不然，徐氏現爲日本保護，何爲而忽拏之乎？」

八國聯軍佔領北京之後，各國畫疆而治，略如二次世界大戰後四國分佔柏林一般。徐桐的住宅在東交民巷旁，此時是日本佔領區，而高枬住在半截胡同，屬美區，彼此往來不便，所以有很多事只有得之於聽聞。同日續記云：

「夜催茂萱來，以其曾到賢良寺也。據言：三千迎鑾，無其事，拏二徐一啟，是八國照會。初八天將明，日兵六十圍其門，踰牆而進，問明是徐中堂幾子，然後拏去。辦禍首不爽快，故各國於所指目最要之人，自行辦理，而辱國則已極矣。」

## 「而辱國則已極矣」

清朝的內閣大學士，習慣上被稱為「中堂」。徐桐做過體仁閣大學士，所以「徐中堂」就是徐桐。上面這條日記，明說啟秀與徐桐二子之被聯軍所捕，是由於滿清政府對於聯軍要求懲辦禍首之事「不爽快」，所以才在佔領區內自由行動。可知此事假如由滿清政府自辦，就決不會如此丟面子。而由高枏十二月十一日的日記看來，啟秀之被捕，情形更加可笑。日記說：

「孟甫約飯，爲奐如壽。茂萱後至，因徐氏一家無計，兩次請往。其被拏也，因啟秀欲赴行在，四處僱騾車，使館知之，用八國照會拏去。徐侍郎平日刻待下人，近日又車馬往夕照寺，爲乃父諷經，自以爲孝。而所住又大宅，遂有謂其宅中曾住義和團者。」

徐桐宅中是否住過義和團，是另一件事，而啟秀在這時居然要四處僱用騾車，以便離開北京前往西安「行在」，此時如再不逮捕，勢必要連這一個首禍之人也告免脫了。由於有這些原因，所以啟秀與徐承煜終於不免因此而被捕。啟、徐被捕，李鴻章及奕劻亦曾將此情形電達西安清政府，清政府即要求李鴻章及奕劻照會各國將啟秀及徐承煜交回，自行法辦，以顧全中國的體面。但洋人不理，逕自在光緒廿七年的正月初八日將二人綁赴市曹，照中國的辦法斬首示衆，這就是高枏日記中所說的「而辱國則已極矣」了。關於這一件事，高枏和葉昌熾日記中都有類似的記載。高記云：

「初八日，啟、徐以索禍首終於市口。無故而啟衅，且喪身，亦可憫已。」

葉記云：

「初八日，再韓、經士招茗飲，劫後第一次小集，欣然願往。及驅車出宣武門，但見洋人怒馬而馳，兩旁觀者如堵牆，知爲啟、徐兩君正命之期，急命御者從鐵門出，繞果子巷折而西。車中俯仰今昔，慘然不樂，積肴滿前，不復能知味矣。」

綜合這些記述，可知啟秀之所以為日軍所拘，是由於各國的照會要求；而各國之所以要求日軍拘捕啟秀，則是因為清政府對懲辦禍首的行動太緩慢，不能滿足各國要求。而啟秀既是禍首之一，又恰巧居住北京城中，為洩忿計，遂不顧清政府的反對而直接將他拘捕，判處死刑之後肆首市曹，雖然辱中國太甚而在所不計。由此而言，則啟秀並非日軍所無理拘捕，而其取死也，亦正復有故。至於崇綺，則其情形又不一樣。

## 崇綺推波助瀾，陰謀廢立

前面曾經說過，徐桐被他的兒子徐承煜所攛掇而後自縊，此與崇綺之死，似有異曲同工之妙。因為柴蕚的〈庚辛紀事〉雖說崇綺之死是由於留在京中的女眷盡遭聯軍姦污，其長子至於自縊，消息傳到保定後，崇綺因此也服毒而死；但這畢竟只是單方面的記述而已，在其他各種文獻紀錄中都不作如此說法。《清史》〈崇綺傳〉敘述北京城破後崇綺一家的遭遇，是這樣的：

「崇綺妻瓜爾佳氏，先於京師陷時，預掘深坑，率子散秩大臣葆初，及孫員外郎廉定、筆帖式廉容、廉密、監生廉宏，分別男女，入坑生瘞，闔門死難。」

照此說法，則所謂崇綺一家的女眷「盡為聯軍所拘，驅諸天壇，數十人輪姦之」的說法，根本是不存在的了。高枬日記記此，則有更深一層的內幕。日記十二月初七日，記云：

「徐老八出來乞人作哀啟。人詢其父盡節情形，則初就縊而兩子跪送，可哀也亦可憫也，憫其蠢也。徐言：宗山去年獨對，定計行伊霍故事者也，故葆效先逼其家人活埋，並及其堂弟，恐翻案而赤其族也。寫一遺章寄乃父，乃父乃自盡於蓮池。」

「宗山」二字合起來是「崇」字，所以宗山就是崇綺；至於所謂「伊霍故事」，則是指歷史上伊尹放廢其君太甲，及霍光廢昌邑王而立漢宣帝的故事，借此比喻拳亂發生之前，慈禧太后有意廢光緒而立溥儁的那一段往事。慈禧欲廢光緒而立溥儁，一般多以為其起因是由於慈禧對光緒不滿，而端王載漪覬覦大位，從中多方媒孽之故，現在纔知道其中更有崇綺之推波助瀾。崇綺在這件廢立陰謀中既然有過推波助瀾的作用，一旦朝局反覆，其不免擔憂因此而招來滅門之禍，亦正是應有之事。於是乎其子葆初倡議，全家男女老幼一齊跳入預先掘好的深坑中活埋，既可逃避後來的不測之禍，又可博得為國殉節的美名，而崇綺遭此打擊，就活不下去了。《清史》〈崇綺傳〉說他自縊於保定的蓮池書院，也就是高枬日記中所說的「蓮池」。以情理推測，葆初逼迫其全家老幼一起活埋的動機，很有此可能，較之《清史》〈崇綺傳〉所說，純為盡忠全節而死的說法，也遠為合理。此外，則高枬日記中另有一條說到葆效先其人之行為，更可使人錯愕驚駭。日記十一月廿八日，記云：

「葆效先易姓名上西山。致其父於死，而己脫然事外，祝髮空門，亦黠矣哉！」

果真如此，則這一個商山四皓的兒子葆初，也像另一個商山四皓的兒子徐承煜一樣，乃是希望以其乃父及全家之死，為他自己開脫一條活路的。用心如此惡毒刻薄，真可說是報應循環。然而，這也就更加證明了柴蕚〈庚辛紀事〉中的說法，實在太不可信。

## 且看高枏的日記

筆者之所以不憚煩勞，瑣瑣辨析柴蕚〈庚辛紀事〉中的錯謬，目的無非在證明，有關庚子拳亂時八國聯軍攻陷北京以後的種種報導，其中屬於耳食之談的錯誤記載，實在太多，即此兩端，當可想見其他。高枏《庚子日記》中有一條說：

「彥康來言：乃父十三上班，今日歸寓，前門由人出入。可知所謂稽察嚴者，皆所遣人畏不敢往，歸而捏造之言也。」（光緒二十六年七月二十六日記）

八國聯軍於光緒二十六年的七月二十一日攻陷北京，到二十六日已有五天，一般的說法，都以為這一段時間正是聯軍甫經進佔，城中秩序最為混亂的時候，一切燒殺擄掠及奸淫強暴等等惡行，都以這一段時間最甚，所以不但各種謠傳蠭起，城中居民閉門躲避，不敢輕易外出。而據此云云，則謠言之來，分明是由於人們的猜測與捏造附會而起，與真實的情況尚有很大的距離。聯軍攻陷北京之初的真實情況，是否便如前引英人樸笛南姆威爾所說的遍地燒殺，恣意奸淫擄掠呢？若由高枏日記看來，似乎尚不致如此之甚。雜引數條如下，藉以覘見一斑。

光緒二十六年七月廿一日記：「晨，黃二出街，歸言洋兵甚多，昨夜宿前門外，今晨入前門插旂。……晨至午，炮聲不如昨夜之壯，而亦未斷。劉元親到前門，見洋兵白者百餘，乘馬，黑者數百，乃步卒，旂紅色白邊。遇小孩在旁，反笑而捫其辮，劉元與致摘冠禮，彼亦反敬。步卒駐瑞祥麟一帶。……黃柏香撕去門條，走至蘆溝，聞甘軍餘軍劫人，乃返。大街上舖户全開，謂劫人之兵全行也。金郝兩車夫欲歸其家一看，不敢行。午親去前門，歸曰：『洋兵規矩，不搶不殺，但不可見之亂跑，跑則鎗隨之。』」……

七月廿二日記云：「街上人聲嘈嘈，出看則米市胡同當鋪被劫，後門在繩匠胡同。洗澡堂瀾胡同回子紛紛前往摟物，絡繹不絕。有一人從北頭來，問之，言從城裏出，德勝門被二毛佔（原注：土人總以洋兵為二毛），順治門亦未開，專留西直門，於天見亮時放人出，出者頗多。黃柏香出走，被亂兵阻回。今晨搶當鋪，其管家首先奮勇，劫得貂皮花衣等物，黃固幫辦中城者也。……劉元飯後到前門，歸言：前門大街無一中國人，純是洋人。亂民全搶當鋪綢店，洋兵旁觀，挾物走者命開包與看，有銀則拿去，餘則否。南城惟春元當未搶，掌櫃請已散之練勇六十名保護。孟甫處前半月冉姓者言，洋兵在津，殺洋學生三百餘，俄英兵又糟蹋婦女。今已二日，不聞此等事。……洋兵搜得莊府所藏拳匪名册，挨門查問。官宅不甚查，舖户小家，一問而已，遠不及拳之生事酷烈。

謝承皐以非族而畏之，而乃廓落如此，意不在此歟?……被劫之人皆因無人，或留守人太少。本街除予宅外，皆無人焉。本日搶當鋪六家，米市胡同一，南横街二，大街一，純匠一。順治門內火似在四牌樓。」

七月二十三日記：「往大街賣菜人漸多。在對門剃頭。有穿青褲盤大髮辮於頂者，問煙館何處?剃匠告以煙館關閉，乃去。剃匠曰：此甘軍脱號褂者。……吏部供事言：洋兵入城，無理之者，乃燒東華門；仍不理，乃燒太廟。……喬宅亦插白旂，擦去銜條長對。洋兵一，入搜上房玉圈並堯生小表以去。又聞凡擦銜條者洋兵多入，然較甘軍，武衛軍、虎軍文雅多矣。……」

七月二十四日記：「中城陳遣一差官入前門往東，洋兵阻之，且搜其身，仍不令前行。往陸鳳翁處則虛無人。見西華門內洋兵甚多。又言神武門亦燒。晦若、叔晉來，言王蓮孫家被焚。徐花農同曾慕濤出城被劫，曾家丁死二十四人，徐宅被人引洋兵入，翻箱倒篋，刁其樓板。……有洋官晤曾君和，言甚望即刻了事出城，以圖舒服。不然，兵在此，恐不免入人屋，見小東西亦有拿者。」

七月二十五日記：「洋人出示安民，囑居民照常買賣，毋得驚恐，有雞鴨送先農壇。後書西歷若干年，中歷光緒二十六年。……朱艾卿家人在街送信，遇洋兵，使挑雞鴨送先農壇。親見所焚棉被等物，皆其兵丁在民間攜歸者也。洋兵官在天橋正法摟物洋兵四名。」

七月二十六日記：「賣食物者有人，賣雞鴨二人，賣肉者二人。昨今兩日，小菜價漲一半。有買賣不做，但搶小糧食店，搬運空屋木器。紀河間最恨京人詭譎，顧亭林恨北人懶惰，不虛也。回民各負口袋，在街東西望，凡糧店貿易店無多人，即劫之。正搶大街口磁店時，洋兵忽見，持鎗逐之，紛紛逃散。」

## 且看葉昌熾的日記

由七月二十一日至二十六日，正是舊的統治權力瓦解，新的統治權力尚未建立的空檔，所以不但洋兵要乘機搶掠，中國自己的亂民更要趁火打劫，發國難財。這大概是一般的情形，每當朝代傾覆，便有無數的窮苦老百姓出來大肆劫掠，搶富户、搶當舖、搶糧食店、搶綢緞店，或者是什麼都搶，一直要到有新的統治者出來維持秩序，禁止搶掠，這一幕天下大亂的場面才會宣告停止。北京城被八國聯軍佔據之後，城內的治安一時未見恢復，所看見的便是此一光景。雖然其間當然也有洋兵的搶劫殺戮，但若由上面的記述看來，卻居然是其中的少數。上文所說到的「中城陳」，乃是清政府所派的巡視中城監察御史陳璧，字玉蒼，後來陞授順天府府尹。「晦若」是于式枚，「花農」是徐琪，「陸鳳翁」則是陸潤庠，都是清末比較有名的翰林人物。

高枬日記的北京淪陷初期情況，如以葉昌熾的《緣督廬日記》相參看，頗可以補足彼此間的缺略。因為高枬所記多是北京外城的情況，而北京內城乃是旗人的地區，所遭遇的情形並不一樣，

《緣督廬日記》對於這一部分恰好有頗多的記錄，彼此配合起來看，所得到的觀念就比較完整了。《緣督廬日記》，光緒二十六年七月廿七日記云：

「自城中來者皆言，九門各有洋兵把守，盤詰甚嚴，團民弁勇，皆殺無赦。或云：焚殺甚慘，城中已一片瓦礫。或云：市肆不改。言人人殊，當是各國各分疆域，待我漢人旗人亦不同耳。」

上面的這段話，引述來自京中之人的傳述，雖彼此矛盾，其實卻已指出原因所在，乃是由於各國自分疆域，對待旗人與漢人的待遇互不一樣的緣故。這一點，在以後的日記中更有極明白的交代。如七月廿八日記云：

「奴子入市，遇書估譚篤生二十六日自京來，云：各國以前門爲界，外城前門東爲俄法，西爲英美，內城東爲德國，西爲日本。英美政寬，俄法政暴，故西城尚有完善之區，東城已寂無人跡。此次兵禍，旗人職爲厲階，故各國視之若仇讎。八旗子弟之隸兵籍者，婦人之旗裝者，被禍尤酷。洋兵入室，金銀時表外無所取，聞亦翻箱倒篋，但不至傷人耳。又有人言，今日洋人已禁止殺掠。」

又，九月十七日記云：

「復生來久談。寓西華門內養蜂夾道，城破之日，洋兵殺人無算。綺華館機匠，蘇州鎗斃十一人，杭奧各有遭劫者。但聞鎗砲轟擊聲，婦稚呼救聲。街上屍骸枕籍，洋兵驅華人舁而埋之，畚鍤既畢，即將舁屍之人盡行擊斃，亦埋坑中。旗人多舉火自焚，或闔室雉經。大約禁城之內，百家之中，所全不過十室。今高門大宅尚有虛無一人，而遺屍未斂，蛆出於外者。雖《青燐屑》、《揚州十日記》何以過之？相與太息。」

又，十一月二十日記云：

「謁崑相師，初出由西華門進，穿西苑，渡金鰲玉蝀，出後門。一路廛肆，盡付焚如，八旗閥閱，無不自內達外，曠無人居。此次旗人肇禍，受禍亦旗人最酷。東四牌樓一帶，則百貨駢闐，如入五都之肆。……」

## 城中無米，吃「二合飯」和窩窩頭

將這幾條記述合起來看，就可知道，八國聯軍入京以後的報復洩憤對象，主要就是住在內城的旗人。所以不但旗人男婦殺戮最慘，居處亦多遭焚毀，以致在大亂之後，八旗閥閱之家的高門大第，都只剩一所洞達內外而中無所有的空殼。旗人婦女為了害怕洋人的蹂躪，事先闔門雉經。未死的男人，亦被洋兵拘作苦役，雖貴為親王不免。由此而言，說北京在聯軍破城之後曾經慘遭焚掠破壞固然不錯，說它是市肆不驚而民居無恙，亦不能說完全不對，因為這是北京內外城及各國佔領區中的不同景況，不能一概而論也。高枏住在北半截胡同，屬美國佔領區，與英國及日本佔領區毗連，所見到的都是比較安定而有秩序的情形，無怪乎要與一般的傳說大不一樣了。然而，這應當便是當時的事實，不可能將之一筆抹煞的。

八國聯軍攻佔北京以後，北京城中雖然已歸聯軍掌握，城外的廣大地區則仍有甚多的散兵游勇與拳匪餘衆，時時需要城內派兵出外攻剿。由於軍事行動持續，城內城外的交通往來不能得到平安的保證，所以城外的柴米果菜等物不能充分運入城來供應城內居民的消耗，於是乎城內居民的生活必需品發生了問題。關於這個問題，高枏日記中曾經屢次提到。當時所能想到的解決辦法，不外乎鼓勵商民向城外採購，及由洋兵擔任保護，使能平安運入城中，如此而已。但即使如此，由於供銷失去平衡之故，城中的米價還是十分昂貴，一般商民及留京未去的官員，他們的生活也就受到了很大的影響。高枏日記，閏八月初七日記云：

「白米己丑三兩二錢一石，庚寅大雨後每石三兩六錢。甲午冬漲至四兩二、四兩六、四兩八，以至五兩八。今則六兩二是賤價，七兩二是平價。」

己丑是光緒十五年，那一年高枏中進士，點庶吉士入翰林院，所以他對當時的米價知道得很清楚；庚寅則是第二年，亦即光緒十六年；甲午，則是中日發生戰爭的光緒二十年了。由光緒十年到二十年，北京城中的米價，由每石銀三兩二錢漸次增漲到每石銀五兩八錢，漲幅不能說不大，對京官生活的威脅如何，不言可知。但是到了北京淪陷之後，米價再漲到每石銀七兩二錢，而且政府業已逃到山西，留京的官員沒有俸銀可領，再加上米價高漲，簡直就要使他們成為餓殍了。當時高枏一家賴以度日的方法，是用廉價的小米羼入大米中同煮，名之為「二合飯」，藉以節省開支，勉度難關。其他人家則亦有以高粱或玉蜀黍製成窩窩頭來吃的。

## 也有粥廠與煖廠接濟貧民

這種困苦的生活，一直要到這年九月間，李鴻章盛宣懷等人籌集了一筆津貼匯到京中來發放救濟，方才逐漸得到改善。《緣督廬日記》十二月十八日記云：

「至賢良寺領口數粥。共兩股，一爲合肥所籌津貼款，合十四省京官，人得六十金；一爲盛杏蓀京卿籌濟同鄉之款，僅江蘇一省，人各得百金。以聯票赴匯票銀行取得銀餅二百十二圓有奇，同舟之誼，不爲菲矣。」

高枏是四川瀘州人，他雖然領不到盛宣懷專門接濟江蘇京官的銀子，但是四川同鄉也有錢寄來接濟京中的窮京官，其數目居然比江蘇京官的每人一百兩銀子還多，這才算是讓留京未去的京官們有了續命之湯。至於救濟京中窮苦小民的問題，當時居然也有粥廠與煖廠，悉照北京舊時歷年舉行的舊規。高枏日記，光緒廿六年十月初三日記云：

「煖廠粥廠，洋人照設。有洋兵遇乞丐，則以手指其口，復以手撫其耳，明其有可食之物，可睡之處，招手命隨伊去，而送於煖廠。」

這顯然是純粹屬於救濟性質的社會福利事業了。洋兵佔領北京，本來是出於敵對行為的戰爭，他們沒有理由要顧念中國社會裏貧苦無告的貧民與乞丐，然而他們竟然如此做了，這究竟是他們單方面的舉動，還是與中國官方彼此合作的結果，事實頗難分曉。不過，滿清政府當時雖然失掉了北京，滿清官方的政令，似乎依舊可以在有限度的情況之下行使於北京城中。這在清朝的官修史書中，就有很明白具體的記載。

《清德宗實錄》卷四七五，光緒二十六年十一月庚午記云：

「巡城御史文璟等奏，五城紳董暫立公所辦理交涉，地面漸就安堵。報聞。」

文璟，是光緒二十六年時的北京巡視中城監察御史，滿洲正白旗人，與另一個巡視中城的漢人御史陳璧同司巡城之職，聯軍入京時都留在京中未去。由上面所引的這條紀錄，可以知道文璟和陳璧此時都在設法繼續執行他們的維持地方治安之職務。所謂暫立公所辦理交涉，當然是設立一個辦事處以為對聯軍交涉之用；所謂「五城紳董」，當然是東、南、西、北、中這五個地區的巡城御史與地方紳董合作的意思了。在這個時候，滿清政府與聯軍間的和議交涉尚無頭緒，北京全城在理論上仍然屬於八國聯軍的軍事佔領區。在敵軍佔領區內，戰敗的清朝政府居然能夠設立機構來維持地方治安並辦理與敵人的交涉，這種事實，看起來頗為奇特而有趣。而且不僅如此，見於德宗實錄中的其他記載，似乎還有較此更進一步的積極行動哩！

## 北京城中的地方治安，仍可由滿清官方過問

《實錄》卷四七六，光緒廿六年十二月庚戌記云：

「諭軍機大臣等。御史忠廉等奏，京城內外，棍徒糾黨持械劫取財物，每日數起。且聞四鄉村落土匪入室窮搜，大爲商賈士民之害，亟應設法保衛一摺。著李鴻章、步軍統領、順天府、五城、酌撥所部兵勇，嚴密巡查，協力防範，並慎擇將領，申明紀律，隨時約束，毋任滋事。將此各諭令知之。」

忠廉，是都察院掌京畿道的監察御史，當時也陷身在北京城中。忠廉奏報京城內外匪徒猖獗，而皇帝降旨著令李鴻章及步軍統領、順天府、五城巡視御史等一體撥派兵勇巡查防範。豈不是意味著此時北京城中的地方治安，仍可由滿清官方過問，而步軍統領衙門仍保有若干兵力麼？後面一條的史文，與此亦有相類之處。《德宗實錄》卷四七七，光緒廿六年十二月甲寅記云：

「步軍統領衙門奏：京城地面盜風甚熾，請暫用重典，以彰法紀，而清盜源。允之。」

步軍統領是只有北京城中纔有的官職，在明代稱為九門提督，他的職掌是維持地方治安與緝捕盜賊，有如現代的警備司令。北京淪陷以前，充任步軍統領的是莊親王載勛，淪陷後與慈禧太后及皇帝一同逃走，此刻正遠在西安，而且也正是聯軍所指名要索的禍首之一。為了推行職務，清政府乃另派留京的吏部尚書敬信兼任此職。但此刻的北京乃是在八國聯軍佔領之下，敬信雖然做了步軍統領，究應如何方能執行他的職務，看來頗成問題。由後面所舉的事實而言，他的權力，似乎與巡城御史一樣，有賴聯軍當局之協力行使的。

高枬日記，光緒廿六年閏八月廿八日記云：

「協巡公所板車上街，家中積土用籮筐裝之，板車至，傾其上。看此小小事，亦不容易，有騾有車有人，飼養工食，誰堪獨任，挨户捐錢，多少不等，最難周妥。諸人辦至此，亦費幾許唇舌矣。」

這是高枬日記中首次提到的「協巡公所」，以後雖然尚有，但以這一次的記述為最早。由這一段文字的記述內容看來，所謂協巡公所，似乎是洋人與中國合辦的市政機構。因為在這段文字中所提到的協巡公所，雖然只辦了清除垃圾這一件事，在其他記載中則另外還有巡察地方維持治安之責。如葉昌熾的《緣督廬日記》記云：

「（光緒二十六年十一月）廿三日，訪茝南，遇穎芝，適經士亦在座，倚爐共話，知城外劫案層出。瑕仲所設肆中，前日當張燈之後，有三洋兵闖然入室，搜掠銀錢，瑕仲並爲所毆。穎芝云，劫案之多，由於撤協巡公所；公所之撤，由於五城掣肘，皆陳玉蒼爲之厲階。今玉蒼升署府丞，轉可置身事外，而城南商民，騷然不安矣。又聞，今日城內美界，亦有洋兵八人闖入民家，美巡捕出而掩執，逸其半，獲其半，已解送法兵官，不知作何辦法也。」

## 招募練勇與洋兵協同保護治安

由這一話所記，可知高枏所說的協巡公所，在光緒廿六年十一月間，已因陳玉蒼之作梗而裁撤。裁撤之後，地方劫案更多，其原因似與洋巡捕之退出及華巡捕之工作不力有關。按，陳玉蒼即陳璧，玉蒼乃其表字。陳璧初任中城巡視御史，因勞績奉旨升署順天府丞，其後更升任順天府尹，乃是庚子亂時留京官員中升遷最快之人。所謂「美巡捕」，以事理而言，應該是美國佔領軍中的憲兵。因為當時美國既未在北京設置地方民政機構，應該不可能會有警察，中國人把外國憲兵當作租界中的洋巡捕，無寧是不確實的報導。至於協巡公所中的中國巡丁，則顯然只是專司巡邏及站崗的丁勇了。日本人佐原篤介所輯的《拳亂紀聞》，有一條記述此事，說：

「西曆十一月十九日。自聯軍入京後，都察院各官逃亡殆盡，巡城御史只有陳璧、李擢英、徐道焜、張兆蘭四人。現已招募練勇，與洋兵協同巡察，一俟洋兵退出，即當照舊辦公。」（按，西曆十一月廿九日即陰曆九月廿八日）

又，相隔了兩天之後的另一條記錄說：

「五城練丁，現已一律身穿號衣，頭戴勇帽，在美界遍街巡邏，市面安堵。」

這兩條文字，一條說五城御史已招募練勇與洋兵協同巡察，一條說美界內的中國練勇已正式執行巡察任務；與前面的資料合看，便可知道，所謂協巡公所，正是在北京淪陷之後，中國政府的留京官員與洋人合作維持地方治安的一個臨時機構，在巡察地方、緝捕盜賊之外，更兼辦其他市政，如衛生行政等。這個協巡公所的確實成立日期不能知道，但至少在聯軍入京以後的兩個月就有了。葉昌熾說，此機構之撤銷，是由於陳璧之作梗，這在高枬日記中也有記載。高枬日記，光緒廿六年十一月初一日記云：

「聞美知府夜巡，見華巡四人倚壁而睡，其三十六人無跡。明日見陳玉蒼曰：『我是愛惜地方，盜並不敢搶我。若如此，盜將出矣。我今以夜巡讓君獨辦，可乎？』陳允之，人心慄慄然。」

又，十一月初四日記云：

「夜，茂來，石生亦來。問以華巡丁查夜事，有之否？據言，洋巡亦查。又言：玉蒼奉有就地正法之諭，可以辦盜。然雖奉有此諭，亦必巡丁能當時捉獲，乃可辦耳。且何如巡丁嚴查而使無盜之爲愈也。正談及此，門口玻璃燈被人剪去，本街失燈者亦數家。竊燈者，偷物之漸也。華巡接辦數日耳，舊規遂復，洋官聞之，有不吱吱而笑乎？」

由這些文字隱約可以看出，陳璧之不願與洋人合作巡查地方，頗有藉此逐漸收回中國主權之意，其用心並非不好。只是中國自僱的勇丁怠惰不力，官員又狃於舊習，不肯認真出力督查，於是接辦不過幾天，盜賊便已公然橫行，說來誠可使人汗顏之至。但這到底是中國政治的腐敗習慣使然，積習已深，短時間內總是不能立刻改好的。日後清政府在北京城中推行警察制度，未始不是由於這些地方的刺激使然吧！

協巡公所既由中國留京官員與洋人合作維持地方治安，所僱勇丁又都是中國人，步軍統領衙門便有總綰全局的督導管理之責。所以說，步軍統領的權力，在此時是必須有洋人的支持方能行使的。至於前引《德宗實錄》卷四七五，光緒二十六年十一月庚午所記，巡城御史文璟等奏，「五城紳董暫立公所辦理交涉，地方漸就安堵」云云，因為其時間即在陳璧撤銷協巡公所之後，想必就是他從洋人手中收回管理地方治安權力的具體表現了。事實發展至此，北京雖然仍在洋兵佔領下，清政府的主權，卻已得到了相當程度的恢復。如果不明白整個事態的變化，還真是不太容易了解這一段紀事文字的意義。

# 與清政府的聯繫並未阻絕

從光緒二十六年七月廿一日聯軍攻佔北京，迄這年十一月庚午（初二日）文琛奏報請立公所辦理交涉，時間上已整整有一百三十天之久。在這一長段時間之內，中央政府的諭旨，是否仍能傳達到北京城中的官員之手？京中官員有關實際政務方面的請示事宜，又是用那種方式來向中央政府表達的？若以京城被佔，內外交通阻絕的情形來說，這個問題似乎頗為難處，而其實不然。這是因為聯軍雖然攻佔北京，卻並未試圖阻絕京中官員與清政府之間的聯繫。於是，北京雖在聯軍佔領之下，清政府卻能藉著這一線往來的通信連繫，維持著對京中官員的行政指揮。高枏日記中對於這一事實，有詳細記述，可以參看。

高枏日記，光緒二十六年八月初三日記云：

「聞崑師約同崇禮、裕德、那桐於二十七日晤赫德於高廟，赫詈罵，裕德哭。二十九日，具摺。恰遇太后派內奏事某來京密探，即交之馳遞。」

又，八月初八日記云：

「樸壽二十九日捧崑、敬等摺出京，至懷來，見慶邸，回以各國議和須其到京。慶命其先回京，請各國展緩，初五日復往貫市等候，俟到行在請訓後再到貫市一同入京。」

「崑、敬」，即第一條所記的「崑師」與敬信。崑是當時的東閣大學士兼翰林院掌院學士崑岡，他在高栴做庶吉士時當過他的「教習」，又是考進士時的總裁之一，所以高栴稱他為師。至於敬信，則前面已經說過，乃是留京的吏部尚書。除此之外，與崑、敬二人同列名奏摺的崇禮，是刑部尚書；裕德，是理藩院尚書；那桐，則是在總理衙門辦外交的理藩院左侍郎。這幾個都是留京滿官中的爵秩最高之人，所以由他們出面來與英籍的總稅務司赫德會晤，希望透過他的關係與在京洋人交涉連繫，另外也具奏摺奏報慈禧與光緒，請派慶王奕劻回京議和。而奕劻當時正因病請假，留在懷來縣，因此就在接到這一奏摺後馳往山西面請訓示。自從慶王奕劻奉派回京與洋人議和，這一條由北京向北轉西的奏摺馳遞路線，就建立起來了。因為聯軍佔領北京之後，並沒有跟蹤著慈禧與光緒的逃亡路線派兵攻擊。自北京向北至貫市、岔道、懷來、沙城堡、雞鳴驛、宣化府以達山西的路上，本來就有政府所設的驛站可以遞送文報，摺差經由這一條驛路而由沿途驛站供應馬匹，來往並無困難。假若聯軍方面並不派兵封鎖禁止，奏摺與文報的往來應該是很容易的。由《清德宗實錄》光緒廿六年八月後的紀事看來，留京官員向「行在」請示的奏摺，纍纍不絕。大之如奏請早日回鑾，小之如啟秀因母喪請假，都是。由此可證明，京中官員與政府間的文書連繫並不困難。然則清政府的政策決定，當然也可以依循這一路線傳達到留京官員手中的了。

## 官員仍然辦公以維持局面

在和議未有頭緒之前，清政府所關心於北京的，一是太廟、宮禁、衙署等等建築物的保護問題，二是留京官員應不應該馳赴行在供職的問題，三是京城地面的治安及民生問題。這些問題先後得到解決之後，議和問題也已漸有頭緒，政治設施漸入常軌，跟著而來的，就是留京官員的俸給及勤勞考核、職務陞轉等等的人事問題了。凡此種種，在高枏日記中多有資料可查，對於了解北京淪陷期間的後來情況，很有幫助，值得加以注意。

高枏日記，光緒二十六年九月初一日記云：

「公款事來電，是津貼京官。有官則分，是周官授祿法；照人數而分，是計口辦賑法。宜此則違彼，必有嫌言。」

又，同月初三日記云：

「崑中堂知會，講讀編檢，初十日到本宅畫到。」

又，同月初七日記云：

「十下，同萍三到崑宅畫到。石生囑代宋芸子畫到，崑師門上不肯。」

後二條記事的時間緊接著前一條分發京官津貼的時間，若不是與檢查人數有關，就是意味著生活問題暫時可以解決，留京官員應該時常到公應卯，以備不時之差遣了，崑岡以大學士而兼管翰林院，翰林院官員正是該他所管，所以他通知「講讀編檢」等官到他宅中去簽到；「講」是翰林院侍講，「讀」是翰林院侍讀，「編檢」則是翰林院的編修與檢討，都是五品以下的小官，而四品以上的侍讀學士與侍講學士不預。既簽到，自應上班辦公。而北京時在聯軍佔領之下，帝后西狩，凡百政務俱皆停頓，翰林官又有何公可辦？關於這一點，可以抄段高枬高樹兄弟寫給張之洞的信。原信見於光緒廿六年十月十七日的高枬日記，中云：

「自五月以來，時事日非，枬按日筆記成帙。樹於七月時任軍機章京，京城便已失陷，行在需人，無力奔赴。京城元氣大損，大內、三海、頤和書畫彝品，皆被拳匪洋兵亂兵搜括淨盡，士大夫家無論矣。京中美界日界頗安靜，惟德界滋擾。近日德界亦漸安靜。由京到永定門鐵路已通，十八日火車已入永定門到天壇，華人尚未敢坐。其車焚於長安門內，積炭如山。和議聞不日將開議，總望早定和局，鑾輿早回，興利除弊，以圖自强，庶有中興之望。漢京官大小在京者，寥寥二三百人，大約不能南還，又不能赴行在者，今冬以公私賑濟，尚可支持。六部設於柏林寺，司員便衣往，照常辦事，公事甚少，每部書吏不多，日具問安摺而已。」

此信中說，六部設公所於柏林寺，司員便衣前往到公而公事甚少，每日不過照例具奏摺向太后及皇帝請安，可知此所謂辦公，不過維持局面而已。高枬初以翰林官前往崑岡宅簽到，後來亦至柏林寺簽到，見高枬日記光緒廿七年正月廿三日所記，則因高枬此時已奉旨調補監察御史，非復舊時的翰林官身分之故。而由高枬陞轉職務的事實看來，此時的留京官員，亦已漸次恢復正常的調補陞轉了。

## 恐怖統治與非人生活並不十分正確

以上所記，雖然事多瑣屑，但亦不難看出幾點事實。即是說，當八國聯軍攻入北京之初，北京城中，雖然有很多地區，例如滿人所聚居的北京內城及外城東區一帶，由於聯軍仇恨拳匪及縱拳肇禍的滿人，以及俄德法各國兵的軍紀較差之故，而有頗為激烈的焚燒殺掠，但其時間並不很長，而且並未波及全城，如英美日本所佔領的外城西區，便多為完善之區，其後來的治安情況良好，社會秩序亦恢復很快。一般所認識為恐怖統治與非人生活，其實只是以偏概全，並不正確。而且自光緒二十六年閏八月十八日李鴻章以全權大臣的身分到京之後，和議的接觸開始進行，北京城中更加没有佔領軍凌迫華人的現象，京中人民的正常生活也漸次恢復了。這種事實，乃是前此所有各種記述庚子拳亂的文獻紀錄所忽略的，既然容易因此滋生後人的誤解，自然應該據實加以澄清。至於為上文所忽略而需要在此強調的，則是北京官民在聯軍佔領北京的後一段時間中，幾乎是相當舒適而充分自由的事實。這也是聯軍佔領北京之下的實況之一，而且是我們在過去所萬想不到的，如果不加以指出，很可能會長此湮沒不彰，這就需要及時為之揭露了。

高枬由翰林院編修調陞監察御史，是在光緒二十六年十二月廿七日奉到批迴核准旨意的。因為同時被核准的共有六人，而監察御史照例分道辦事，各人應該分在那一道尚須掣籤決定。因此高枬於光緒廿七年正月初三日赴柏林寺公所掣籤，掣得河南道。同時掣籤的，黃曾源掣得浙江道，劉秉鈞掣得湖廣道，于式枚掣得江南道，楊味春掣得江西道，陳東崧掣得江南道。當時的御史，如果不曾派到巡城，在帝后西狩的情況之下，實在無事可辦。比在柏林寺上班應卯的六部司官還要輕鬆。何況經費已有匯撥，薪俸按時可領，外加同鄉接濟的津貼，生活就十分寬裕而悠閑了。

高枬本有一妾，於光緒廿七年四月間患病，旋故。病中自言：「去冬想肉吃至切，而無之。今可買，吃不得，命矣。」在淒涼的語意中，也約略透露出廿六年下半年與廿七年上半年的生活境況，已大不相同。在高枬日記中可以看出先後之間的明顯對比的，則是他與一般同鄉京官之間往來頻繁的遊樂與讌集。

高枬日記，光緒廿七年正月廿八日記云：

「同七哥看順治門鐵路。橋邊城牆，異於昨日。洋人趨事赴功，無曠時日，進境之速如此。」

又，二月初十日記云：

「坐車由南橫街東出南下窪，繚先農壇北牆至永定門大街。鐵路貨棧，已一律告成。我所當修而讓人修之，可勝慨然。」

又，二月十七日記云：

「金波備豆花，余備野兔醃肉等，約趙堯生小酌潼川館。」

又，二月十九日記云：

「堯生招飲於潼館。酌罷後，堯生、孟育同孫伯愚盧香祖過寓。」

又，二月廿七日記云：

「堯生、孟育、七兄、與余會食於潼川館汪金波寓。」

又，三月初三日記云：

「午，醵飲伏魔寺。茂萱插班蒸鴨，侏儒飽欲死。」

又，三月初四日記云：

「堯生以禪花將謝，醵飲伏魔寺。」

又，三月十一日記云：

「申老約往廣和居。」

又，三月廿五日記云：

「五人小集（原注：此局起於茂萱而不常至）始於二月廿七（金），三月初二（堯），三月初八（孟育），十四（余），二十（七兄），五局皆中隔五日。金波應於今日到班，乃曰該廿七，算學未精也。」

又，三月廿七日記云：

「第六集，堯生來，同過汪宅。半月未至，綠葉成蔭。又招羅治平至。酒後謳川腔『盜白旄』，『陳世美』諸齣，聲調悽惋，惻人心脾。鄉音入耳，尤令人思鄉不止。」

## 夢魘已成爲過去

以上是高枬在光緒廿七年正月廿八日至三月廿七日，兩個月間的出遊及讌集紀錄，計出遊兩次，飲讌八次。如加入五人小集未曾記入日記的二月初八、十四、及二十的三次讌集，則讌集的次數總共應有十一次，平均五、六日即有一次，其頻率不能說不高。如以正月廿八日開始紀錄的情況來看，則初時還不過只是出遊解悶，不久即變成僚友間的酒食徵逐了。這所顯示的意義，當然是表示衣食豐足，用度有餘。如其不然，當北京淪陷之初，連高粱飯、窩窩頭，與二合飯的來源都成問題的時候，這些朋友們為什麼不上廣和居潼川館去醵飲遣愁呢？北京在光緒初年的承平之世，士大夫詩酒留連，相與談藝論文，切磋學問，本是極其風雅的事，不但所費不多，而且是提倡正當娛樂及培養僚友情誼的極好舉動。高枬和他的一班同鄉京官，能夠在這時候效法前賢，做一些費錢不多的餐聚，未嘗不足以調劑精神，舒暢身心。由此更可知道，當時的北京城中，必定是一切社會秩序都漸復舊觀。不但酒樓與爐坊先後復業，即是屬於古蹟名勝的佛寺，也有前往賞玩遊覽的雅興了。這與半年以前充滿了兵荒馬亂、盜匪與亂民横行的情況相比，何啻霄壤?由此而言，光緒二十七年年初的北京城，雖然仍是在八國聯軍的佔領之下，戰爭與外國侵略的夢魘，似乎已經成為過去了。

# 劉銘傳外記

劉銘傳像

在臺灣的近代化過程中，劉銘傳是一個極重要的人物。他不但是全力促成臺灣建省的軍人政治家，更在膺任臺灣建省的第一任巡撫之後，把全副精神都貢獻在臺灣建省的基礎工作上。六年巡撫任內，他以清丈田畝、增闢稅源的方法，奠定了臺灣建省以後的財政基礎。更藉所增加的財政收入，從事交通、軍事、教育等等近代化的建設，擘畫周詳，規模宏遠，厥功甚偉。由於這些原因，無論是歷史學家或政治家，對劉銘傳的功業都極為推崇。梁啟超於民國初年遊歷臺灣，在所作的《遊臺雜詩》中，就有三首專為懷念劉銘傳而寫。詩云：

「桓桓劉壯肅，六載駐戎軒。千里通馳道，三關鞏舊屯。即今非我有，持此欲誰論？多事當時月，還照景福門。」（原注云：「劉壯肅治臺六年，規模宏遠，經畫周備，後此日人治績，率襲其舊而光大之耳。基隆至新竹間鐵路二百二十餘里，即壯肅舊物，其他新闢容輔之道，尚數百里。基隆滬尾澎湖諸炮臺，皆壯肅手建。臺北省城亦壯肅所營，今毀矣，獨留西門以為飾，景福門即其一也，余頻過其下。」）

「蕩蕩臺中府，當年第一州。桑麻隨地有，城郭入天浮。江晚魚龍寂，霜飛草木秋。斜陽殘堞在，莫上大墩頭。」（原註云：「劉壯肅本擬建臺中為省治，築城工未竟而去位，今城亦毀，移城門一角於大墩頭公園。」）

「聞道平蠻使，追捕竟未休。恢張隘勇線，器漆社番頭。弱肉宜強食，誰憐祇自尤。物情如可玩，不獨惜蒙鳩。」（原註云：「日人頃方銳意犂掃生番，廣張所謂隘勇線者，蹙之於叢菁中，戰略與名稱，皆襲劉壯肅之舊也，今殆廓清無孑遺。吾遊博物館，見藥漬生番頭纍纍然。」）

劉銘傳撫臺期間所從事的各項新政建設，耗貲甚鉅，在當時曾經引起甚多責難，其最後終於不免去位，與此大有關係。但是，他當年所從事的這些經畫大計，在過了幾十年之後再來回顧，才能發現其高瞻遠矚，目光如炬，則已祇能空留後人之憑吊，追悔無及了。亦正由於此一緣故，近人為劉銘傳作傳，每每強調他在這一方面的不幸挫折，以為假如劉銘傳不是因備遭攻訐而不安於位的話，臺灣的建設事業，在清代末年必已可達到如何如何的標準。這種說法當然不錯。然而今人之為劉銘傳作傳記者，亦每每忽略了有關傳主的許多主觀因素，誤以為他之所以招尤致釁，完全是因為他的觀念太新而行動太激進，以致不能為守舊人物所容納。如此這般的說法，就不免有悖於史實，亦不能真正了解劉銘傳之所以為劉銘傳。筆者今寫此文，目的即在希望藉助側面的觀察及記述，來匡正一般人對劉銘傳的了解不足之處。

大致說來，劉銘傳當然是一個有識見有擔當的軍人政治家。但是，要由一個軍人轉變為政治家，免不了要受到反對者之排擠與攻擊，因此他的學識才能與品格等等方面都不可以有污點，以免造成反對者的藉口。不幸的是，他的行伍出身資格不免使人低估了他的學識和才能，他在品格上又不免頗有可議之處，由是乃使社會輿論對他頗為不利。這所謂品格的頗有可議之處，可以舉出兩點事實來作為說明，第一是他很有錢，第二是因為他曾經做過一次背信負義的小人行為。

關於他如何因背信負義之故而為湘軍將領所惡的事實，筆者在《中國近代史上的關鍵人物》中寫劉銘傳的傳記時已曾提及。大意是說他在同治年間負責攻剿捻軍時，在尹隆河之役前本與湘軍大將鮑超約定，於同治六年的正月十五日辰刻同時出兵，由東西兩方會師夾攻盤踞於尹隆河等處的大股捻匪。在出兵之前，劉銘傳低估了捻匪的實力，以為單憑他自己所部十五營七千五百人的洋鎗隊，就能擊潰尹隆河的十萬捻軍，並不需要鮑軍的協助。為了自建戰功，他將出兵的時間提早了一個時辰，在十五日的卯時就由下洋港駐地向尹隆河進攻。在強敵當前，勝負未分的重要時刻，如果為敵方製造各個擊破的機會，必敗無疑，此乃兵家之忌。劉銘傳久經戰陣，熟諳兵法，理應懂得這一道理。然而他竟因求功心切之故而甘冒涉險徼倖的不測之危，貿然向捻軍發動進攻。其結果是銘軍的七千五百人雖然器械犀利，作戰英勇，無奈當前的捻軍人數太多，甫經合戰，即告不支。捻軍集中力量先攻銘軍的左支，左支敗退，又群聚於右支，指揮官唐殿魁及營官吳維章、田履安等戰死，銘軍大敗，捻軍乘勝追擊，銘軍遂潰。此時的情形，據薛福成《庸菴文集》〈書霆軍銘軍尹隆河之役〉一文所記，大致如下：

「余遇銘軍將士，及隨從劉公之僚友，皆云，尹隆河之戰，一敗塗地，總統營官及幕僚等，俱脱冠服，坐地待死。」

銘軍的總統便是劉銘傳，他所統率的銘軍，乃是淮軍中的最大支，此時則已面臨覆滅的命運。幸而這時已經到了與霆軍約定會攻的辰時，鮑超率領的霆軍，適時踐約來攻，「勢如風雨，張兩翼蹴賊。酣戰良久，呼聲震十餘里，大敗賊衆。剗毁楊家埄，拖船埠、尹隆河賊館數百，生擒老賊八千有奇，殺賊萬餘，奪獲馬騾五千匹，救拔劉公及劉盛藻等於重圍之中，暨銘軍將士二千人。」語亦見薛福成的〈書霆軍銘軍尹隆河之役〉一文中。大約此時的捻軍，正因追擊潰敗的銘軍而亂了陣腳，又甫經惡戰，體力已疲，霆軍突然其來，恰如出柙之虎一般，久戰疲憊的捻軍如何能夠支持？亦正因為有此一原因存在，所以霆軍雖因戰勝而及時挽救了銘軍的覆滅，劉銘傳卻輸得很不服氣，以為霆軍之所以能輕易得勝，正是因為銘軍先已消耗了捻軍的大部分戰力，而捻軍又因戰勝而自亂陣腳，致為霆軍造成了可乘之機的緣故。劉銘傳這種不檢討自己而專挑別人錯誤的想法，再加上他存心想掩飾自己的錯誤，於是他搶先作了不實在的軍報，誣指鮑超的霆軍失時到達，遲誤戰機，以致銘軍先與捻軍接戰而致敗。清政府不明白劉銘傳有心誣賴，降旨嚴厲詰責鮑超，氣得鮑超宿疾大發，從此辭卸軍職，霆軍亦就此解散。表面上看來，劉銘傳這種恩將仇報的作風是佔盡了便宜，然而事實不容誣陷，當實際真相逐漸為人所了解之後，他的這種小人行徑終於為人所不齒。李鴻章後來屢次保舉他出任封疆大吏，迭遭言路攻訐，以致成為他政治前途上的重大阻礙，未始不是由於此一原因使然。

## 富而多金，仗義資助徐潤

關於他財產甚多的事實，可以舉出兩件事來為證。一是陳衍所撰《劉銘傳別傳》中的話，說：「退居常在金陵，築水榭冠於秦淮。」秦淮河是南京的有名銷金窟，樓船畫舫，歌臺水榭，爭奇鬥勝，窮妍極盡。劉銘傳在秦淮河築水榭，而其豪華冠於當地，可知其富而多金的情況一斑。這是第一件事實。

徐潤撰《徐愚齋自叙年譜》，光緒九年的記事內，附有〈記劉壯肅公送元寶事略〉一文，云：

「臘月送灶日，劉壯肅公省三自蕪湖派差送來現寶一百隻，並無函札，僅有名片。據差官云：『主人吩咐，見徐大人勸勿灰心，可認真作事，發達還我』，云云。嗣於二十年六月初十日由天津慶善劃交北洋鐵軌官路張瑾卿代收銀二千四百兩，又於乙未年八月十二日由上海付交張鴻卿觀察代元二千六百兩，均有收條存查。初，余之獲締交於劉爵帥也，由謝介鶴汲引。光緒五年，劉爵帥偕同周海玲徐傳忠兩軍門到申，以謝係鄉誼，往返最密，余因得與論交。遂留住於未園，適館授餐，計居三十九天。其時郭子美軍門，張五先生、楊雲階親家、周達武軍門、龔仰蘧觀察，並彭器之諸公先後莅止，福建藩司寶芝岑亨同時在申，因友及友，交誼日深，同訂盟焉。迨癸未運蹇，周轉不靈，獨蒙故友劉爵帥別具熱腸，以鉅金周急，勉爲其難，殊深知己之感。繼又招余赴臺灣，命辦基隆煤礦，乃以水土不服辭歸，有負高情。然得此益友，匡助實多，書以誌感。」

按，徐潤乃是光緒初年的著名實業家，曾任招商局總經理，又自辦雨記公司在上海經營房地產生意，購地二千九百餘畝，興建大批房屋，兼營典當、茶莊及股票，投資額高達銀八百萬兩，其中難免有挪用招商局資金以供周轉的情形。光緒九年，中法兩國因越南問題開戰，臺灣及福建兩地先後被法兵所攻，上海的吳淞口外亦有法國兵艦開到，搜查進出口船隻外，更揚言欲進攻江南製造局。於是上海人心恐慌，紛紛向內地逃難。市內錢莊發生擠提，很多公司行號都被波及，倒閉者不知凡幾。雨記公司的一個大股東英國人顧林回國去籌措股本銀二百萬兩，一去不回，公司向往來錢莊調用的頭寸多達二百五十餘萬，在招商局所挪用的亦不在少數，到此時都必需歸還，而徐潤一時間實在湊不出這麼大的數目，不得已，只好將比較容易脫手的房地產以賤價估賣。即使如此，要湊足二百五十餘萬兩銀子還是十分困難。劉銘傳知道徐潤無法支撐，自動派人送來大元寶一百隻，表示支援，並有「還不還都無所謂」的意思，這種雪中送炭的俠義行為，看起來確實使人十分佩服。但是，一百隻大元寶就是五千兩銀子，一般人不但拿不出這麼多銀子來借人，更何況有白送的味道，這種手面豈不是太大了一點？劉銘傳若非有豐厚的資產，又如何能隨隨便便地一送就是五千兩？由此不難知道，劉銘傳實在很有錢，所以他不但能在南京秦淮河建造最豪華的別墅，在上海享有私人專用的「未園」供隨時之遊憩，更能大把大把的拿銀子幫助朋友。若非如此，這些事實又將如何解釋？

據清朝末年的野史所載，湘軍和淮軍打太平天國時，很多的將領都發了大財。湘軍大將曾國荃，擁貲數百萬，其來源即是南京城破時得自洪秀全宮中的寶藏。其他參與攻佔南京的大小官弁，也都有豐富的鹵獲。至於淮軍，則其發財致富的方法又別有一套。徐宗幹《歸盧談往錄》卷一，有一條記此，云：

「軍餉定制，向無額數，內扣者有之，自淮軍始。歲支九關，遇閏酌加，餘則目為欠餉，糧臺分別記注，裁撤時酌發三、五關不等。或歷年過久，通計成數報効，爲本籍增文武學額，勇卒亦竟安之。閒詢老輩，則初赴上海時餉項匱乏，食米而外，僅酌給鹽菜資。及接仗克城，人人有獲，每向夕無事，各哨聚會，出金釧銀寶，堆案高數尺許，遇發餉時，多寡不較也。合肥相國知之，明訂九關，杜營哨虛冒，遂爲成例，入於奏案。其時米價極昂，石值銀五兩。各軍克城，輒封存賊所囤米，據爲己有。合肥相國出示收買，定價石銀三兩，出入一律，亦爲成例定案。淮軍統將往往以此致富云。」

這一條記事，很足以解釋劉銘傳富而多金的原因為何。原來淮軍將領在光復蘇、常等地的戰役中，每攻克一城，即可將城內太平軍存倉的米糧全數據為己有，然後由合肥相國李鴻章以每石銀三兩的價格收購，撥充軍糧。如果所得到的米糧有十萬二十萬石，這一筆賣米的銀子，就有三、五十萬兩了。將官賣米，下級官弁及士卒則在攻破城池之時大肆搜刮「戰利品」，至於金手鐲與銀元寶堆在案上有幾尺高，遇到發餉的日子，發多少都無所謂。這樣的軍隊，打起仗來當然會努力拚命，因為打了勝仗就可以大發洋財，而淮軍官兵之富，也就可想而知。徐宗幹的記事，看起來還是很含蓄的。

## 素惡左宗棠

劉銘傳在淮軍上海之戰開始，就已是淮軍的統將。由同治元年至三年，轉戰江南，克名城數十，斬首之數以十萬計，在淮軍中的戰功，與程學啟並稱為最高。亦正因為如此，所以他才有足夠的機會積聚自己的財富。他在做到直隸提督以後，鄙武職官不屑為，立意要做文職的封疆大吏，在被派到陝西去做欽差大臣後，就與左宗棠弄得十分不愉快，其中的原因，或者也與此不無關係。

左宗棠之為人如何？看《清史》〈左宗棠傳〉後之贊語可以略見其一斑。抄錄如下：

「論曰：宗棠事功著矣，其志行忠介，亦有過人。廉不言貧，勤不言勞，待將士以誠信相感。善於治民，每克一地，招徠撫綏，衆至如歸。論者謂宗棠有霸才，而治民則以王道行之，信哉！宗棠初出治軍，胡林翼爲書告湖南曰：『左公不顧家，請歲籌三百六十金以贍其私。』曾國藩見其所居幕愜小，爲別製二幕貽之。其廉儉若此。初與國藩論事不洽，及聞其薨，乃曰：『謀國之忠，知人之明，自愧不如。』志益遠矣。」

左宗棠之廉儉，與劉銘傳之豪侈，恰為明顯的兩個極端。對於如此一個勤勞為國而志行廉儉的中興名臣，劉銘傳似乎沒有理由與他交惡。然而陳衍為劉銘傳作傳，卻說：「素惡左宗棠，督辦陝西軍務，即奏劾之。」當時左宗棠奉旨平回，以陝甘總督兼督辦軍務的欽差大臣，與劉銘傳地位等夷而各有專閫之寄，彼此之間既無指揮隸屬關係，左宗棠所統籌調度的平回軍事又沒有劉銘傳置喙之餘地，劉銘傳又有什麼理由需要劾奏左宗棠的？推想起來，大概還是由於二人之間的關係並不和諸，左宗棠又不免視劉銘傳為忘恩負義的無識武夫而鄙視之，劉銘傳在難堪之下，借事攻訐而藉此為抽身之計，所以才有此不必要的劾奏之疏。如其不然，左宗棠又何所嫌隙於不相干的淮軍將領，而與劉銘傳發生不必要的芥蒂呢？

## 與潘祖蔭結怨

劉銘傳因尹隆河之戰後的負義之行而致縉紳士大夫之流對他的印象不佳，這是我們從事後所見各種迹象而得的推論，在沒有更具體的證據可資證實之前，暫時尚不能成為定論。但是有一件事是有具體證據可查的，那就是他在攻克常州時所鹵獲的一件古銅器，成了他後來與朝中某大名士結怨的主因。陳澹然撰《書劉壯肅公碑陰》敘此，云：

「同治間，海內承平，文儒喜黨爭，競門户，李、劉二公皆豪傑，尤厭絕之。霍山黃從默言：號季子白盤者，固周宣王十二年所製古物也，道光間，常州徐燮鈞任陝西郿縣，得而寶之，常州陷，没於賊。劉公克常州，得之則大喜，築盤亭於所居大潛山爲樂。某氏者，常熟巨家也，巨金購之。公不可，則請連婚媾陰圖之；公辭益堅，則大怒。李公之克蘇城也，見蘇人頌李秀成碑壯麗甚，蘇巨家某氏名皆列焉，始固未之詰也。既克蘇，軍多餉益絀，取富捐佐之，蘇人劾於朝。李公怒曰：『若輩頌賊酋，吾不問，乃假此懟我哉？』則命五百人匝其碑，將按治。蘇人大懼，斂餉金數十萬謝之，乃已。苗沛霖之亂淮北也，某氏之兄方撫皖，結師弟右之。亂作，逮諸朝。其父固師相，責甚，乞皖人疏救之，皖人持不可，益大恨，仇皖益深。同、光間，兩人方以名士主朝局，奔走清流。二公益傲睨不下。李公常笑曰：『若輩但善走東華門耳，烏足與言天下事哉？』自西人之起，二公輒深憂太息，非變科舉、重西法，練海軍、開鐵道，不足圖吾存。清流溺文字，目不見西書，益大譁，以爲亂法。故李公困畿疆二十年，疑謗紛挐，終不獲行其志，公益痛心不出。厥後鐵道之困、海軍之罷，甲午之戰，嫉者固未達中外强弱之殊。要其議主自李、劉，則固有不惜舍封疆以殉門户者。……」

陳澹然此文，將李鴻章推行新政而見阻於清流的原因，完全歸咎於「某名士」所主持的「門户」之爭，這話雖有道理，卻並不完全正確。因為李鴻章在直隸總督兼北洋大臣的任內，大練北洋海陸軍，權重一時，固不能謂之困阨畿疆，不得伸其志。所以然的道理，則因當時柄國的醇親王奕譞對李鴻章十分倚信，非某名士所能掣肘之故。倒是某名士對劉銘傳的反對，在門户之見以外，更雜有因號季子盤而來的恩怨，則或者是當時的事實。此「某氏」究竟為誰？以各種情況推測，當是潘祖蔭。

潘祖蔭是江蘇吳縣人，同治二年的探花，仕至工部尚書兼管順天府尹，軍機大臣。光緒十六年卒，謚文勤。《清史》本傳說他：

「嗜學通經史，好收藏，儲金石甚富。先後數掌文衡，典會試二，鄉試三，所得多真士。時與翁同龢並稱翁潘云。」

翁同龢與潘祖蔭，乃是同治光緒年間南黨人物的兩個領袖。陳澹然所說：「同、光間，兩人方以名士主朝局，奔走清流」，當即指此而言。翁同龢之父翁心存，以大學士而兼為同治皇帝的師傅，所謂「師相」，指的就是翁心存。翁同龢之兄翁同書，咸豐末年官安徽巡撫，以誤撫苗沛霖及失陷壽州二事被逮治下獄論死，心存不能救。既然此二人中有一人是翁同龢，另一人當然便是潘祖蔭。何況潘祖蔭以愛好金石古物出名，劉銘傳因號季子盤之事開罪於潘，正是極有可能之事。不過，即使潘祖蔭和翁同龢因為這些私人恩怨而對李鴻章劉銘傳成見甚深，他們總不能以這兩點作為反對的口實。所以，劉銘傳之所以授人以柄，成為清流人物之攻訐理由者，還是前面所說到的兩點事實：一是因為他太有錢，二是他的品格上有污點。以清代知識分子的政治心理而言，作官決不能貪污，貪污之人更不可以作大官。即使劉銘傳的財產並非從貪污而來，但一個人在作官之後方始有錢，總不能洗掉貪污的嫌疑。即此一點，已儘足以使反對他的人振振有辭，更河況他還有尹隆河之戰的恩將仇報那一檔子事呢？

## 爲人仍多可取之處

論到劉銘傳之為人，除了他對鮑超的那一次小人行為之外，其他仍是很有可取的。劉體智撰《異辭錄》，有一段關於他的記述，說：

「楊忠勤卒於西捻未平前數日，未預論功之典。一子一女，子聘郭武壯之女，女字劉壯肅之子，皆口允而未行文定之禮。忠勤故後，郭武壯立悔前議。劉壯肅曰：『吾不以生死易交。』仍踐婚約，且爲其家買田築室於合肥西鄉，使安居樂業焉。人多厚劉而薄郭。郭武壯輒自解曰：『少銘不乏貲財，吾與六麻子易地而處，若是者吾優爲之。獨是其子失怙，無所庇廕，不知流於何等，吾女終身之事，不敢不慎耳。』六麻子者，壯肅少年鄉間混號也。當日軍中之友無所諱憚，稱之多如此。」

上文所說的楊忠勤，即楊鼎勳，字少銘，四川成都人，由湘軍轉入淮軍，統勳字營，積功陞至湖南提督，同治七年防捻之役，因舊傷復發，死於西捻平定之前數日，故論功之典不及。李鴻章疏陳其戰功，得贈太子少保，謚忠勤。郭武壯則是郭松林，乃是淮軍中的另一個重要將領，仕至直隸提督，卒謚武壯。劉銘傳、郭松林與楊鼎勳同為淮軍大將，互結兒女之親，郭松林在楊鼎勳死後悔婚，而劉銘傳不以死生易交，這與他仗義資助徐潤一樣頗有可稱，可知他亦是一個篤守信義而重然諾的君子。君子之人，在面臨利害得失的重要關頭上，必不可以見利而忘義。而劉銘傳居然有過這樣的行為，如之何不被人指目為偽君子而招來攻訐之口實呢？數十年的修為之功，隳於一旦，劉銘傳後來，一定也深悔有此，可是卻已無可挽回了。

陳衍撰《劉銘傳別傳》，說他有「劉麻子」的外號。由劉體智《異辭錄》見之，則所謂「劉麻子」者，應是「六麻子」之誤。因為劉體智是淮軍重要人物劉秉璋之子，對淮軍人物的掌故極為熟悉，比較陳衍之僅一度成為劉銘傳幕僚，其言應較可信。而且皖北口音「劉」、「六」二字相近，陳衍所記，或者根本只是誤聽不察。揆之事實，應有此可能。

# 汪精衛的先世及其他

汪精衛像

民國史上的汪精衛，久已被認定為漢奸、革命的叛徒。這是因為他在對日抗戰正極艱苦之時，忽然脫離抗戰陣營，由重慶潛往河內，發表艷電，響應日本首相近衛文麿的誘和聲明，其後又到南京組織偽政權，公然與日本合作，不但破壞整個的抗戰國策，也充分顯示其賣國通敵的漢奸行徑。因此之故，縱然他是革命黨的先進，開國的元勳，最後亦難逃民族罪人的罵名。但由周佛海、陳公博為汪辯護的文字看來，汪精衛之與日本妥協，亦有他那一套「和平救國」的理論主張，儼然是「我不入地獄，誰入地獄」的自我犧牲者。然則汪精衛即使叛國通敵，倒也不能與秦檜、劉豫之類賣國求榮的漢奸同科。晚近所見有關記述汪精衛生平事蹟的文章，對於他的失節附敵，亦大多頗能憫其志而哀其行，不願過分苛責。只因他畢竟是被認為叛國通敵之人，歷史上已經沒有他的地位，以致他早年雖然也是顯赫一時的黨政領袖，其生平事蹟及行誼，至此亦有漸歸湮沒不彰之勢。他不具論，即以他的家世出身及早年事蹟而言，亦已言人人殊，而且錯謬甚多。歷史記載當求信實，即使是掌故雜談之類的小文章，亦不能出以信口開河方式的不負責任之談。基於此一觀點，所以想在這裏把某一些不確實的記載，提出來加以更正。

汪精衛是廣東番禺人，但是他的祖籍卻是浙江紹興府的山陰縣，亦就是紹興人。他怎麼會由紹興人變成廣東人的？這個問題雖小，卻頗能反映當時某一些紹興人家庭的謀生方式與適應社會之能力，值得一談。又，汪精衛十三喪母而十四喪父，他的早年生活極為貧困。但他在後來卻能東渡日本留學法政，其經濟上的困難又是怎樣解決的？這雖然也是一個小問題，卻與汪精衛早年力學勤苦及奮勉精進的努力精神有關，很值得現代青年人的效法，也可以附帶一說。

關於汪精衛如何由紹興人變為廣東人的問題，高拜石所撰的《古春風樓瑣記》，〈汪精衛受病環肥〉一文中說：

「汪精衛的祖籍是浙江紹興。他父親叫做汪琡，字省齋，咸、同之交，因避洪楊之亂，單身搭帆船由海道到廣東去拜師習幕。遂定居廣州。在粵娶妻盧氏，生一子名兆鏞。」

又，費雲文所撰《汪精衛的一生》，也說：

「汪精衛的祖籍本是浙江紹興，因爲他父親省齋（名琡）於咸同之交避太平軍之亂，由海道去廣州，在官府中做師爺，並且娶了當地的盧氏爲妻，於是定居廣州。盧氏生子名兆鏞，後病死，省齋再納吳氏爲妾，生三子，精衛最幼，名兆銘。」

這兩種記載的內容大致相同，而且很可能是後者因襲前者的說法而來。按，高拜石先生以前在臺灣新生報連載他的大作《古春風樓瑣記》時，因其內容淵博而敘事詳明，極受廣大讀者的歡迎，以為是掌故文學中的偉大傑作。其後高先生作古，《古春風樓瑣記》以單刊本行世，由一集而編至二十集，足見其寫作量之鉅。筆者當年閱讀高拜石先生的大著亦極為佩服其識見之廣與讀書之多，驚詫之餘，至於絕不敢生懷疑不信之想。但因近年以來對掌故類的資料涉獵漸多，逐漸發覺高文中的很多記載並不確實，於是乃對高先生的鴻文有了不同的看法。便以上文所引的汪家先世事蹟而言，筆者很可以斷定，高先生的說法，難免有信口開河之嫌。其影響所致，足以使後來之人沿襲其錯謬之說，以訛傳訛。這種現象很可怕，不能不加以指正。如其不然，後來的人會以為此即是歷史記載，而一任不可信的錯謬傳說繼續傳播下去了。

要知道汪琡為何由紹興來到廣州以及汪家後來為什麼會由紹興人變為廣東人，這需要研究汪家上代生平仕履及行蹤所至；不查考這方面的記載而隨便出以想像，當然難免發生錯誤。在這方面，汪兆鏞所編的一本《山陰汪氏譜》，應該是最翔實可信的資料。這大概是高拜石先生前所不曾寓目的。如果他曾看過，他就不致過分馳騁其想像，而敢為純出於想像的大膽假設了。

根據《山陰汪氏譜》的記載，知道汪家的先世是由安徽徽州遷居到紹興去的，其時間則在元末明初。在譜上稱為「始遷一世祖」的，名汪純一。十五傳至倫秩，亦就是汪瑔之曾祖父，兆鏞兆銘之高祖父，中乾隆十二年丁卯科的浙江鄉試第十五名舉人，先任海寧縣學教諭，繼陞廣東長寧縣知縣。雖然汪倫秩的這個知縣只做了五十天，就因病而死在任上，但卻是山陰汪氏與廣東發生關係之嚆矢。自此以後，他的子孫到廣東來的，就多了起來。

倫秩有四子，第三子名炌，不從事科舉考試而作幕友，曾在廣東按察司署中「居幕」二十餘年。由於這一層關係，他的兄弟子姪之中，先後有十幾個人到廣東來做這一項工作。這就種下了汪瑔日後在廣東落籍的遠因，而汪瑔來到廣東以後所從事的職業，也可說是從汪炌以來世代相傳的。

番禺陳澧撰〈汪鼎墓表〉說：

「古有幕職，無幕友。今之幕友，其人非官也，所爲之事則官事也，幕友之賢否，所繫豈淺鮮哉？天下幕友多矣，其賢者當不乏人，而傳於世者則少，其所爲皆官事，其名歸於官，而幕友遂湮沒不彰也。近百年來，惟蕭山汪輝祖最有名，所著有《佐治藥言》之書，其後出仕爲循吏。其終身不出者，則有山陰汪君鼎，字禹九，歿二十餘年矣……」

這一段話不但簡單地介紹了清代之所謂「幕友」，也說明了汪鼎乃是近百年來少見的「賢幕」之一。由陳澧的話可以知道，清代之所謂「幕友」，其實應該便是現代各機關中的科長、秘書之類的「幕僚人員」，只因古代有幕職而清代無幕職，身為機關長官的人既不可無幕僚人員相助，自然只好以私人名義延聘具有這種專長的人來相幫助，而名之為幕友——「其人非官也，所為之事則官事也」。官對幕友，尊稱為「老夫子」；若是一般用語，則又不稱為老夫子而稱之為「師爺」，依其所從事的工作，而分為刑名師爺，錢穀師爺，書啟師爺等。

作師爺，原本沒有籍貫的限制。但在清朝時，普天下各衙門中的師爺，卻以浙江紹興人為最多，因此「紹興師爺」的大名就傳聞遐邇而名播四海了。紹興師爺為什麼能在這一行中出類拔萃地成為一枝獨秀之形勢？這當然有其原因。第一是由於紹興的人口太多，而讀書人也多。讀書人雖多，每年能由秀才舉人進士中得到出身的人並不能比例增多，為了要餬口，當然得要找出路。別地方的多餘讀書人如何找出路，我們不知道；紹興讀書人找出路的方法比較現實，一是作「吏」，一是作師爺。紹興人的鄉土觀念很重，同鄉人之間又很有照應，彼此互相幫襯，展轉薦引，自然而然地會形成一種勢力集團，這又是「紹興師爺」名氣日響的第二項原因。而且作師爺這一行，在其專門知識的範圍內各有其不傳之秘，一旦成了集團性的勢力之後，尤其不肯輕易傳授外人。於是，紹興師爺的才幹，又成了保障他們從事此一行業的另一原因了。早在清世宗雍正元年，蕭奭所撰的《永憲錄》中就有這樣一段話，說：

「山陰、會稽、蕭山之人，專習錢穀刑名之學，盤踞天下大小衙門，相沿已久。」

清代的紹興府，轄八縣，其中山陰、會稽是附郭之縣，與蕭山同是出產紹興師爺最多的地方。汪家是山陰人，當然具備了做師爺的條件，何況自汪炌以下的子孫，從事此業者甚多，更不愁没有彼此提挈照拂的機會。汪瑔之所以要到廣東去「遊幕」，其先決條件在此。至於所謂「錢穀刑名之學」，則正是做師爺的專門知識，錢穀師爺治財賦，刑名師爺治律法，乃是前清州縣衙門中的兩大要政，做州縣官的，只要在這兩方面都能請到能幹的幕友，不但公事不至貽誤，而且可以博時譽，得升遷。汪炌所習的是刑名之學，所以他的子姪後來亦世世以此為業，專做各州縣衙門中的刑名師爺，其中又以汪鼎及其子汪瑔最有名。陳澧所撰的〈汪鼎墓表〉說：

「君之客順德縣幕也，知縣陳君遇隆，雅重君，君得伸其志，振饑民，清積案，定緝捕條格以治盜，移獄地於爽塏以恤囚。當是時，順德政聲蔚然，其事當自君發之。」

至於汪鼎之善於讞獄，則墓表中也有如下的記載，說：

「其客清遠縣幕，縣民兩家爭田，皆有印契，訟數十年，官不能斷。其契末書順治元年，君哂之曰：『順治元年王師未至粵，安得有印契？』告知縣斥之。其人猶不服，以《御批通鑑輯覽》示之，乃服。」

平亭獄訟，有時往往需要專門學識，如「順治元年王師未至粵」之類，就是歷史學方面的知識，而不是一般人所能具有。如其不然，則如此簡單的一個問題，又何至「訟數十年，官不能斷」

呢？而汪鼎之折服此案，不過片言，可知古時之所謂名幕，不僅是明於律例而已，尤其需要各方面的淵博知識。汪鼎之得有名幕之稱者以此，其了汪瑔之所以能「所至有聲」，亦以此。

汪鼎，乃是汪炌的第三子。汪鼎之長兄汪雲，就是汪琡之父，兆鏞、兆銘兄弟之祖；所以汪鼎即是汪琡之叔父，亦即是汪兆鏞、兆銘兄弟之叔祖父。汪鼎生於乾隆五十六年，卒於咸豐四年，享年六十四歲。當其晚年，因「受誣俗吏」之故，「不復佐幕」，而以其所學傳授子姪。汪琡由紹興到廣東去「習幕」，就是在這段時間內。汪兆鏞所編的《山陰汪氏譜》敘此，云：

「道光二十六年，玉叔公自山陰來粵，從禹九公治刑名學，自是乃與玉泉公久居廣州矣。」

玉叔，是汪琡的字；玉泉，則是汪瑔的字。這條記載說明了兩點事實：第一，汪琡由紹興到廣東的時間，是道光二十六年而並非「咸同之交」，其去廣東的原因亦並非由於「洪楊之亂」。第二，汪琡之所以要到廣東去，主要原因是由於他要向他的叔父汪鼎學習做刑名師爺的本領，以便此後能在廣東「遊幕」為生。說得更具體一點，汪琡此行，純粹是以將來的生活及職業為著眼點，而並非由於「避亂」。此一事實，顯然與《古春風樓瑣記》所說大相逕庭。至於汪家後來之所以落籍廣東，則又可以由兆鏞、兆銘另一堂兄兆鋡的事實中看出其原因來。

蕭山朱啟連，是汪瑔的女婿。他所撰的《棣垞集》中，有〈汪瑔先生行狀〉，說：

「子一，兆銓。女二，長夭，次即啟連婦也。孫男一，嶔。先生少長粵中，更兵亂，父母隨葬於粵。自以終無歸期，始令兆銓援例入籍應試，以番禺附學生員中光緒十一年乙酉科廣東舉人，官海陽縣儒學教諭。兆銓及從子兆鏞，故人子陶邵學，皆傳先生之學，掇科第，有名於時。」

根據清代考試制度的規定，不論是童生考秀才或秀才考舉人，都要依照各人的籍貫而定；廣東人固然不能到紹興去應考，紹興人也不能到廣東來應考。汪家祖籍紹興，在廣東只能算是客居，如果不願改變籍貫，按規定必須回紹興去應考。但是太平天國的戰亂擾攘多年，紹興淪陷，交通梗阻，回鄉應試勢不可能，這就只有變更籍貫之一法了。這辦法在清代的官書《禮部則例》中定有明文規定，如在客居之地居住二十年以上，有購買田地房產的稅契糧單為憑，可以在提出申請之後，由住在地之官府移文原籍查明立案，「將應試本生及子孫自改籍後再不許回原籍跨考」，便可由督撫移咨學政，改在所住之地應考入學。但經此改變之後，祖籍與寄籍已在官府立案，即以汪琡與汪瑔的子孫為例，從此必須以番禺為定居及應試的籍貫所在地，不復能保有紹興的籍貫了。紹興人的保守性很強，如果没有特殊的原因，他們即使世代客居在外，也仍然要以紹興為故鄉，不但老死之後必須歸葬祖墳，他們的子孫也要在紹興應考，及娶紹興人為妻。只是，長時期的戰亂改變了這一情勢，終於使汪琡和汪瑔兩支不得不遷就事實，在改變籍貫之外，更以番禺為他們的埋骨之地。這無寧是他們所十分不願之事，然而他們卻無法改變此一事實。民國九年，汪兆鏞攜子回浙掃墓，兆銓作詩送之，其前有序，云：

「吾家徙粵百年矣，故鄉山陰，松楸在望。吾兄弟計偕時，大人謂：『有一人得儁，即繞道回故鄉省墓。』此願竟不克償。今年吾與憬弟皆逾花甲，憬弟慨然攜二子宗洙宗藻歸山陰掃墓，並遊西湖。既喜且愧，賦詩贈行。」

汪兆鏞字伯序，號憬吾，序文中所說的「憬弟」，便是指兆鏞而言。由此詩序，不難想見汪兆銓兆鏞兄弟惓惓不忘故鄉松楸的木本水源之思，而這也正是維繫各地紹籍人士的向心力量，不但足以鞏固紹興人的團結，也是發展紹興師爺勢力集團的原動力。

由汪家昆弟子姪世代遊幕廣東的事實，很可以作為實例，以說明紹興人是如何運用其親族勢力來擴展紹興師爺的勢力集團之情形。由於此一勢力集團是以同鄉及親屬關係在一脈師承之下，彼此互相汲引，互相照拂，無形中就成了對內團結而對外排斥的職業團體。汪精衛的父親汪琡，在這種力量的吸引之下，由紹興來到廣東，最後又因為顧慮他幾個兒子的考試出路，而與汪兆銓同樣地放棄祖籍，入籍番禺，在廣東考中舉人，終於使他們一家由紹興人變為廣東人。汪兆銓的事實已見前述，至於汪兆鏞之中舉，則由番禺張學華所撰的汪兆鏞行狀中可以知道，他是在光緒六年進的學，光緒十五年由優貢中式廣東鄉試第二十八名舉人。如果他不肯在番禺入籍，那末，他這個舉人資格就無法得到了。

看汪精衛的家譜，還可以得出一項很有趣味的認識。那就是說，汪家雖是世代的讀書人家，其子弟的出路卻有三途可循，一是讀書應科舉，二是遊幕為生，三是納貲為吏，然後由年資積勞敘為卑官。為什麼讀書人家的子弟不肯一致由科舉考試中圖出身，卻不惜屈身為幕友與吏員？這也正是紹興人的現實之處，值得附帶一提。

明清時代的吏員，身分只比衙門中的差役高一等，雖然可援服役年滿的例子考補為佐貳雜職，但在一般知識分子的眼中，吏員總是身分卑下的。從前唐伯虎因科場舞弊案被革掉解元，「黜為吏」，就是一種很大的屈辱，而唐伯虎畢竟也不肯去幹。由汪精衛的家譜看，好像汪家的子弟並不以「為吏」是一種屈辱的事。試以汪琡同輩的從堂兄弟為例，在全體同輩兄弟十二人中，汪鈺早卒，汪琳及汪士寶的出身仕履不詳，其餘則士林讀書為山陰縣學附生、璘、琡、琭、士珣、士琅五人遊幕，士璠是候補的道庫大使，鶴齡是典史，汪琛是候選的鹽運使經歷。典史、鹽經歷與道庫大使，都是從九品未入流之類的佐雜微員，其出身大半由於吏員役滿考選及捐納監生選官而來。這一類的出身，居然在十二人之中佔了四分之一，可知其所佔比率相當大。再上一輩，即是汪琡的父親叔伯輩諸人，在總數七人之中，以汪琡之父汪雲的出身最好，中舉人後官浙江遂昌縣的儒學訓導，其餘則遊幕的有四人（汪鼎、汪虬、汪翼、汪獻），捐貲入監為國子監生的有一人（汪文豹），早卒而不詳其出身的有一人（汪霞）。其中的「捐監」一項，亦可視為仕途中的雜職出身；而遊幕多至四人，更比讀書應科舉的多了三倍。「遊幕」雖比「為吏」略勝，究竟名稱不美。紹興的讀書人家，居然以這兩項出路與讀書應科舉同樣看待，而且其比重尤有過之，這就是很值得注意的事了。

江浙兩省，在明清時代不但是全國文風最盛的地方，人口也極為稠密。由於文風盛，所以讀書應科舉的人極多；由於人口稠密，相形之下便減少了被取中的機會。這在別的地方有何反應，固然難以知道，若在紹興，就改以極現實的辦法加以適應，其辦法大概視家庭經濟情況，或子弟的智力程度而作不同的處置是——上等者讀書，次等者或讀書或習幕，或讀書不成改為習幕；至於更次一等的，自覺於科舉考試中難有出頭之日，則在經過短時間的考察之後，立即決定其由「捐監」或「為吏」二途中圖出身，最後仍能博得一個佐貳雜職，未嘗不可以榮身而致富。明清時代，全國大小衙門中不但充滿了紹興師爺，而佐貳雜職中的紹興人，所佔的比率尤其大得驚人。

筆者前此曾經根據乾隆十九年的《搢紳全書》作過一個統計，總計在全國一二九六個典史缺額之中，紹興人有二八四人之多，其比例為百分之二十二。在吏目總數二二一人中，紹興人有三十六人，其比例為百分之十六。在巡檢總數九三五人中，紹興人有一四六人，其比例為百分之十五點五。紹興府屬的人口，當時只占全國總人口的百分之一不到，居然能在全國巡檢、典史、吏目的總數中佔到百分之十五以上的比率，而且這些人的出身又十九屬於監生及吏員，由此當不難知道，紹興人不鄙視此途出身的情形如何。這種情形，在汪家的家譜中更可以得到明確的證明。由此所說明的事實，便是，紹興人的勢力，在這種情形下更可能拓展及於全國各地。即便是汪家後來所落籍的番禺，正不知道有多少祖籍紹興的人士哩！

瞭解了這些事實之後，對於汪精衛之父汪琡何以由紹興到廣東謀生，以及後來如何由紹興人變為廣東人的原因，當必已可了然。再接下來，就應當繼續討論餘下的問題——汪精衛早年的家庭生活及其負笈東瀛的情形。

汪琡在道光二十六年由紹興來到廣東，初隨其叔汪鼎「治刑名學」，其後就在三水、四會、東莞、曲江、英德、陸豐等縣的縣衙門中做刑名師爺，一直到七十歲。刑名師爺的待遇並不差，而且他所遊幕的地方都是頗為富庶的大縣，脩金豐腆，理應不致貧困。但在汪精衛兄弟所撰的有關文字中，他家的經濟情況似乎始終都不很好。汪精衛自述說：「我父親在時，家計已經貧薄。父親直到七十歲還要掙錢養家，至七十一歲方纔歇業。父親歿後，並無遺產。」他所撰的〈秋庭晨課圖記〉，對於他母親吳氏當年艱苦持家的情形，更有極生動的描寫，抄錄一段如下：

「右圖兆銘兒時依母之狀也。其時兆銘年九歲，平旦必習字於中庭，母必臨視之，習以爲常。秋晨蕭爽，木芙蓉娟娟作花，藤籮蔓於壁上，距今三十年矣，每一涉想，此狀如在目前。當時父年六十有九，母則四十。父以家貧，雖老猶爲客於陸豐，海道不易，惟母同行，諸兄姊皆不獲從，以兆銘幼，挈以自隨。兆銘無知，惟以依依膝下爲樂，有時見母寂坐有淚痕，心雖戚然不寧，初不解慈母念遠之心至苦也。嗟乎！豈特此一端而已。兆銘年十三而失母，於母生平德行，能知者幾何？於母生平所遇之艱難，能知者又幾何？母雞鳴而起，上侍老父，下撫諸弱小，操持家事，米鹽瑣屑，罔不綜覈，往往宵分不寐。兆銘惟知饑則索餅餌，飽則跳踉爲樂，懵然不知母之勞瘁也。歲時令節，兆銘逐群兒嬉戲，樂而忘倦，時見母蹀躞仰屋，微歎有聲，抽篋得衣物付傭婦，令質錢市果餌，及親友至，則亟語笑款洽，似無所憂者。兆銘亦忽忽不措意，不知母何爲而委曲煩重若是也？……」

汪琡初娶盧氏，山陰人，生一子三女。繼納吳氏為妾，廣東人，又生三子三女。綜計一妻一妾所生，共有四子六女。子女太多而仰恃脩脯所入為生，又需要在廣州賃屋居住，維持一個固定的門户，這些開銷當然很大。大概便是因為這些原因，纔使汪琡一家長年處於艱難窘迫之情況的吧！即便是在他的長子兆鏞做事結婚之後，這情形也並没有什麼改善。汪兆鏞《微尚齋雜文》卷六，有〈亡室陳孺人壙銘〉，其文後的銘辭，尤可惻痛。銘曰：

「生無可樂兮，死何足傷；惟食貧之同瘁兮，耿百年而不可忘。我銘幽礐兮，淚浪浪。」

由於家計貧薄而父母早死，汪精衛在十四歲以後，曾依其長兄兆鏞為活。但在汪精衛之上，還有一個大他五歲的二兄兆鋐，與大他四歲的三兄兆鈞，當時也都還是二十不到的大孩子，這一份家庭負擔全要兆鏞獨力支撐，就更覺得艱鉅不勝了。兆鏞長兆銘廿二歲，雖已出貢中舉，但亦已結婚而有子女，此時陡然要以一人的收入來維持十餘人的大家庭，當然更加捉襟見肘了。不知道是否由於家庭經濟上的原因還是由於思想的差距，汪精衛後來與他這個大他廿二歲的長兄兆鏞，處得並不好。汪精衛在革命成功後出任政府要職，汪兆鏞卻由廣州徙家澳門，隱居讀書，儼然是前清的遺老。這其間的關係，大概在汪精衛十七歲以後便已逐漸出現分歧。汪精衛自述說：

「父親歿後，並無遺產，我衣食之費，都仰給於長兄。至十七歲，便出去做子曰先生，每月得十元脩金，兼去各書院應試，往往取得優等，每月平均，得膏火銀二十元左右。十八歲，三兄病歿。十九歲，二兄病歿。和兩寡婦一孤姪，恃此度日。」

汪兆鈞死前，雖與章氏之女淑女訂有婚約而並未結婚，兆鈞病死，章氏聘妻自願為兆鈞守節。此時兆鋐已婚，二妯娌遂同居一處。大概兆鏞兆鋐兄弟間的析居，便在此時。逾年，兆鋐又死，兆鋐妻崔氏且已有子，一家之中，祇有汪精衛是年齡最長的男丁，於是，家庭責任便落在他身上。以一個年甫及冠而並無謀生專長的大孩子，獨力負擔四個人的生活，這責任實在太大了。據汪精衛自述所說，是靠他教書及從書院中所得的膏火銀維持生活，若據另一種說法，則是因為他所處的教席，東家對待他十分優厚，所得脩金極為豐腆之故。李景武撰〈我的家庭教師汪精衛〉一文中說：

「汪精衛在十七歲那年中了廣州府番禺縣的案首（原注：秀才第一名）。……那時候，番禺、南海兩首縣的考生是以萬計的，汪精衛中了案首，真比中了舉人還難能可貴。……」他的堂兄汪兆辛就薦他到我家充當家庭教師，教我家七八個男女大小孩子讀書。……他在我家的束脩，每月是十六兩銀子。本來一個秀才教館照常例是八兩銀子，我父本來要給二十兩，汪的哥哥不答應，說舉人才十六兩，秀才如何可以受這樣優厚的待遇？不要破了行規。我父才勉强照舉人的待遇支給，還對他哥哥說了一句笑話；他是萬人中的一位案首嘛！」

李景武是前清廣東水師提督李準的兒子，在汪精衛的偽政府中做過銓敘部次長，與汪精衛的淵源很深，照理而言，他的話應該是最可信的關係史料，但是在這段話中卻頗有錯誤。第一是汪精衛沒有一個名叫「汪兆辛」的堂兄。汪兆鏞跋庚申三月汪兆銓寄詩說，汪兆銓曾以生員出貢，任職廣東海陽縣學教諭，連州學正，後以病辭官，受廣東水師提督李準之聘，掌理文牘。然則汪精衛之能夠到李家去做西席，便是由於汪兆銓的推薦。汪兆銓字莘伯，李景武誤為汪兆辛，可知他已因年紀老邁之故而有記憶錯誤。既因年老而有記憶錯誤，對於他的其他記述，難免也要打個折扣。這是第一點。至於第二點，則應該是所謂「萬人取一」，考秀才比中舉人還困難的那一說法。

李景武說，廣東的番禺和南海是大縣，每年參加童生考秀才的「進學」考試之人「以萬計」，所以汪精衛能中案首要比中舉人還難能可貴。這種說法實在太誇張。清代的科舉考試，以秀才考舉人這一階段最不容易，因為名額少而參加考試的人多，如在江蘇浙江等文風鼎盛的大省，其困難尤甚。江蘇的舉人中額不過一百餘名，浙江則只有九十名，當三年一試的大比之年，下場考試的生員常常可以有七、八千人之譜。所以江浙二省的貢院（考舉人的試場）也特別大，號舍多至八、九千間，以便能容納來考的秀才。若是童生考秀才，乃是以一縣為考試單位的，即使文風再盛，一縣之中，又何來一萬人之多的考生？就以全國出狀元最多的蘇州為例，曾在吳縣考中秀才的包天笑，他在《釧影樓回憶錄》中自述他十五歲時在吳縣考中秀才的情形說，當時在吳縣一同報名應試的童生，每年不過七、八百人。吳縣的學額最廣，每科考試，可以取進新秀才四十人，也就是大約二十個考生可以取中一人。在科舉考試中，廣東不是大省。大省中的吳縣，考生猶且不過七、八百人，番禺南海二縣何致有萬人之多？假如果有萬人應試，在廣州又從何覓得如此廣大的試場來容納這麼多的考生呢？所以，這所謂「萬人取一」云云，顯然也是原作者記憶錯誤的誇張不實之談，不能置信。

「萬人取一」之說既不可信，剩下來的束脩問題，自然也難以立足了。汪精衛在他的自述中說，他做了「子曰先生」之後的束脩，是每月銀元十元。銀元十元的價值，只有七兩多銀子，比李景武所說的少多了，但卻能與他所說：「一個秀才教館，照常例是八兩銀子」的情形相符。李準是否曾經特別擡舉過汪精衛，每月送他十六兩銀子？因為汪精衛自述中從未提到此點，難以相信。若以廣東當時的習慣而言，廣東省因為外洋風氣傳入最早之故，當別省還在使用銀子的時候，早就行使洋錢，當此各省亦已陸續開鑄銀元之時，應該沒有回過來再用銀子的道理。所以，比較起來還是李景武的說法不可信。除此之外，李景武說法中的更大一項問題，乃是汪精衛留學日本時的費用問題。

在〈我的家庭教師汪精衛〉一文中，李景武續說，因為汪兆鏞中過舉人而汪精衛不過是秀才，他堂兄兆辛就希望他繼續應科舉考試，也中一個舉人，好與乃兄兆鏞並駕齊驅。而汪精衛的志氣頗大，立意要留學日本，以求擴大眼界。為了達到此一目的，他每月所得的脩金一文不花，連館中為他準備的點心也帶回家中去孝敬老母。如此攢積兩年，終於積有五百兩紋銀之數，安家不成問題，方能安心前往日本云云。按，汪精衛之母吳氏，早在他十三歲時就死了，前引〈秋庭晨課圖記〉可為明證，李景武說他在此時還要對他母親盡孝，豈不謬以千里？而且汪精衛之所以能夠赴日本留學，乃是因為當時的兩廣總督岑春煊意欲培養新政人才，下令在全省舉人及生員中考選優秀人才赴日學習法政，而汪精衛以優良成績中選，方能以公費待遇東渡日本留學。如果沒有這項公費待遇，五百兩銀子又能作何用途？再則，李景武曾說，汪精衛在他家做家庭教師時的待遇，是每月十六兩銀子，即使果真一文不花，兩年中也只能攢積到三百八十四兩而已，何況他當時還負有贍養寡嫂孤姪的責任，又如何能一文不花呢？由此可見，李景武雖然是汪精衛當年所教的學生，他的話竟比《古春風樓瑣記》中的推測假設之類更不可信。是不是因為年代久遠而老邁失記之故，以致凡事都只有大概的印象，事事都不確實，這就不是旁人所能代為回答的了。

汪精衛之死，距今不過五十多年，有關他的家世與早年事蹟，居然就有這麼多錯誤不實的記載。可知一個偉大人物決不能自毀平生，以致終於在歷史上沒有地位。如其不然，以他的身分，國史上一定會留下他詳細的傳記，也不致錯誤不實到如此地步。這不僅是汪精衛歷史的掌故，也是掌故家的掌故。走筆至此，良用慨嘆！

# 方君璧與曾仲鳴

旅居香港的名畫家方君璧女士，藝術造詣極高，享譽畫壇已數十年。民國五十五年時，方女士曾返國一行，歷史博物館特別為她舉辦了一次盛大隆重的展覽會，以表示推崇讚揚其藝術成就之意。當時，國內最知名的兩位大收藏家，張岳軍和王雪艇先生都曾應邀致詞，極讚方女士在融合東西繪畫方面的成功造詣，足見方女士藝術成就之不同凡響。但是，當時的所有讚譽雖然都對方女士的努力成績推崇備至，卻始終不曾提到她的有關生平，使得對方女士並不太瞭解的人，不免有如墮五里霧中之感。日來翻檢舊時報章雜誌，偶及此事，殊多感慨。因就所知，拉雜記之。

福建閩侯縣的方家，在民國革命史上大大有名。《革命人物志》第一集，有方聲洞及方聲濤兩人的傳記，此兩人即是出身閩侯方家，而為方君璧之兄。方聲洞是廣州三二九革命之役的七十二烈士之一，聲濤則是聲洞之兄。據方聲濤傳記所載，聲濤之祖名振隆，父名家湜，世居閩侯。家湜識見遠大，教育子女得風氣之先，諸子皆留學外國，濡染革命風氣，而且有救國救民的偉大抱負，故而聲濤與聲洞先後獻身革命，而聲洞卒於三二九之役殉身。這只是《革命人物志》中的有關記載，若由方君璧的《頡頏樓詩詞稿》序文中看來，則聲濤與聲洞還有一個長兄聲濂，姊君瑛，也都是參加革命甚早的有名人物。

方聲濂之妻名曾醒，與方君瑛、方聲洞，都是 國父在東京創立同盟會時加入革命陣容的同志。方聲濂的後來事蹟不詳。但聲濂之妻曾醒，與聲洞之姊君瑛，則在以後成了汪精衛的親密同志。由於方、曾二家的戚誼及友誼關係，方家的么妹君璧，與曾醒的幼弟仲鳴，也由親戚而變成了戀人，最後並且結了婚。曾仲鳴後來作了汪精衛所最親信的「行政院秘書長」。汪精衛在民國二十八年脫離抗戰陣營，潛往河內，秘密勾結日本謀和，曾仲鳴亦是追隨左右的少數親信人物之一。卻不料在河內遭到政府所派特工人員的狙擊，使曾仲鳴成了汪精衛的替死鬼，同在房中的方君璧亦身負鎗傷，幾乎殞命。從此以後，方君璧就成了折翼的孤鸞。大概就是因為曾仲鳴身負漢奸醜名之故，所以在有關方君璧的介紹文字中，纔特意不提她是曾仲鳴遺孀的這一層關係吧！

韓文舉所撰的《捫蝨談虎客錄》述汪精衛早年行刺攝政王載灃的事蹟，其中說到，汪精衛當時在南洋各地招致同志籌設暗殺部，對於所吸收同志的資格要求極嚴，前後獲准加入者不過只有六個人而已。在這六個人之中，男同志是黎仲實、黃復生、和喻雲紀；女同志則除了陳璧君之外，赫然就是方君璧的長嫂曾醒與長姊方君瑛。曾醒、方君瑛與汪精衛、陳璧君的關係如此久遠而深切，由此不難想像曾仲鳴後來之能夠成為汪的親信，其原因為何。曾仲鳴早年曾經留學法國，回國後就做了汪的秘書。汪不但對之倚信甚深，並日隨時隨地擔任他的國學導師。其結果是曾仲鳴的詩詞都作得很好，所寫的字也極像汪精衛。胡儀曾撰《近代書家親炙記》，有一段記述此事，云：

「汪先生書，婀娜而不能剛健，若不稱其人，蓋其筆意從華亭出，而未得華亭所自入也。率意書，往往稚弱不足觀，興到之作，如時花美女，風神絕世，至若淡墨數行，無意求工，良有非他人所能及者。孫過庭謂：寫樂毅則情多怫鬱，書畫贊則意涉瓌奇，雖匆匆草書，固自有流露於不自覺者。此其微妙之理，韓退之〈送高閑上人序〉曾言之。仲鳴學先生書，幾於具體而微，人多不能辨，惟陳樹人先生自謂能辨之。余去鐵道部時，汪先生方自海外歸，有手書問余狀況，且云：此書不屬之記室，而自作數行者，想能鑒諒此意也。後又手書聘余為其私人秘書，而筆意特精嚴。余曾以示樹人先生，一見即云：此精衛先生親筆，非仲鳴所作。」

上文所說的「華亭」，指明代末年最有名的書法家董其昌。董其昌的書法，以瀟洒俊逸見長。汪精衛學董其昌的字體而又缺乏董的基本修養，所以婀娜有餘而剛健不足。如今曾仲鳴又刻意模仿汪書，即使能夠具體而微，畢竟是婢學夫人，比較起來未免又遜汪一籌了。方君璧撰《頡頏樓詩詞稿序》，極讚曾仲鳴的性格適宜於作一個真正的詩人，而不是一個政治家。並說曾仲鳴之所以從事政治，乃是為了朋友——「為信仰他的宗旨，崇拜他的人格，愛護他人而至作最後之犧牲都不惜。」這個「他」，顯然指的就是汪精衛。由此可知，曾仲鳴之模仿汪精衛的字體，模仿汪詩的風格，正是對汪精衛極度傾倒崇拜的表現。然則曾仲鳴的思想和言行，正是受汪精衛之影響極深的了。他在河內誤被刺客所斃，在旁人看來也許覺得可惘，在他自己，倒也許正是甘之如飴的哩！

曾仲鳴在河內代替汪精衛作了鎗下之鬼，從此使方君璧成了失侶之孤凰，悽悽慘慘的過她形單影隻的寡居生活。而由方君璧所撰的《頡頏樓詩詞稿》序文中看來，曾仲鳴和方君璧的夫妻感情極篤。方君璧說：

「我們兩人的情感，不只是夫婦，我們同時也是兄妹，同時也是朋友。我們的同情，我們的互相了解，在此世界上是不能再有第二個了！我們二人，真正如管道昇夫人所說，我們像是用了我們小時所玩打破的泥人，再和，再揑，再做出來的我和你，所以你中有我，而我中有你。」

看《頡頏樓詩詞稿》中所收的曾仲鳴、方君璧二人詩，他們夫婦的感情確實十分篤愛。因為《頡頏樓詩詞稿》中所收的詩詞雖然不過二百餘首，屬於他們夫婦二人彼此戀念唱和的，就有三十首之多，其中所流露的情感極其真摯，讀來十分令人感動。試加摘引數首如後，以略見其一斑。

民國十九年，曾仲鳴與方君璧同由法國乘船回國。船至新加坡，方君璧上岸，而曾仲鳴續乘原船經香港至上海。曾仲鳴此時，曾作〈鷓鴣天〉一首寄君璧，詞云：

「君望征帆我望家，一般愁恨是天涯。情如戀岫雲無定，夢似迎風燕半斜。空哽咽，莫咨嗟，分離萬里路非遐。心魂一剎相思遍，往返何曾海水遮？」

方君璧得詞，亦作〈菩薩蠻〉一首寄之，詞云：

「皓空萬里孤光白，銀波靜展風無力。冉冉上羅衣，參差竹影微。浪聲巖下寂，莫際蛩聲切，愁思逐征舫，浮心上下潮。」

在這首詞寫了之後不久，方君璧又有續作二首，調子仍是〈菩薩蠻〉，寄的仍是曾仲鳴。第一首云：

「沈沈萬籟消寒谷，浮星數點搖空綠。殘夢影依稀，故人顏色微。莫教空苦憶，淚自腮邊濕。愁思咽冰心，心摧愁怎生。」

第二首云：

「寒光耿耿應須惜，明朝恐又浮雲蝕。清影亦依依，憑欄思欲飛。飛心明月裏，與月長相處。同此在天涯，問雲欲怎遮？」

詩和詞，是最精鍊最凝聚的文字，用來表現感情，情致含蓄而韻味深遠，最值得玩味。方君璧和曾仲鳴既然都長於此道，以填詞作詩來遙寄雙方的情思慕戀，自然更能美化他們之間的愛情。看曾仲鳴所作的詩詞，在這方面的表現恰又最為豐富，真使人歆羨他們夫妻當年的鶼鰈相愛之情，何其深刻，何其真摯！再抄幾首如下。

民國二十四年夏，曾仲鳴與方君璧同在廬山避暑。其後曾仲鳴先歸，有〈將離廬山獨與君璧同坐望月〉之七律一首云：

「蒼涼城郭兼旬雨，表裏峰巒百丈明。孤月殘更憐並影，幾家今夕得雙清？頗疑風露非人世，不覺雲煙與樹平。數日相看仍暫別，落花流水不勝情。」

民國二十六年，曾仲鳴與方君璧又有廬山之行。曾仲鳴此時，作有〈與君璧同坐市山公園〉，及〈九月二十二日侵晨離山，舟次賦寄君璧〉二詩。舊曆年將近，方君璧已往香港，曾仲鳴在漢口，又有〈晚過公園賦寄君璧〉詩。其中又以〈舟次賦寄君璧〉一詩最富於情思，云：

「蕭蕭黃葉滿窗間，忽漫相逢得少閒。絮語殘燈三夜月，荒雞微雨一舟還。亂檣停岸多於樹，遠夢隨雲半在山。我獨聽潮君聽雁，舷邊階畔各愁顏。」

方君璧說「他詩中時有我，我的詩中亦時有他，見此可知我們之情感。」看了上面的這些詩詞，可證此言不虛。大概亦正因為如此，所以曾仲鳴雖然已死了幾十年，方君璧帶著他們的三個兒女展轉流徙，所有的財產和書籍都散失殆盡，唯有這一册他們夫婦共作的詩詞稿，卻永遠為方君璧所什襲珍藏，永遠保存，最後並且把它印行出來流傳於世，以見他們夫婦之間雖然已經一生一死，人天永隔，卻仍永遠憶念。方君璧留在《頡頏樓詩詞稿》中的最後一首詩，是民國三十一年所作的

〈古林寺鴉群〉，乃是一首五言古詩，讀來甚為悽婉悱惻，云：

「曠野暗無聲，蒼穹遠何極。古樹暮靄間，參差拏天直。似憐枯枝寒，借彼寒鴉翼。鴉來葉滿林，鴉去無一葉。悠然倏忽間，冬夏互相迭。翻羽掩斜輝，殘日爲之匿。我心含瘡痍，我腸常百結。淚枯墨亦乾，洒書筆無力。欲寫此時情，願假鴉顏色。鴉色不染牋，何如濺胸血！」

自民國三十一年至民國五十五年《頡頏樓詩詞稿》印行之時止，前後歷時凡二十四年，而方君璧竟未再作一詩，其原因是否便如她在此所説，因淚枯墨乾而無可再寫之故呢？看了她們夫婦之間如此生死不渝的愛情，實在使人覺得欲語無言。曾仲鳴雖然不幸而身負漢奸之醜名，有這種偉大的愛情為之翼載，亦庶幾可以稍減其罪愆了。

# 貳

# 掌故雜談

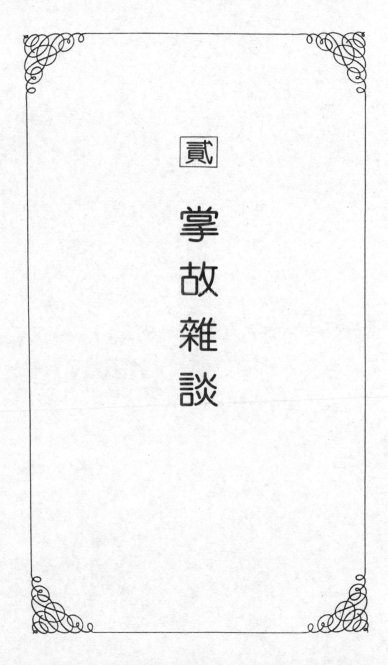

# 古代中國人的鬍子

## 劉備嘴上無鬚　孫權鬚如蝟毛

舊時的中國戲劇大多以搬演歷史故事為主，看多了舊式戲劇的結果，往往會對戲中人物的造型產生一定的觀念，但卻不自知其錯誤，這種現象十分普遍。

試以三國戲劇為例，三國故事該是人們最熟悉的通俗歷史了。看多了三國戲之後，往往就形成了這麼一種觀念：劉備、孫權、諸葛亮都是四、五十歲的「老生」型人物，「小生」型的呂布和周瑜比他們年輕得多；曹操雖是大白臉型的奸臣，他那滿嘴巴的長鬍子卻顯得威嚴而貴重，具有大人物的氣度；而張飛的個性魯莽，亦已可從他那一副扎嘴鬍子上表露無遺。這些觀念是否正確？試從歷史記載上去推敲，即可知其不然。

三國歷史中的呂布出道甚早，先事丁原，再投入董卓門下，到他出現在「讓徐州」、「白門樓」等戲中與劉備演對手戲時，早已是歷盡滄桑的中年人了，而劉備則不過是出道未久的三十幾歲青年人而已。只因劉備在戲中是「老生」角色，呂布則是武生，老生掛鬍子而武生不掛鬍子，於是就使兩個人的年紀顛倒了過來。同理，周瑜在三國戲中是小生角色，而孫權卻是老生，雖然孫權事實上要比周瑜年輕得多，在觀衆心目中卻只會覺得周瑜年輕而孫權年長。至於曹操之必須是大白臉型的奸臣，張飛之必須掛扎嘴鬍子，亦因戲劇中早已將此二人的個性塑造成了這樣的型式，非作此扮相不足以顯示其特性，其結果當然也就與事實有了距離。

孫權像（選自《三國演義》）

《世說新語》中說，曹操作了魏王之後，將接見匈奴來使，「自以形陋，不足雄遠國」，乃使眉目疎朗而鬚長四尺的崔琰代替他，他自己則手執佩刀，扮作侍衛，在一旁侍立。匈奴使臣事後發表其人觀觀感是：「魏王雅望非常，然床頭捉刀人此乃英雄也。」由此可見，曹操的形貌實在很不好看，缺乏崔琰那樣眉目疎朗而鬚長四尺的「雅望」。戲劇中的曹操，被塑造成身材魁偉而長鬚飄拂的高貴模樣，顯然與曹操本人不像。而張飛之莽撞，只見於三國演義中的描寫，因此就將他掛上象徵粗魯不文的扎嘴鬍子，當然也缺乏事實證據。

三國戲中各個重要人物的鬍子扮相，只有關公的「美髯公」模樣與歷史記載相符，而劉備三綹長鬚的老生扮相錯得最離譜。因為從歷史文獻的記載可以知道，劉備實際上是「嘴上無毛」的汪精衛型人物，將他掛上三綹長鬚，太不對了。

《三國志・蜀書》〈周群傳〉中引敘蜀人張裕諷刺劉備無鬚的故事說，劉備未得四川之前，曾與益州牧劉璋在涪州相會，張裕是劉璋的屬官，亦在場陪座。張裕多鬚，劉備就編了一個故事來取笑他，說他的故鄉涿縣特多毛姓，東西南北俱是姓毛之人，因此當地縣官就說是「諸毛繞涿居」。劉備把張裕嘴旁叢叢密密的鬍子說成是「諸毛」，顯然是很不客氣的諷刺，張裕也就毫不客氣的回敬。他所用的方法也是編故事。說是某人先作潞縣縣令，又調涿縣縣令，辭官回家之後，有人想給他寫信，卻不知道當如何稱呼方能兼顧二者：「欲署潞則失涿，欲署涿則失潞，乃署曰潞涿君。」張裕故事中的「潞涿君」，與「露椓君」三字諧音，借此諷劉備之嘴上無毛。因「椓」為宮刑，閹人亦稱為「椓」，惟有受過宮刑的閹人纔不長鬍鬚，而劉備偏偏就是嘴上無鬚之人，罵他是閹人一樣的「露椓君」，雖刻毒之至，卻亦傳神之至。由此可知，劉備實際上是和汪精衛一樣的小白臉型人物，嘴上沒有鬍子，將他塑造成三綹長鬚的高雅形相，與事實相去太遠。

《晉書》〈桓溫傳〉中曾說：

「溫少與沛國劉惔善。惔嘗稱之曰：溫眼如紫石稜，鬚如蝟毛磔，孫仲謀晉宣王之流。」

孫仲謀即孫權，晉宣王即司馬懿。由此可知，孫權與司馬懿都是鬚髭堅硬而植立森張，有如蝟毛磔磔然模樣之人。這樣形相的男人，其男性荷爾蒙分泌特別旺盛，易耽於肉慾。三國演義並未在這方面特加發揮，以致出現在三國戲中的孫權與司馬懿也只是一般老生的角色，顯然對真正的歷史人物缺乏深入的了解。

## 髯鬚顯示身分　美髯令人羨慕

古代的中國人重視鬍子，一般仕宦縉紳人物到了四、五十歲之時，便須「蓄鬚」，不如此不足以顯示其尊嚴威重。舊劇中以掛長鬍子的老生飾演政府高官與皇室勳貴，甚至年齡較大的皇帝也必須戴上鬍子，足證其深有道理。以當時的社會習慣而言，農、工、商各業的勞動大衆生活辛苦而身分卑下，必須經常將鬍子剪短，以適應其工作需要，所以他們不可能留著長鬍子。反過來看「四民之首」的知識分子階層，他們的日常生活一般都安坐不動，既有充分的時間從事鬍子的保養與修飾，留起鬍子來也越發可以顯示他的身分與地位，然則一到相當年紀就要留鬍子，亦勢必成為仕宦縉紳之專利了。但一個人之是否能夠長出一副足夠代表其尊嚴威重的漂亮鬍子下來，並不是自己可以作主的事；牠不僅與遺傳因素有關，還與體質、氣血、營衛等問題具有密切的關係，不是希望得到就能得到的東西。《酉陽雜俎》云：「太宗虬鬚，嘗戲張弓挂矢。」又《清異錄》云：「唐文皇虬鬚壯冠，人號髭聖。」可見得文治武功卓越千古的「天可汗」唐太宗也得不到一部漂亮威重的美麗鬍子，其他人更不必說了。屈指數來，歷史上夠資格稱為「美髯公」的人，畢竟寥寥可數。

《史記》〈漢高祖本紀〉說：

「高祖美鬚髯。」

《漢書》〈霍光傳〉：

「光長七尺三寸，白晰疏眉目，美鬚髯。」

《續漢書》：

「司馬直字叔異，潔白美鬚髯，容貌儼然。」

《三國志》〈崔琰傳〉：

「琰聲姿高暢，眉目疏朗，鬚長四尺，甚有威重。」

漢高祖像

《北齊書》〈許惇傳〉：

「美鬚髯，下垂至帶。」

諸如此類記述帝王將相具有鬚髯之美的記載，稽之史册，實在並不多見。然則一般的情形大多只是有鬍子而並不風致飄逸，長鬚及胸，夠不上資格稱為美髯公，如此而已。美鬚髯通常具有偉丈夫的氣概，身為帝王，自己缺乏一部修偉美觀的漂亮鬍子，卻偏偏看到自己的屬下擁有如此珍貴難得的美髯，那滋味一定不大好受；於是乎乃不免出現意料所不及的變化。

《北齊書》〈許惇傳〉：

「惇還殿中尚書。惇美鬚髯，下垂至帶，省中號爲長鬣公。顯祖嘗因酒醉，握惇鬚髯稱美，遂以刀截之，惟留一握。惇懼，因不復敢長，時人又號爲齊鬚公。」

又同書〈盧潛傳〉：

「潛從清河王南討，清河王令潛說南將侯瑱，大納賂遺，還不奏聞。顯祖杖潛一百，仍截其鬚。」

《北齊書》上的「顯祖」，即高歡，當時是東魏的丞相。高歡乘醉以佩刀割掉許惇的美髯，顯然是出於嫉妒的心理；試看許惇從此不敢再留長鬚，便可證明這一點。而盧潛之因罪被割去鬚髯，大概也是同樣的情形。高歡本是胡人，胡人多虬髯而少長鬚，然則他之嫉人長鬚，顯然是由於自己缺乏這種象徵尊嚴威重之美髯的緣故了。在同樣的心態之下，沒有鬍子的男人，便也難免成為旁人譏笑的對象了。

《談藪》：

「北齊李恕無鬚，崔諶戲之曰：何不錐頰頤作數百孔，拔左右好鬚者栽之。」

又，《北史》〈李崇傳〉：

「崇從弟平，平子諧，諧子庶，生而天閹。崔諶調之曰：『教弟種鬚，以錐徧刺作孔，插以馬尾。』庶曰：『先以此方回施貴族藝眉有效，然後樹鬚。』世傳諶門有惡疾，以呼㸌為墓田，故庶言及之。邢子才在傍大笑。」

在男人普遍重視鬍子的時代裏，身為男子而居然嘴上無毛，實在是很不體面的事情。然而歷史上也居然曾有男人以嘴上無毛為光榮，則又太出乎人們的想像之外了。稽之史冊，這樣的事情也確實曾經發生。宋朝時的郭忠恕與明朝的王偉，即為其人。

《談苑》：

「郭忠恕，宋太祖素聞其名，召入，館於內侍竇神輿舍。忠恕先長髯而美，忽盡剃鬚。神輿驚問之，對曰：聊以效顰耳。神輿怒白之，除國子主簿。」

《菽園雜記》：

「正統間，工部侍郎王某出入太監王振之門。某貌美而無鬚，善伺候振顏色，振甚喜之。一日，問某曰：王侍郎，爾何無鬚？某對曰：公無鬚，兒子豈敢有鬚？人傳以為笑。」

竇神興與王振，都是當時皇帝跟前的用事太監。郭忠恕為了避免自己的美髯或者會刺激到竇神興的閹宦身分而故意剃掉鬍子，卻不料得到相反的效果。至於王偉，則明明臉上不曾長出鬍子來，卻也希望混充閹宦身分，其可笑實更甚於郭忠恕。身為鬚眉男子而其所作所為宛如妾婦，這就難怪他們要像沒有鬍子的太監了。

## 王安石鬍子長虱 令人敬而遠之

鬍子雖然象徵男子的陽剛之美，但長得茂密的鬍子需要勤加修飾保養，否則難免雜亂污穢，則鬍子不僅不美，而且要惹人之厭惡了。宋朝的大政治家王安石，學問甚高，文章甚美，而其性情疏懶，經常不施櫛沐，亦不勤換衣服，成了一個出名的不潔之人，終於連他的鬍子也出了新聞。宋人彭乘所撰《墨客揮犀》記述有關此事的情形說：

「荊公禹玉，熙寧中同在相府。一日，同侍朝，忽有虱自荊公襦領而上，直緣其鬚。上顧之笑，公不自知也。朝退，禹玉指以告公，公命從者去之。禹玉曰：『未可輕去，輒獻一言以頌虱之功。』公曰：『如何？』禹玉笑而應曰：『屢游相鬚，曾經御覽。』荊公亦為之解頤。」

上等人的鬍子上應該絕無出現虱子的可能，王安石當年居然有此笑話，其衣服污穢不潔可想而知。另一種與此相似的情形，則是鬍了之雜亂無章，毫無美感可言。

《全唐詩》中收有伶人黃幡綽所作的〈嘲劉文樹〉詩云：

「可憐好個劉文樹，髭鬚共頦頤別位，文樹面孔不似猢猻，猢猻面孔強似文樹。」

劉文樹是唐玄宗時代的安西都護府牙將，鬍鬚不生於顏面而生於頦下，鬖鬖然錯雜無序，看起來儼如猿猴，所以黃幡綽以此嘲之。本是象徵男性之美的鬍子，在這裏竟然變成醜陋的代名詞，亦可說是鬍鬚故事的外一章吧！

# 財神也來鬧元宵

轟連爆竹近還遥，到處喧闐破寂寥。聽去有聲兼有節，鬧來元旦過元宵。
太平響徹家增樂，開道聲稀巷轉囂。取次春風催剪柳，賣餳時近又吹簫。

——清·范來宗詩

一年一度的元宵佳節，在我國民間的習俗中，與中秋同是最富於詩情畫意的歲時令節。早在一千多年前的農業社會開始，元宵節就是新年假期中最可使人狂歡盡興的快樂日子。從農曆正月十三到十八日，是官府正式規定的「燈節」。打從一過完年就開始準備的各式花燈，至此分別登場，為人們提供一個歡欣鼓舞的同樂活動。清人顧祿所撰的《清嘉錄》中說：

「臘後春前，吳趨坊、申衙里、皋橋、中市一帶，貨郎出售各式花燈，精奇百出。如像生人物則有老跎少、月明度妓、西施采蓮、張生跳牆、劉海戲蟾、招財進寶之屬；花果則有荷花、梔子、葡萄、瓜藕之屬；百族則有鶴鳳鵓鵲、猴鹿馬兔、魚蝦螃蟹之屬；其奇巧則有琉璃球、萬眼羅、走馬燈、梅里燈、夾紗燈，畫舫龍舟，品目殊難枚舉。至十八日始歇，謂之燈市。」

在長達一星期左右的燈期中，一到晚上，街衢花燈如晝，觀燈之遊人如織，熙往攘來，笑語喧闐，充分洋溢出笙歌鼓舞的太平氣象。與此同時展開的活動，尚有放煙火、打燈謎、燃爆竹等多采多姿的許多節目，真正夠得上「城開不夜、金吾不禁」的熱鬧盛況。臺灣民間的年節娛樂源自大陸，其內容當然亦與大陸各地相彷彿。但其中亦有一項活動是大陸各地所罕見的，是即正月十五晚間玄壇神出巡時必有鞭炮猛炸神駕，其情況十分特別，也很值得注意。

根據日本人鈴木清一郎所撰《臺灣舊慣習俗信仰》一書中的説法，臺灣民間舊習，有元宵夜祭祀玄壇神之特別風俗。祭祀的方法，是在元宵節晚上到玄壇廟裏請出玄壇爺的神像，將祂安置在一個精製的竹椅上，然後用兩根長竹竿從竹椅兩旁穿過，由四名裸體大漢擡著坐在竹椅中的神像，在鑼鼓前導聲中，搖搖擺擺地巡行四境。巡行所經之處，兩旁人家早就準備好了極多鞭炮，一等神像行近，就點燃爆竹，對準擡轎遊行的大漢拋擲。在整個活動進行過程中，附近人家固然人人都不惜多金購買鞭炮，擡著神像遊行的裸體大漢卻似對這炮火連天的爆竹陣視若無睹，依舊以泰然自若的神情擡著神轎繼續前進，而且仍以進退搖擺的整齊步伐表示他們的無畏精神。當地老百姓何以要用如此猛烈的鞭炮陣來歡迎玄壇神的大駕？據説是基於兩點理由。第一點理由是：據説玄壇神最怕冷，故有「寒丹爺」之稱；為了替寒丹爺驅除寒冷，所以人們要用極猛烈的鞭炮陣來迎接神駕。第二點理由是：據說擡著神椅巡行四境的四名轎夫早有神靈附體，已具有不畏爆火燒炙的特異功能，人們用鞭炮來攻擊，正可藉此證明其特殊法力。此書的作者並未附帶說明，受到大量爆竹攻擊的四名裸體轎夫最後是否慘遭爆竹燒灼之傷害，但「鞭炮猛炸寒丹爺」之習俗如此特殊，其源起究竟如何？其實際意義又是什麼？倒是很值得研究探討的問題。

民間信仰中的玄壇神，即是《封神演義》中的趙公明，死後由姜子牙彙奏天帝，封之為「金龍如意正一龍虎玄壇真君」，故俗稱為趙玄壇或玄壇神。此神屬下，尚有招寶天尊蕭昇、納珍天尊曹寶、招財使者喬有明、利市仙官姚邇益等四尊神祇，具有「招財進寶，利市納珍」之特殊能力，所以民間尊奉玄壇神為武財神，與另一尊由聞太師成神的文財神並稱「文武財神」，普受天下萬民之崇祀。財神爺通常只在正月初五的神誕之日接受世人之牲醴拜禱，玄壇既是財神之一，如何又在正月十五日晚上命駕出巡？其中道理，顯然又與道教之傳說有關。

道教經典中有一種名叫《典籍實錄》。根據此書所說，趙公明係「日精」。上古之時，天有十日，為害世人，經后羿射下九日之後，方纔確定了現在的宇宙形態。后羿所射下的九日之中，有八個都變成了鬼王，只有一個是人，手執鋼鞭而身騎黑虎，隱居在蜀中，此人便是趙公明。張天師在青城山修道時，請趙公明為他守護丹室，及至張天師修煉成功，趙公明也就有了變化無窮的法力。張天師昇天後，特別向天庭保舉，因此趙公明也得了天將的封號。由於玄壇神與張天師的關係如此密切，有關張天師的一切祭祀活動，當然少不了祂。大概亦就是因為這一層關係吧，所以玄壇神總會在元宵節晚上出來巡行四境。

《續文獻通考》有一條記載說：

「張道陵，唐冊封天師，國朝仍令傳襲正一嗣教真人。歲以正月十五日爲祖師示現之辰，遣官詣大德靈顯宮致祭。」

據此可知，每年的陰曆正月十五日不僅是民俗相傳的元宵節，亦是道教第一代天師張道陵每年降凡顯聖的重要紀念日。既然第一代天師要在這一天顯示其法相，則作為天師守護神將的玄壇爺，當然也少不得要在元宵節出動神駕巡行四境，以克盡其告祭大典中的守護之責。「寒丹爺」在元宵節出巡的典故，大概出在這裏。不過，任何一位神祇的神駕出巡之際，老百姓照例都只以虔誠頂禮的心情膜拜祝禱，從不曾聽說過以鞭炮陣相迎的前例。而且不僅此也，照《臺灣舊慣習俗信仰》中的說法，寒丹爺在日據時代的元宵節出巡，還有人特別用麻糍糊粘在待投擲的爆竹底部，俟點燃投出之時，爆竹會粘附在擡神轎大漢的身上，爆炸起來的殺傷力更為驚人。以如此這般的惡作劇方式將玄壇神出巡的祭祀活動點綴得更加熱鬧瘋狂，顯然已將本來的宗教祭祀轉變為「鬧元宵」之一種，寖假而逐漸忘其本來之意義了。

根據民俗學家的報導記述，臺灣民俗活動中的「鞭炮猛炸寒丹爺」，目前以花蓮玉里鄉及臺東縣一帶最為熱中，每年元宵節玄壇爺神駕巡行至此，所遇到的鞭炮陣炮火猛烈，其熱鬧程度不遜於臺南鹽水鎮的蜂炮陣頭。以與大陸各地的元宵民俗相比，臺灣的鞭炮猛炸寒丹爺與鹽水蜂炮可謂別創一格。這是宗教儀式與民俗活動相攙和的結果，但也使得道教祭典中的玄壇神出巡彷彿變成了民俗生活中的「財神鬧元宵」，更加增添了元宵活動中的娛樂氣氛，該是十分使人意外的吧！

# 從年頭吃到年尾

## ——關於臺灣風俗「做牙」的小考證

每年陰曆的十二月十六日，是一年一度，吃「尾牙」的好日子。

在工商業掛帥的臺灣寶島，一年一度的「尾牙」是大日子。年年此日，公司行號的大老闆都要抽撥一大筆費用，在大菜館裏擺設盛筵，來宴請所屬的全體員工。筵席擺得越闊氣，越顯得老闆有氣派，也越顯得公司賺的錢多。大企業大公司的員工數目可以有幾千幾百人，一場筵開百桌的盛宴，可以吃掉上百萬的新臺幣。作老闆的固然被吃得心疼肉痛，來白吃的員工卻只消抹抹油嘴，轉身就走，連個謝字都不消說得，因為那是老闆為了慰勞員工的一年辛苦，應該的嘛！可是，即使是如此普遍而通俗的一項行為習慣，誰又知道這習慣的真正源起何在？

民俗學家曾經試圖對此問題有所解釋。照他們的說法，臺灣的「做牙」風俗，與兩件事情有關：一是祭拜福德正神，二是商業交易中的「互」字。福德正神即土地神，他的誕辰在二月二日。臺灣「做牙」風俗中的「頭牙」即在二月二日，顯然是與拜祝福德正神的誕辰有關。其次則古代商場中主管交易行為的「牙郎」，其本來的職稱應為「互郎」──主管「互市」的官員。唐朝人把「互」字俗寫成為「㸦」字，漸變而為「牙」字，因此「互郎」就變為後來的「牙郎」。而在商業交易成功之後，照例有祭拜福德及宴請「互郎」與買主、夥友的習慣，這就成了後世「牙祭」的起源。大陸各省的口語習慣與臺地有別，大陸人所說的「介紹」，臺語稱為「紹介」；同理，大陸人所說的「牙祭」，傳到臺灣來之後亦將會轉變成為「祭牙」，亦即民間所謂之「做牙」。這種說法看來似乎不無道理，但也不無矛盾牴牾之處；最顯然的，就是把福德正神的誕辰與牙祭拉在一起的那種說詞，看起來實在太勉強。

臺灣的「福德正神」其實就是大陸各地民間所普遍祀奉的土地神，要追究土地神的誕辰究竟是否與牙祭有關，自必須瞭解土地神的性質為何。

按照官方文獻的記載，民間傳說中的土地神，在官文書中稱為社神，社神是自然神而非人格神，何來「誕辰」之可言？所以古時的「社祭」，祇在立春與立秋之後的第五個「戊日」舉行，前者謂之「春社」，後者謂之「秋社」。春社祈神保祐一年之中風調雨順，五穀豐登，至秋社則報饗社神這一年中的照顧，二祭各有不同的意義。由於立春與立秋之後的第五個戊日並非確定性的日子，不便於記憶，所以漸到後來，就有將春社固定在每年之二月初二日，秋社固定於每年之八月十五日的。如河北省的《吳橋縣志》就說：

「二月初二日，鄉村咸祭賽土地神。其古春社之遺意歟？」

《福建通志》〈泉州府歲時記〉亦說：

「二月初二日，各村俱祭土地，名爲做福。泉州以二月二日爲土地生日，庋正月所食粿餌祀之，云可明目。」

同書〈漳州府歲時記〉則說：

「二月，鄉民倣古春祈，斂金祀神，分胙而歸，謂之做福。」

可見以二月初二日春社之日為土地神之誕辰，只是大陸某些地方的習俗信仰。臺灣的早期移民大部分來自泉漳二府，因保留泉州人的風俗習慣而將二月初二日定為福德正神之誕辰，正可說其來有自。但如因此而即謂此即是「做牙」之起源，則未免太牽強了。如果再把古代交易互市中的酬神活動解釋為牙祭的起源，則亦無法說明何以這種活動必須固定在每月初二、十六這兩天的原因所在。所以說，民俗學家的前述解釋看似言之成理，但卻經不起仔細的研究推敲。其中的真正內情究竟如何，似乎有待進一步的探討。

在大陸上稱為「牙祭」的「祭牙」或「做牙」風俗究竟起源何自？這「牙」字大可研究。根據字書的解釋，現代語言中所通稱的「衙門」，其最初的寫法應為「牙門」。唐人李匡乂所撰的《資暇錄》說：

「兵書言牙旗者，將軍之旗。軍中必豎牙旗於門，是以史傳咸作牙門字。」

又，唐人封演所撰的《封氏聞見記》說：

「近世謂府廷曰公衙，公衙即古之公朝也，字本作牙。祈父司馬掌武備，象猛獸以爪牙爲衛，故軍前大旗曰牙旗。近俗尚武，遂是以通呼公府爲牙門。」

衙門中如有祭神活動而可由軍將分享其餘胙，正應是「牙祭」與「打牙祭」名稱的由來。而由唐宋以來的行事習慣看來，其情形大概正是如此。

明朝人丘濬所撰的《大學衍義補》引《唐書》〈百官志〉云：節度使辭朝之日，皇帝例賜雙旌雙節。行則建節，立六纛，入境則迎以鼓角，築節樓以貯之。宋朝制度，有六纛旌節門旗，受賜者藏之公宇私室，號為「節堂」，於每月朔望之次一日祭之，號曰「衙日」，「蓋有旌節則有神祀」之故也。明朝的制度沿唐宋之舊，在京師山川壇之側建旗纛神祠，每歲二祀，由旗手衛官員致祭。至於天下衛所所立神祠，則於霜降日舉行祀典，所用祭祀牲醴，與社祭所用者同。由這一條記載可以知道，所謂「牙祭」，實在源出於宋代擁有節度使名號者於每月初二、十六兩天所舉行的旗纛之神祭典，至明代則簡化為各地衛所的每年一祭。由於所祭祀的乃是牙旗之神，而「衙門」又為「牙門」之傳訛，所以，不論是祭牙旗或是在衙門裏舉行的祭典，都可以稱之為「牙祭」。祭牙旗之神或旗纛之神例有牲醴祭品，祭畢之後分享福物，亦是衙門軍將之一大事。其原因為何？則因為當時的低級軍校普遍貧窮，一年中難得有雞鴨魚肉等等豐腴適口的食物可吃，對此難免有極大的期待與企望之心故也。筆者此說，並非信口雌黃，在文獻資料中即有證據可查。

宋人彭乘所撰的《墨客揮犀》說：

「舊制，三班奉職月俸錢七百，驛劵肉半斤。祥符中，有人爲詩題於驛舍門曰：『三班奉職實堪悲，卑賤孤寒即可知。七百料錢何日富，半斤羊肉幾時肥？』朝廷聞之曰：『如此何以責廉隅？』遂議增月俸。」

宋朝時的「三班奉職」，是最低階的武職官，俸薄如此，其生活自然十分艱難。節帥衙署中的低級軍官，如果在每個月的初二、十六兩日都有祭神之後的胙肉可分，想必一定是五臟廟可以略沾油水的快樂日子吧！稱之為「打牙祭」，實在是很恰當的名稱。至於明朝的各地衛所，其官兵生活之困窮，較諸宋代有過之而無不及。所可惜的是，宋代節帥署中的「牙祭」，一年中有二十四次之多，到了明代的衛所，只不過一年一次而已。相比之下，宋代各地節署中的軍校，一月可打牙祭二次，明代衛所軍官則一年中祇有一次，其所得更為可憐。在這種情況之下，其實際意義本為「衙門祭典」的「牙祭」，寖假而有逐漸變質為牙齒所難得享受的祭典之意，「牙祭」二字之所以原義不彰，似乎與此不無關係。

淵源自宋代節帥衙署中的牙祭，對於當時的社會習慣會不會發生影響？相信一定會有的。因為舊時代的中國社會一般都很窮困，商界亦是節儉。由商店老闆雇用的夥計，照例需由老闆供應食宿，為節省支出起見，日常菜餚都極為節省，難得有魚肉可吃。商店夥計知道了節署中的低級軍校每逢初二、十六都有魚肉可分的事後，想必也會向他們的老闆們提出權利抗爭。在老闆們的同意之下，他們終於也可以在每個月的這兩天中有魚肉可吃。由於其來源出自節帥署中的定期祭典，於是其名稱亦謂之牙祭。這話亦並非作者之臆說，在舊小說中即有證據可尋。《儒林外史》第十八回，敘述匡超人到杭州文瀚樓去為他們編選文章，店主人備了四色小菜請他吃飯，隨即告訴他生活待遇方面的情形說：「發樣的時候再請一回，出書的時候又請一回，平常每日都是小菜飯。初二、十六，跟著店裏吃牙祭肉。……」《儒林外史》的作者吳敬梓是清乾隆時人，此節當然是清代乾隆時的社會風俗。而由此一段話可以知道，淵源自宋代節帥署中的「牙祭」，到了這時候早已為商界所接受，成為一般商店的習慣。宋代節帥署中的牙祭，祭的是「節堂」中所供奉的旗纛，商店牙祭時所祭的又是何神祇？相信應是可以保佑商人發財的財神福神之類，與土地神似無關聯。臺灣「做牙」風俗之由來，為什麼一定要與土地神的誕辰扯上關係，似乎不可理解。

已故世的歷史學家李宗侗先生，曾對臺灣的土地神作過一番研究調查。根據他的調查報告，臺灣對於土地的祭祀，一年只有兩次——二月初二與八月十五日。此說與大陸各地春秋兩次社祭的日期相同，亦正好是臺灣民俗相傳的土地神誕辰。但臺灣民俗相傳的土地神誕辰雖有兩次，卻祇有二月初二這一天是「做牙」之日─頭牙，另一次則與牙祭日期無涉。既然有這種矛盾現象存在，牙祭風俗由於土地神誕之說，更顯得勉強了。解釋事物風俗之起源，總須能合情合理；要說牙祭是為祭拜土地神而起，這種說法顯然不合情理。至於所謂「互郎」之說，則似較土地神之說更為牽強附會。

時至今日，由於人們的生活普遍富裕之故，「打牙祭」已經成了落伍的生活方式，臺灣的「做牙」之風，也只剩下頭、尾兩牙最顯得出色當行。回顧歷史，假如我們能夠了解到，過去這種由年頭吃到年尾的打牙祭風俗，不過只是古代物質生活普遍貧困時代之風俗遺留的話，也許會不免因之而啞然失笑的吧！

# 歲朝樂事「陞官圖」

## 陞官圖起源於唐宋，盛行於明清

陞官圖，乃是清末民初流行於上層社會的新年娛樂活動之一。時代相隔雖然只不過幾十年，由於社會形態的急速轉變，目前的知識分子，幾乎已不太知道「陞官圖」的實際內容是什麼了。

陞官圖的遊戲，起於唐宋而盛於明清。據說，唐時有房千里所創的「骰子選格」，與李郃所創製的「彩選格」，即是後世陞官圖遊戲的濫觴。宋時的陞官圖作者較多，有姓名可考者，計有趙明遠、尹師魯、宋保國、劉敞等人，大抵以當代的官制為藍本，在擲骰子時以骰子的點色為參與遊戲者官階陞降的準則，其制度一如明清時代的陞官圖。可惜宋代去今已遠，當時的陞官圖內容究竟如何，目今已無實物可資研究瞭解。比較能為我們所知道的，現在只有明朝與清朝的兩種。

明朝的陞官圖，據說是崇禎時的殉國名臣倪元璐所創，實際上恐怕未必盡然。因為倪元璐所生存的時代已在明朝末年，而明朝的陞官圖在社會上流行了兩百多年之久，何必一定要到將要亡國之時，纔有倪元璐出來創製？所以這恐怕只是一種傳説而已，即使倪元璐果曾創製陞官圖，也只能是明代多種不同陞官圖中的一種，必不可能只此一種。

以明朝的陞官圖與清朝的陞官圖相比，明顯的不同處，是明朝的陞官圖太簡單，而清朝的陞官圖變化多端，複雜而富於趣味，玩起來有刺激而且夠味多了。試以二者之間最大的區別而言，明朝的陞官圖只行德、才、功、贓四種點色，前三者陞遷而後一項降黜；清代陞官圖則在功、贓之間尚有良、由兩種點色可以加進去許多不同的變化項目，陞降黜陟之間，自然因此而有顯著的差異。再者明代的陞官圖沒有五等之爵與皇帝恩賞之類，即使是陞

明代陞官圖（排印本）

官圖的大贏家，也只能在勝利出局之後多得一些賀錢而已，此外別無得錢的機會；要想多刺激而且多得錢，就只有清代陞官圖夠此條件。所以然之故，當然是因為早期作者的製作不夠細密週詳，而愈到後來的發展愈完備，不但能充分發揮作官發財的心理狀態，其陞降黜陟與得失榮辱之間的變化，也與實際狀況宛然相同，足以扣緊遊戲者的心弦，充分發揮其在緊張中求得樂趣的功效。世界上的任何創作發明，總是愈到後來愈完善巧妙，以陞官圖的發展過程來說，道理當然一樣。因此可以說，陞官圖的遊戲，一定要到清代纔能達到最完善的地步。

## 以政治型態爲藍本而設計，知識分子聚集紙上過足官癮

一張設計得十分完善的清代陞官圖，無異是清代政治制度的圖解說明。參與遊戲之人，幾場玩下來，對於其中的制度規定與變化過程逐漸明瞭之後，就不難對清代的政治制度與各級政府機構組織形態有了一個大致的觀念；如果能夠瞭解得十分深入，用來與《清史稿》、《職官志》、《選舉志》、《刑法志》、《兵志》等等歷史文獻中的記載互相比對，更可以得到相得益彰之功效。陞官圖遊戲之所以能在舊時知識分子中廣泛流傳，相信這也是一個重要原因—因為它是以實際政治形態為藍本所製作出來的趣味遊戲，在遊戲時足以使人宛如身入實境一般地亦憂亦喜，十分刺激夠味的緣故。不過，假若你對這些內容都缺乏具體的瞭解，玩起來的滋味，當然就大不一樣。

| 特恩 | | |
|---|---|---|
| 賜裘 | 支公注二十　德才原行　功行才 | 良由賍不行 |
| 賜宴 | 同上 | |
| 珍賞 | 支公注二十　德才原行　功下一 | 良由行功　賍不行 |
| 黃馬褂 | 支公注二十　德行德才　才行德功 | 功行德　良由行才　賍不行 |
| 世襲 | 支公注二十　德行二德一才　才行二德一功 | 功行德才　良由行德功　賍不行 |
| 花翎 | 支公注二十　德行三德　才行二德一才 | 功行二德一功　良行二德　由行德才 |

| 封典 | | |
|---|---|---|
| 王爵 | 支公注一百廿各賀十籌　德才俱賀 | 功寶石頂　良雙眼翎　金色穿花大賀 |
| 公爵 | 支公注一百　各賀十籌　德才俱賀 | 功三眼翎　良由紫墊　全色穿花一位 |
| 侯爵 | 支公注一百　各賀十籌　德才俱賀 | 功雙眼翎　良紫壍墊　主色穿花一位 |
| 伯爵 | 支公注七十　各賀十籌　德才俱賀 | 功紫錦墊　良開氣袍　全色穿花一位 |
| 子爵 | 支公注五十　各賀十籌　德大賀 | 才穿花一位　功開氣袍　良因龍褂　由賍不行 |
| 男爵 | 同上 | |

清代陞官圖（局部）

* * *

在簡單介紹過陞官圖的內容以後，應當接述陞官圖的遊戲方法。

陞官圖之戲，是一種以擲骰子來決定遊戲者的仕途榮枯，從而決定其勝負的博戲。清代政治制度，作官須有「出身」，有了出身，便可入仕為官。入仕之後，每一個人都有建功立業的機會，其方式亦以擲骰子所得的花色為定，其中的魚龍變化，全看各人的造就。點子來得好的，擲出身時可以在科舉考試中得到最滿意的「正途出身」，如中進士、點翰林之類，猶如今日的得博士、得碩士。如果出身不好，只是最蹩腳的「吏員」、「供士」之類，則以後即使官至尚書、總督，亦只能到此為止。因為清代制度規定非翰林不能作大學士，這「入閣拜相」的輔弼之位，就只好留待下次的機會了。不過這其間當然也有例外，如果在起手擲出身時得到「官學生」或筆帖式之類，等於一生下來就是滿洲人。滿人拜相不受此一限制，即使不是鼎甲翰林，也一樣無礙入閣之路，惟一的不妙之處，是不曾中進士點翰林者不能放主考學政之類的差使，在陞轉時不免有挫折，這倒是無可奈何的事。

## 遊戲規則複雜，贏家收恩賞輸者送賀錢，如同變相賭博

遊戲中所用的骰子，共計四枚，每次以擲得一對以上相同的點色為數。二紅稱為一德，二六稱為一才，雙五稱為一功，雙三稱為一良，雙二稱為一由，兩么即是一贓。紅最好，么最劣。如是三個骰子同色，則三四作為二德，三六作為二才，餘類推。四子全色，另有計算方法，全紅稱為四德，全六稱為三德，全五稱為二德一才，遞減至全么，作為一德一才。此外則三四五六稱為「穿花」，已得官者作為軍功，另有不同的陞轉規定；未得出身者作為蔭生，再擲得較好的點子，便可得六品以上的官職，最不濟也可得個知縣；如果是待會試的貢士，得一「穿花」便是狀元，與擲紅二對得狀元的結果一樣，所以「穿花」始終是最受歡迎的點色。至於陞官圖遊戲中所爭的輸贏利益，自然是在遊戲開始之前所繳的「公注錢」，與遊戲結束時所須付出的「賀錢」上。

陞官圖的遊戲，每局以五至七人最為合適，人數太少結束時間太快，人數太多則耽擱時間太長，都不很理想。每一局開始之前應繳交「公注錢」一百籌，每籌的代表數目自一元以至十、百元，皆可，由參與遊戲之人公同商議決定之。公注錢的用途在供公共開支，例如遊戲者之中如果有

人膺任主考、學政等項「差使」時，例支公注「五籌」；如入閣拜相則協辦大學士支二十籌，大學士支四十籌。膺封五等之爵時，王爵可支一百籌，公侯等爵依次遞減，都在這項「公注錢」中開支。另外則「黃馬褂」、「花翎」等項「恩賞」亦可支領公注，其數目自二十籌至四十籌不等，各有規定。公注錢支得多，不等一局結束，已注定他是大贏家了；如果因宦途順遂而優先得賀榮歸，則得賀在後之人尚需按次序致送賀錢每人三十籌，其所得更屬不貲。一般而言，玩陞官圖遊戲的人，所希望得到的結果自然不外乎這兩項，在明代陞官圖中所能看到的趨勢亦是如此（明代陞官圖甚至無爵可封，無賞可得）。但是清代的陞官圖變化極為複雜，其間的得失縈懷，更有遠甚於此者，這在遊戲者的心目中看來，這裏面的影響與刺激，就太有趣味了。

## 「仕途」詭譎，一擲之間拜相封爵或勒令退休，宦海多浮沉

舉一個例子來說，因為有「非翰林不能拜相」的限制條件，沒有此一資格之人，在陞到尚書總督之類高官之後，決不能再擲兩紅——一德，因為不能拜相而擲得拜相的花色，就只好「榮歸」，無利可圖了。此時最理想的方式是得「宮銜」，從太子少保以至太師、太傅之類均是，每晉一階，均可得公注錢若干籌，所需要的點色則是「才」、「功」。所以在這階段所最希望擲出來的點子，自然不會是一德甚至二德之類。但如此人本有拜相資格，忽然在户部尚書或刑部尚書任內擲得「雙

二」，則照例視為居官不謹，須解任聽勘，此時惟擲德可「復」，擲才功良由等色一律勒令退休，大好前程，就此報銷，則其時所企盼之點色當然是德而非是才功良由了。這是最顯著的一個例子。至於第二個例子，則是在會試得中「會元」或是「會魁」之後。當此時也，會元擲一德中狀元，會魁擲一德中榜眼或探花，榜下即授修撰、編修之外，還可各得賀錢若干籌，可謂名利雙收。若是在此重要關頭，不來一德而來雙二雙三之類，則所得的只是「庶吉士」而已，俟三年教習期滿，再一德始得編修之官，得良由則散館授為知縣，從此逐出翰林院，再無拜相希望，出入之間的得失如何，當不難想見。擲陞官圖逢此重要關頭，最緊張也最刺激，其中所包含的趣味，也只有身歷其境者纔能感受得到，旁人無法體會。然而，這也正是這一遊戲的趣味所在，不可以不瞭解。

擲陞官圖最富於刺激的變化，是倘使你官至二品以上的尚書、侍郎、總督、巡撫等等官職以後，正當前途充滿希望，無限美景就在目前之時，卻不幸而累次得贓，從革留、嚴議，一直弄到軍台效力或充軍終身，行將有萬劫不復的危險，一切希望都將落空，此時忽然擲得全色，不但過去所得的「處分」全部免除，還可按所得的全色點子按品論封，全么封男爵，全二封子爵，全三封伯爵，依此類推至全四封為王爵，真可說是生死人而肉白骨，頓時另有一場富貴。扭轉乾坤的功效，全在這一擲之中，這又豈是陞官圖之外的任何遊戲所能得到的非常際遇呢？陞官圖遊戲之所以夠刺激，夠趣味，就因為常有這一類奇譎異常的變化之故。

# 都江堰

## ——神奇巧妙的水利工程

中國古代有很多神奇巧妙的科技成就，在四川鹽井之外更值得提出來大書一筆的，有四川灌縣的都江堰水利工程建設。

### 鑿灌縣不毛之地，溉田疇以億萬計

《都江堤堰志》說：

「神禹導江正源，至石紐，出汶川而南，其北無水。秦昭襄王時，蜀守李冰鑿離堆虎頭，於江中設象鼻七十餘丈，首闊一丈，中闊一十五丈，後一十三丈，指水一十二座，大小釣魚護岸一百八十餘丈，横瀦洪流，故曰都江。以分岷江之水北折而東，灌溉蜀郡田疇，以億萬計。蜀用富饒，號稱陸海。」

這一段話，簡單扼要地介紹了秦昭襄王時蜀守李冰修建都江堰水利工程的施工大概。

北
二郎廟
鎮夷關
虎頭崖
鬬鷄臺
灌縣
深淘灘
低作堰
水則
寶瓶口
西
東
三泊洞
太平堰
伏龍觀
離堆山
岷江
南江
人字堤
南

都江堰圖

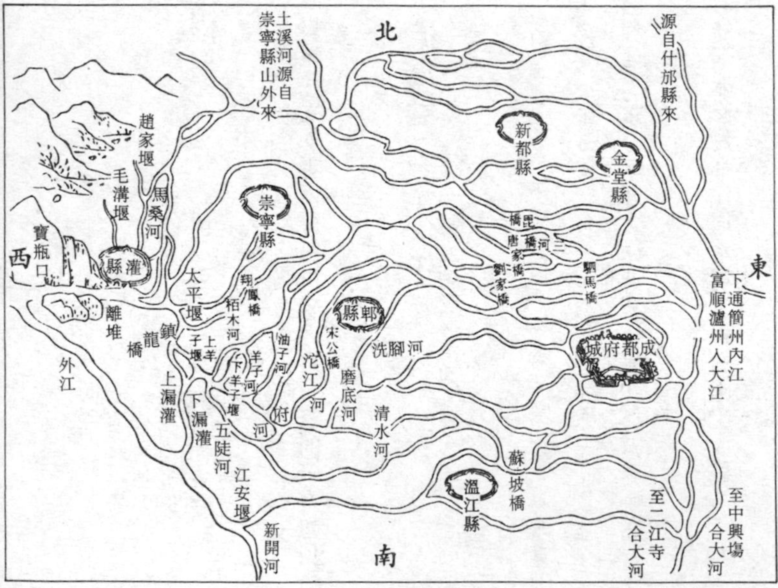
北
土溪河源自崇寧縣山外來
源自什邡縣來
新都縣
金堂縣
趙家堰
毛溝堰
馬桑河
崇寧縣
寶瓶口
西
灌縣
毘橋河
三
唐家橋
劉家橋
駟馬橋
東
下通簡州內江富順瀘州入大江
太平堰
翔鳳橋
柏木河
郫縣
宋公橋
洗腳河
成都府城
離堆
龍橋
鎮
上羊子堰
油子河
羊子河
下羊子堰
沱江河
磨底河
外江
上漏灌
下漏灌
府河
清水河
五陡河
蘇坡橋
江安堰
溫江縣
至二江寺合大河
至中興場合大河
新開河
南

都江堰灌溉圖

翻開比例尺較小的四川地形圖即可發現，岷江發源於四川西北境的岷山南麓，沿途納窗、黑、雜谷諸水，蜿行於深山峽谷之中，源遠而流長；到了灌縣西北，高度陡降，岷江於此脫離峽谷地形的約束而流入平地，地勢開闊，河身擴展，直向東南方傾瀉而下。每值夏季多雨，洪流氾濫，蕩漾無羈，常在下游的沖積平原上造成巨大的災害。及至冬季水枯，河身的水位下降，則又成了一片砂礫的不毛之地。在這種情形之下，沿江的平原雖然面積廣袤，卻無農桑耕織之利可言。但是自從蜀守李冰來到四川以後，目睹岷江在灌縣以下所造的漂溺之患，便相度地形，在灌縣城西的虎頭崖開鑿人工溝渠一道，將一部分的岷江江水由此引導向東流入沱江，又廣開支渠，利用它來灌溉沱江所流經的成都平原。於是既解決了岷江的水患，又使成都平原的廣袤原野普遍得到水利灌溉，一舉兩得，從此造成了四川的「天府之國」美名。《史記》〈河渠書〉說：「蜀守冰鑿離堆，辟沫水之害，穿二江成都之中。此渠皆可行舟，有餘則用溉浸，百姓饗其利，溉田疇以億萬計。」由此可知，都江堰水利工程的灌溉之利，在秦漢時代就已成效大著，其成就既然悉出於李冰的規畫修建之功，則其建豎之卓犖不凡，於此可見一斑。

## 「都江魚嘴」分江爲二，「百丈堤」約束水流

要知道李冰如何設計建造此一神奇偉大的水利灌溉工程，應當先從此一灌溉工程的各部門設施

都江魚嘴

及其奇妙的用途說起。

灌縣位於岷江東岸的玉壘山側，李冰所鑿的人工溝渠，即在玉壘山腳之虎頭崖。此處的崖岸，高出河西約二十餘公尺，其岩質是極堅硬的礫岩，可耐流水的衝激。溝渠鑿成之後，岷江的江水有一部分被引入此渠，東向流入沱江，殘餘的山崖遂與本山分離，稱為「離堆」。今「離堆」的最高點建有伏龍觀，觀前即李冰祠，用以紀念此一永垂不朽的水利工程專家。江水經離堆後中分為二，西面的是岷江正流，當地人稱之為南外江，以別於導入沱江的「內江」。至於虎頭崖與離堆之間的「內江」進水口，則被稱為「寶瓶口」。

登離堆伏龍觀後的懸崖高處，極目縱觀岷江江流及都江堰的工程設施，可以使人大開眼界。在遠遠的西北方，天彭玉壘二山東西夾峙，一線岷江，從山峽中奔騰而出，此即自古有名的「天彭闕」，乃是西北蠻夷南向進入四川盆地的主要通路。灌縣城北有玉壘關，玉壘關迤北的江濱山上，有二王廟，祀李冰及其子二郎神。正對二王廟的山下江心，都江堰水利工程中最重要的工程設施之一——都江魚嘴，就在這裏。

前引《都江堤堰志》所說：「蜀守李冰鑿離堆虎頭，於江中設象鼻七十餘丈，首闊一丈，中闊一十五丈，後一十三丈。」此所謂「象鼻」，即是現在所稱的「都江魚嘴」，其作用在將岷江的江流分為兩部分——南外江與內江。由李冰所創建的都江魚嘴，其實只是由一條條蛇籠巨石所疊積而成的石堤，首端尖而中端漸闊，全身長達七十餘丈。魚嘴的東西兩岸有護堤，俗稱之為「金剛堤」。東面的金剛堤向南延伸至寶瓶口處，堤面較低，實際上具有減水壩的作用，俗稱之為「飛沙堰」。至於正對都江魚嘴北岸而築，目的在矯正江水流向的另一道長堤，則有「百丈堤」之稱。綜合百丈堤、都江魚嘴、金剛堤、飛沙堰、寶瓶口等一連串的人工構築，岷江的江水被極巧妙的設計安排為兼具灌溉防洪雙重功能的都江堰水利工程，在瞭解其各部門所發揮的不同功能之後，足可令人嘆為觀止。

岷江出天彭闕流至百丈堤附近，江水漸由原來的西北東南流向變為自北向南的流向。寶瓶口的位置在東岸，為了導引江水向東，以期有較多的水量進入寶瓶口起見，因此在都江魚嘴北面的東側江岸築「百丈堤」，由江岸漸向中流，以改變江水流向仍能維持西北東南的原來情況。由於百丈堤的約束力量，江水在流至都江魚嘴時，東向流入內江的水量，就可以多於西向流入南外江的水量。

都江魚嘴通稱為「分水魚嘴」，所發生的「分水」作用，在此。但岷江的江水在洪水時與枯水期有極大的差距變化，如果沒有其他的調節設施，在洪水時亦有極大的水量進入寶瓶口，勢將沖毀內江的灌溉溝渠。至此，飛沙堰的減水洩洪作用，就發揮出來了。

## 深淘灘，低作堰　治水遺訓傳千古

都江堰東側的虎頭崖石壁上，有極大的石刻六字：「深淘灘，低作堰」。相傳此即是秦守李冰所留下的治水遺訓。關於「深淘灘」的部分，後文將會提及；所謂「低作堰」，即是飛沙堰的堤身不能高過某一定限的意思。由於飛沙堰的堤身保持一定的高度，每當夏秋水漲，大量的洪水經由百丈堤及都江魚嘴流入內江，在尚未進入寶瓶口之前，即因超出最高洪水位之故，又由飛沙堰的堤面漫溢而過，仍舊還入外江，不致在寶瓶口以內造成水位猛漲的現象。據《水經注》所說，當年李冰所留下的治水遺訓，乃是：「深淘潬，低包鄢」。古人所說的「潬」，現代人稱之為「灘」；古人所說的「鄢」，在後代也已改寫成「堰」。由此可知，「深淘灘，低

治河箴言碑——
四川灌縣二郎廟中最古之六字

作堰」的六字遺訓，雖是當年李冰所立，在文字上也有了古今不同的變化。

在洪水期間的岷江水量，可藉飛沙堰的調節作用使洪水不致危及寶瓶口以內的內江安全；至於枯水時節岷江的水位下落，內江的灌溉用水又是藉著那一些方法保持其一定的供應量呢？這一點，則是上文還不曾提及的活動水閘在發揮其調節作用，其名謂之「榪槎」。

所謂「榪槎」，乃是都江堰特有的治水工具；除了都江堰，不但沒有這種東西，甚至連名字都沒有聽說過。這是一些構築很簡單的三腳木架，以三根木柱結縛其頂端而成，其形狀很像現在機械工程中常見的「千斤架」。所不同於千斤架的，是這些三腳木架的向外一面，用木條釘了許多橫樑，樑與樑之間再豎釘了許多小木條，使得三腳架的一面上佈滿了直橫相間的小方格，可以用來編成籬笆，外糊粘土，成為一片不透水的活動牆壁。一小片活動牆壁當然發生不了什麼作用，但若是許多片連成一氣，就可以發揮擋水的作

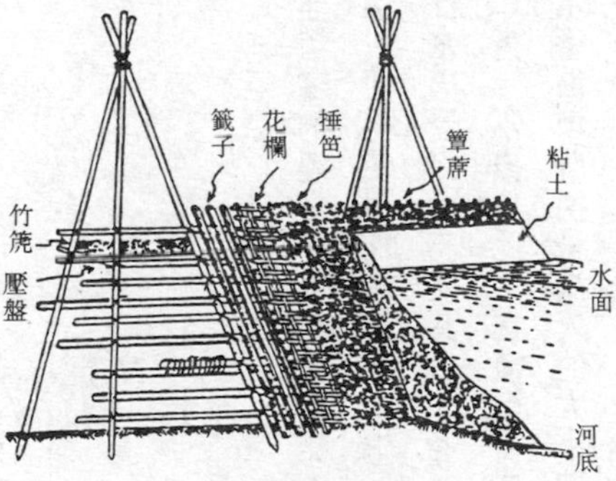

榪槎截流壩圖

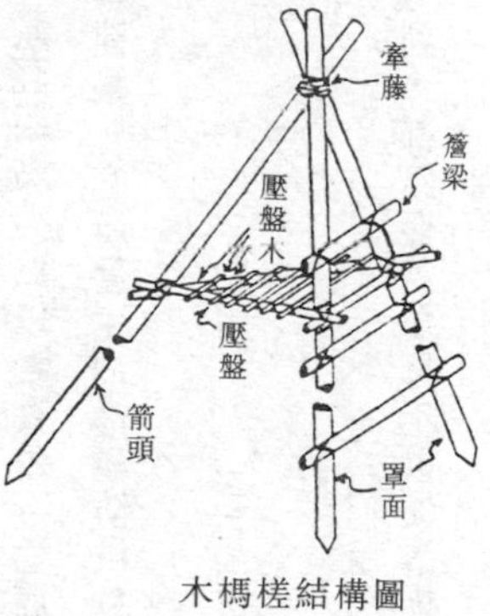

木榪槎結構圖

用了。榪槎的設計理想與其實際功能，就是如此。

## 工程設計實用簡單，灌溉防洪雙重功能

在冬季枯水季節中，岷江的水位下落，流量減少，如果保持都江魚嘴的經常分水情況不變，流入內江寶瓶口的水量必然不足供灌溉之用。因此，在都江魚嘴的西邊，便得使用榪槎排列江中，構成臨時的擋水牆來調節江流。此時南外江的江流有一部分被阻擋，江水因受阻而流向其另一邊，於是，使內江的水量增多，榪槎構成的擋水牆也就發生了調節江流的作用。不僅如此，在灌溉需要減少的時候，榪槎還可用以幫助疏濬工作的進行。這是因為岷江在洪水季節中所挾帶流入的大小砂石為數甚鉅，如非經常進行浚濬挑挖，勢必將使河床逐年淤墊升高，害及整個都江堰水利設施的安全。在這裏，我們乃可以看出李冰所設計構築的都江堰水利工程，其著眼點純然以「實用」「簡單」為原則，所以儘管它在外表上看起來並沒有什麼宏偉鉅麗的工程建築，它所發生的灌溉防洪雙重功能，卻非現代人所建築的繁複昂貴工程所能勝過的。

## 枯水期進行浚濬，開堰禮年年舉行

由李冰所遺留的「深淘灘、低作堰」六字遺訓，我們可以想像得到，都江堰需要每年以浚濬挑

挖來維持岷江內、外江河床的一定深度，以便充分發揮此一水利設施的灌溉防洪功能。浚濬工作每年都在枯水季節中進行，亦需構築榪槎排列成臨時擋水墻來堵截江流。當兩邊的江流有一邊被堵時，無水的一邊河身乾涸，便可進行浚濬工作，將上一年洪水季節中由岷江挾帶來的巨量砂石挑濬清除，以維持河身的一定深度。這項浚濬工作，照例先從外江開始，其時間在每年的霜降以後。到了立春以前，外江的挑濬與金剛堤的修補工作俱已告竣，於是就可開始堵截外江江流的榪槎長墻，將江水引入外江，同時截斷內江的江流，進行內江的淘濬及堤岸的修砌工作。至清明節前，內江的淘濬及修砌堤岸工作亦已告竣，便要舉行一年一度的開堰禮了。由於內江的河身通常要比外江為低，每年舉行開堰禮之時，站在岸上的工人，只要用繩子將豎立在都江魚嘴東面江中的攔水榪槎一個一個地逐一拉倒，岷江正流的江水，便會以平均高於內江一公尺左右的水位，浩浩蕩蕩地滔滔傾瀉，直奔而入內江。江水既被導入內江，外江復用榪槎攔水，導入寶瓶口的灌溉用水不虞缺乏，在夏季足以害及下流的岷江，此時便可以及時雨的形態發揮其灌溉功能，使成都平原的億萬田疇同受其灌溉之利。由於攔水榪槎本來只是一個一個地排列起來的活動擋水牆，當內江舉行開堰典禮之後，所需要的水量是否達到敷用的標準，隨時可用增減榪槎設置的辦法加以控制調節，既實用又簡便，真可說是巧妙之至。若當夏秋水發，岷江江流盛漲，這些臨時設置的攔水榪槎勢必阻擋不住急衝而來的洪流，則它們又會自然因洪水之衝激而倒塌，大股洪流，仍入外江，不致因榪槎之攔水而在內江造成氾濫之災。榪槎之妙用，在這裏更能表現其簡單實用的設計之奇。

## 分水工程冠後世，改善辦法皆徒勞

都江堰水利工程中最重要也最艱鉅的部門，當推雄峙江中的都江分水魚嘴。照李冰的設計，此魚嘴頂尖而後寬，江水流經此處，可因魚嘴之從中阻擋而被分為二股。但因岷江的江身寬廣，流量鉅大，尤其在夏秋水漲之時洪流盛發，滔天巨流夾雜著巨量砂石滾滾而下之時，魚嘴首當其衝，最易遭受破壞，保養修護的工程因此便十分顯得艱巨而重要。宋元以降，亦頗有人以為，魚嘴的作用如此重要，怎可以蛇籠疊積而成的臨時性堤防充當其任？因此就曾先後有人設計，鑄造重量極大的鐵質魚嘴代替蛇籠，以期耐久而省費。就文獻可徵的資料記載而言，較早時有元世祖時的廉訪僉事吉當普，較後時有明世宗時的四川水利僉事施千祥，都曾做過這一工作。但若以他們的工作成績來說，則又是沒有一個得到成功的。

灌縣弔橋旁之一空竹編蛇籠

吉當普所做的工作，是以鐵六萬六千斤鑄成一個極大的鐵龜，放在都江魚嘴的頂端，然後以巨石構築金剛堤的堤身，其罅漏處以鐵汁桐油石灰等物澆灌填補，務使其堅固而不畏水衝。施千祥的辦法略倣吉當普，他以生鐵七萬斤鑄成鐵牛二頭，代替吉當普的鐵龜，因為吉當普昔年所鑄的鐵龜，沒有到一百年就被水所衝崩坍，不見了，所以施千祥要重鑄鐵牛二頭來代替鐵龜。照明人陳鎏寫在〈鐵牛記〉一文中的說法，施千祥鑄鐵牛，比之吉當普鑄鐵龜還要精密週詳，鐵牛鑄成之後，理應不致再如鐵龜那樣地被江水所侵蝕崩坍。然而，施千祥鳩集人伕數萬「絕流浚沙，鑿江鑄牛」的結果又如何呢？未及百年，在清世祖順治年間，四川巡撫杭愛修濬都江堰水利工程之時，施千祥當年所鑄的分水鐵牛亦已沉沒江中不見了。這就證明了一項事實，用蛇籠疊成的都江魚嘴雖然構築簡單，它的設計方法，暫時還是無可替代的，因為它能夠適合力學的原理，而鐵龜鐵牛之類奇重奇堅的永久性構築，反而不能適合之故。

## 石墩鐵墩建築堅固，難敵李冰奇妙設計

岷江的源遠而流長，水量宏富，下游的沖積地層極厚。要在沖積地層上構築永久性的石墩鐵墩，首先必須瞭解沖積層的地質情形，總得要將堤墩的基礎建築在沖積層下的堅硬岩層之上，方能耐得住洪流的衝擊；不此之圖，而貿然在地質軟弱的沖積層上安裝極重的鐵龜鐵牛，龜牛愈重，其底層的基址亦愈易被湍急的洪水所嚙蝕。等到基址被嚙蝕到安全限度以下之時，無法再承受上層重

物的巨大壓力，一旦江流暴漲，勢必坍蝕無存。反倒是蛇籠所疊積而成的臨時性堤壩，由於蛇籠間的罅隙甚多，在洪水期間因水流比較容易通過而不致承受太大的洪水壓力之故，不至於造成鐵牛鐵龜式的坍塌不見情形，無論修復或是新築，都比較容易著手。而且蛇籠只是用竹材編織而成，石塊取自江中，費省工廉，遠勝於鐵龜鐵牛之耗費大量財力物力。民國間，四川水利當局亦曾企圖在都江魚嘴築砌永久性的攔水壩，以為一勞永逸之計，於民國十五年始工，預期鋼筋水泥構築三十三層，工尚未竣，即被民國十八年的大水沖毀殆盡。民國二十三年，再在原址上重新施工建築，至二十六年夏間洪水大發，內江一側的堤防被水淘蝕一空，幾乎發生危險，從此再不敢輕易嘗試。由此更可證明，現代的新式科學雖然精深奧妙，對於建築分水魚嘴的學問，似乎還沒有太勝過李冰的地方。

自李冰構築都江堰水利工程至今，已經有二千年之久了，迄今都江堰所習用的修護方法，還是李冰當年所留下的六字遺訓：深淘灘、低作堰。清同治年間，胡圻來作灌縣知縣，將此六字加以補充，就成了十八句五十四字的「治水三字經」，曰：

「深淘灘，低作堰，六字傳，千秋鑑。挖河沙，堆堤岸，分四六，平潦旱。水畫符，鐵樁見。籠編密，石裝健。砌魚嘴，安羊圈。立湃闕，留漏罐。遵舊制，復古堰。」

看了這些文字，不由得使我們十分感慨，兩千年前的古代祖先何其偉大！當年古人所遺留下來的水利遺規，居然到今天還不能超越它，誰又能說中國古代沒有偉大的科技發明？如這裏所說到的都江堰水利工程，豈不就是明明白白的證據嗎？

# 四川鹽井的探鑿與成就

幸虧英國人李約瑟寫了一本專著《中國之科學與文明》，鄭重介紹中國古代的科技成就，要不然的話，我們的炎黃子孫，一直還不知道，中國古代也很有了不起的科技成就哩！李約瑟的專著門類太廣，內容又比較深奧，讀起來不免感到枯燥。這裏且來介紹我國古代科技發展的偉大成就之一——四川鹽井，以便廣大的讀者在這方面能有較為具體明白的了解。

鹽，本是沿海地區的產物。四川省位於中國大陸的內地，距海很遠，那裏居然可以不須仰賴沿海省分的海鹽供應，而且還有大量的鹽產運銷雲貴康藏，成為四川省對外貿易的大宗物產之一，說起來實在是一項奇蹟！

## 四川鹽礦的形成與探鑿

四川的鹽礦極豐，種類頗多。原因是四川盆地在三疊紀時本與海洋相連，迨後地殼隆起，盆地內的海水與海洋隔絕，逐漸蒸發而成鹽層，再因陸地變動而成為蘊埋於岩石之下的鹽礦。至白堊紀時，盆地四周地層所含的鹽分，經風化作用隨河流瀉注，或經地下水之溶解而逐漸集中於某些地區的岩層中，其地層較下層蘊藏岩鹽之地層為淺，就成了雖非岩鹽而含有大量鹽分的地下鹽水。所以四川的鹽井可以區分為岩鹽井、黑鹽水井、黃鹽水井，及假黑水井等數種。以各種鹽井所含的鹽分而言，岩鹽井所蘊藏的乃是結晶鹽層，必須先用清水灌入地下使鹽層溶解，然後再加汲取，故其鹽分最高。其次則為黑鹽水井的鹽水，其含鹽度最高可達百分之二十六，最低百分之十七，平均約為百分之二十一。黃鹽水的含鹽度自百分之八至百分之十一，鹽度最低。比較各種鹽井的開採價值，當然以岩鹽井的經濟價值最高，其次是黑鹽水井，最下的是黃鹽水井。但因岩鹽井的蘊藏地層極深，開鑿一口岩鹽井，往往深達數百公尺，耗費鉅資，並非一般人所能負擔。所以，從最初從事鑿井取鹽之時開始，大抵是從地層最淺的黃鹽水井鑿起，等到各種技術逐漸成熟，知識的積累逐漸豐富之後，方纔會漸次及於黑鹽水井及岩鹽井的探鑿。到了最後一步的時候，其時間大抵已在清代的道光、咸豐年間，距離西方科技之輸入中國為時甚近了。

## 漢代古磚上的產鹽圖

民國初年，川西邛崍縣的花牌坊地方，曾經掘獲一塊漢代的古磚，寬四十五公分，高三十四公分半，磚面有浮雕，所繪即是當時的井鹽產製情形。由這塊古磚的浮雕顯示，頗可以使我們了解漢代四川井鹽的生產方式。

上述漢磚的磚面浮雕，左面有三層高架，架下有井口，二三層架上有四個人在挽桶汲水。木架的梁上懸有轆轤，繩索兩端各繫一木桶，此下則彼上，其作用顯然在汲取井中之鹽水。木架的右旁有方形水斗，旁連管狀物，通於磚面右方所繪的灶房。灶上設鍋多口，有一人在傴僂操作，另一人則在灶下取薪入灶。磚面的中央部分有兩山，有五個人在向山上作背物之狀，所背負的顯然即是灶中所產製出來的成品——鹽。現代的邛崍，即漢之臨邛。《華陽國志》說，漢宣帝地節三年，「穿臨邛蒲江鹽井二十所」。這就證明了臨邛本是漢代的鹽產地，這一塊漢磚浮雕所顯示的，便是漢代四川井鹽的生產情形。與現代相比較，所不同的是，現代的四川井鹽生產場所，所搭架的井架較古代為高，從事生產的工人也遠較古代為多。所以然之故，則因漢代時的四川鹽井，大多是開採極為容易的淺井，而現代的四川鹽井則開鑿極深，故而其規模及人員必定遠較漢代為龐大衆多。再以古今不同的鑿井技術來說，漢代人的鑿井技術與鑿井成就，更是無法與近世情況相比擬的。

以現代的科技能力來說，鑿井應該不是一件很困難的事。現代的深海探油技術，鑿井工程往往在水深數百公尺的海上進行，然則在陸地上鑿井數百公尺之深，又會有什麼困難？但是這與古代四川人開鑿鹽井的情形不能相提並論，這可以舉出下述諸項因素來說明。第一是井的深度常在一千公尺左右，施工非常艱巨；第二是鑿井全用人力，所用的工具又極簡單；第三是當時人對地下岩層的情形並無認識，只是憑著已有的經驗摸索；第四是在岩層中鑿下的井眼通常只有五至八寸的口徑，要如何方能保持其垂直而不彎曲，又如何補救開鑿過程中必不可免的各種意外事故，做起來就極不簡單。在如此這般的客觀條件之下，古代的四川人，能夠使用簡陋的工具克服各種困難條件，鑿成數以千計的深井來汲滷製鹽，這其間所表現的聰明睿智與夫不屈不撓的大無畏精神，就特別值得讚賞。譽之為古代中國科技發展的一項偉大成就，當不為過。

## 看榜樣 開草皮 開大口

要知道古代的四川人如何鑿井採鹽，得先抄一段有關文獻的記述，以便對鹽井開鑿過程中的各項術語能有了解。清人吳鼎立所撰的《自流井風物名實說》云：

「搗井謂之銼，除泥謂之搧，汲水謂之推。水、火、油得其一者，謂之見功。通行謂之暢，阻滯謂之疲，運水謂之梘。覆灶之屋曰灶房，覆井者曰碓房，統謂之廊廠。汲水者爲縴藤，以竹爲之，繞於車盤，以四頭牛周行而推。汲水之輪曰天車，車上之輪曰天滾。鐵謂之銼，木謂之梁，竹謂之篾，繩謂之索。平地開井，用銼上銳中闊，其末斜而寬，謂之魚尾銼。長柄大末如銀錠，謂之太平銼。太平銼重百餘斤，長一丈二尺。魚尾銼重倍之，長一丈。」

把這些名詞稍作介紹之後，接著方可敘述鹽井的開鑿過程。

鑿井的開始，必須先選擇地點。其法須由地理師勘定地脈，就地摘草拾土，嗅其味而定地下鹽泉之有無，其名謂之「看榜樣」。四川的鹽井，大致集中於犍為、富順、自貢等地，在這地區內鑿井，大致可以掘到鹽泉，如果是在這一地區之外，就要看地理師的學問與老闆的運氣了。地點選定之後，即鳩工挖掘，名曰「開草皮」。初掘井時，口徑約三尺餘，稍深則搭木架，置滑車，以便吊取井中掘出之土，其名謂之「開大口」。大口的深度，視地層表面的泥土厚度而定。總須泥盡見石，方能開始下一步的工作。

鑿井要先「開大口」及挖盡表層泥土，目的是在使鑿井時不致有泥土落入井中，及以後的安放

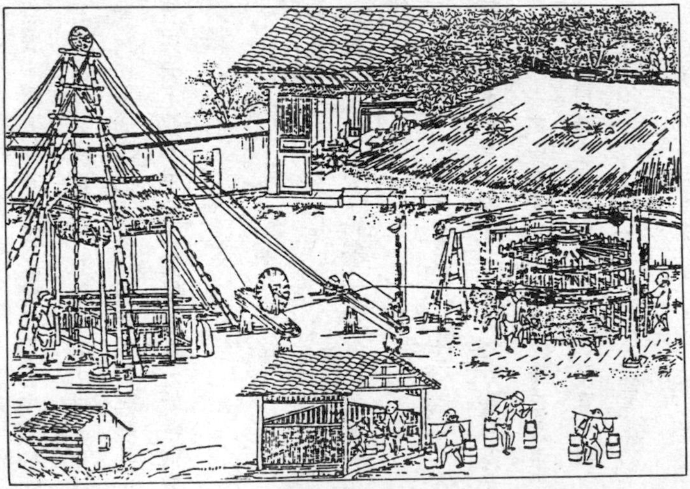

鹽井開鑿圖

「木竹」之用。為了防止泥土震落，在已掘成的大口中，還須層層疊砌方形的石圈，每一石圈，中間均有同樣大小的圓孔。對正疊齊，石圈中火，就有一道垂直的井洞，其直徑約為一尺五寸。最上層的石圈，其周圍須用石塊砌緊，與地面相平。石圈謂之「舷口」，疊石圈即謂之「砌舷口」。這一步工作也做完之後，便可搭蓋廠房，及在井洞上安設踩架，以便經由井洞開始下銼鑿井。踩架上置木板，長十餘尺，架以鐵軸，以便轉動。一端裹鐵皮，連竹篾，下懸鐵銼；其另一端則用人力踐踏，利用槓桿作用，使懸於井中的鐵銼上下衝擊，發揮其搗碎岩石的功能。井口另以一人轉銼，每當懸繫鐵銼的篾繩上升時，轉銼的工人便須將繩索略略轉動，周而復始，使鐵銼落下的位置成為圓面，以便保持井腔的圓直。

## 過程繁瑣，施工艱巨

起銼時，將竹篾掛於轉車上，用牛推轉，提出銼頭。如銼頭磨鈍，再加鋼燒打。此時即可另用砂筒入井，掬取已被搗碎之石塊石屑。所謂砂筒，乃是一個長約丈餘的竹筒，其圓徑以適合井洞為度，鑿通竹節而於底部安裝活塞，名曰皮錢，以司啟閉。井底泥屑因井中有水滲出而成泥漿。砂筒入井，以手拉竹篾使之上下。砂筒降下則皮錢張開，井底的泥漿碎石因此可以吸入筒中。砂筒上升則皮錢翕閉，筒中的泥漿石屑不能漏出。提筒出砂，再下銼搗鑿，如此周而復始，進行不已，地層的岩石便能以緩慢的速度鑿出一條垂直而形圓的井腔，其直徑約與上層石圈的口徑相等。這一段工程，名之曰「銼大口」。

「銼大口」的作用，是要在開鑿汲取鹽水的小井腔之前，放下木製的筒管，以隔絕地下岩層中滲出的淡水。所以當大口開至一定的深度後，銼鑿工作便要暫停，俟做好木質筒管逐步放入井腔之後，然後才能放銼入井，繼續銼鑿。不過，這以後就不是「銼大口」而是「銼小口」了。

用來隔絕岩層中淡水滲出的木質筒管，乃是用大木刻成兩個半圓形，中間再刨空的大木片，抱合而成圓筒，其口徑以銼小口所需的大小為定。木片抱合後，用麻布麻繩包紮牢固，外層更用桐油石灰密密融傅，務求可以防水防腐，其名謂之「木竹」。木竹的長度，視所銼大口的深度而定，淺者廿餘丈，深者四五十丈，其接筍處一長一短，互相楔合牢固，總以下至地層中淡水斷絕之處為止。至於地層中的淡水到何處為止？以及所下木竹的長度應有多少？那是由山匠根據每天搗鑿時紀錄地中所出水量，及用另一種「放水」的方法來測定的。將木質筒管放入井腔，名曰「下木竹」。每一根木竹的長度，自一丈二三尺至一丈五六尺不等，其接合的工作在井口上進行，接合處亦用麻布麻繩及桐油石灰包裹嚴密。木竹放完，下降井底，上平井口，就好像在井腔內層加了一個木質的套管，一切泥沙等有害之物，都不能進入井腔之內了。到了這個地步，井腔的口徑就從原來的一尺五寸左右縮小到五、六寸至七、八寸左右。再往下開鑿，所用的銼就是「長柄大末」的銀錠銼了，所開鑿的井腔亦大不過七、八寸，小至五、六寸，均有，總須與木竹內層的井腔大小相等。由於這以後所開的井腔已小，所以以後的工程就叫做「銼小口」。

## 精巧工具，救濟井病

《自流井風物名實說》云：

「井下木竹既定，須吊銼搗。其下又有麻姑石巖、綠豆石巖、鐵板腔巖。鐵板腔之石，較鐵尤堅。必須搗過鐵板腔，或數尺數丈，近十丈則可望『見功』矣。」

同書又說：

「凡井之病有四。有走巖，有崩腔，有流沙，有冒白，有一病必停工，謂之掛井。其無巖無崩及諸病者，謂之『一根筍』，井之上者也。」

這些話說明了在「銼小口」的過程中所可能遭遇的困難，較之「銼大口」時不啻倍蓰。「走巖」是井腔歪曲，

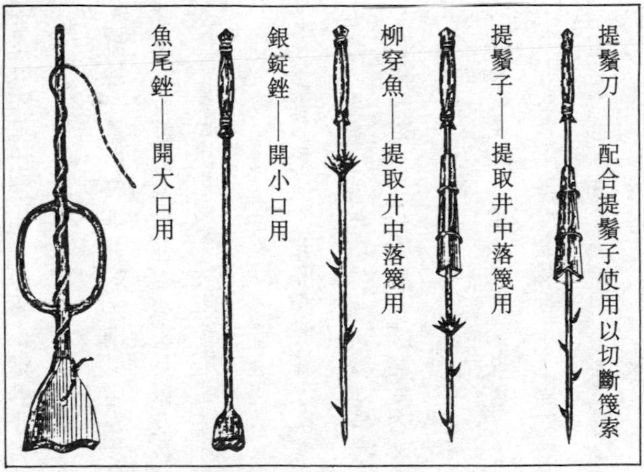


魚尾銼、銀錠銼、柳穿魚、提鬚子、提鬚刀

「崩腔」是腔中岩石崩落，「流沙」是有砂石流出，「冒白」是井中流出淡水。事實上則銼小口時所可能遇到的困難，除了這四大端之外，還有落筒、落索、落銼等等的意外事故，上文中均未提及。這些意外事故，當地人謂之「落難」；至於走巖、崩腔、流沙、冒白等等井病，則又名為「扯拐」。落難與扯拐，都需設法加以克服補救。在這方面，鑿井工匠所設計的那些救濟工具以及各種補救辦法，其所表現出來的睿智聰明，就特別值得誇讚了。下面還是引用一段《自流井風物名實說》中的話，來作概括性的說明，可以較為省事。書云：

「凡療井病，有『提鬚子』焉，上如圭頂，三其楞，其末作三叉，中多倒鬚，以療井之落筒者。有『羊蹄子』焉，其柄與提鬚子等，均長五尺，重數十斤，其末如環之玦，中有倒筍，以療井之落銼者。有『柳穿魚』焉，柄薄而闊，下有三叉，左右反張，以療井之落篾者。井中並落筒、銼者，用『雙瓦口』；並落索篾者，用『單瓦口』；皆長九尺，重百斤。筒索並落者，用『連環提鬚』，筒篾並落者，用『月亮提鬚』。井筒銼索篾俱落者用以上各器輪流取之。惟井礌銼偏，必改銼者，用長條『挺子』，其長二丈，重數百斤，皆以鐵爲之。此皆可以意會而不可以言傳，隨其所落之物，思有以療其病，而制爲器具。非天下之至巧，不足以語於斯。」

## 「落難」·「扯拐」，層出不窮

上文所說的落筒、落銼、落索、落篾，都是前面所曾說過的「落難」一類；而未包括走巖、崩腔、流砂、冒白等等「扯拐」方面的廾病。「扯拐」之病，《自流井風物名實說》中亦曾約略提到其療治之法是：

> 「走巖崩腔，油灰作丸以彌縫其闕，無不應者。流砂必用木窗以隔之。若冒白則成廢井，法不可醫。」

比較起來，因鑿井工具跌落井中而設法製作各種救濟工具加以鉤致撈取，其用力畢竟要比治療井病為易。若井病中的「走巖」「崩腔」，必須先設法拓寬崩坍的腔穴，然後送入盛裝油灰的器具；又為使油灰能平積牢黏於所崩坍之處，又勢必須加以撞實平貼，這其間所耗費的精力與所設計的方法，就要比撈取井中落物遠為困難。《自流井風物名實說》以為，這都只是意會而不可言傳的高明技巧，「非天下之至巧，不足以語於斯」，這些話並非過分的阿諛之辭。

開鑿鹽井，幾乎没有一個井是不曾經過這些意外事件的。遇到意外事件，必須百計設法救治；倘救治得法，自即可化險為夷。但若遇到無法補救的困難如冒白水太多等等，則投資人所耗於鑿井的各項費用，就勢必盡付流水，其結果或將造成多數人的破產。所以，在四川開鑿鹽井，亦必須冒頗大的風險，並不一定便是穩妥可靠的投資事業。

鑿井的進度，近上層的岩層質地較鬆，一晝夜可鑿一至二公尺，如是「鐵板腔」之類堅硬的岩層，則一晝夜只能鑿下數寸。一般情形，最順利的鹽井，在一兩年內可以『見功』，如連續遭遇各種困難，則開鑿時間長達七、八年的，也不算稀奇。最糟糕的，莫過於選擇的地方不對，井鑿成而鹽水不旺，所入不敷應付所出而致無利可圖，只好白白放棄，這就是最大的損失了。以自貢地區的情形來說，岩鹽井與黑鹽水井的深度，常在七、八百公尺左右；黃水井的深度較淺，假黑水井則是開到黑水井的深度而所得的鹽水鹽分不足。根據歷史紀錄顯示，岩鹽井的發現，不過是晚清時候的事，在此以前則只知道有黑水井與黃水井而已。其發展過程則是隨著鹽井深度之增加而來。因為在清代乾隆年間所開鑿的鹽井，最深的不過五百三十公尺，到嘉慶道光以後方增至八百公尺以上，於是發現了純鹽結晶的岩鹽層，也發現了天然氣。就事論事，鹽井愈深則汲取滷水更為費事，必須鹽分相對提高，方纔有利可圖，否則就不如開鑿費省而井淺的黃水井了。古代四川的鹽井開鑿發展到此地步，雖然是現代化的機械鑽鑿，也未必能勝於此。這種不平凡的成就，確實是可以傲視世界的偉大業績。

## 克難摸索，成就卓越

根據抗戰以前的調查資料，經營一口岩鹽井或黑鹽水井，資本額約需法幣十萬元之譜。其中鑿井費占十分之七，天車地車廠房等建築費占十分之一，其他各種設備費占十分之二。如用牛汲水，需用牛七、八十頭，僅此一項即需法幣五千元；如改用汽機，則機器所需更貴，要一萬數千元之譜。也許會有人問，人工鑿井之費如此昂貴而且費時，如果改用機械鑽鑿，一定可以省時省費多多。這也是有人嘗試過的構想。卻不料因為地下岩層的軟硬常有意外情況，由機械推動的鑽頭力量均衡不變，遇到軟硬交錯的岩層時，鑽頭捨硬而趨軟，結果使得井腔發生歪曲，無法使用傳統的竹筒汲滷取鹽，比較起來，反不如人工開鑿的井腔，因控制得宜而始終保持圓直。由此而論，古代的四川鹽井，其開鑿方法雖然笨拙費力，所得到的結果卻是十分可以信賴的。

二十世紀的科學進步日新月異，人們對地下岩層的蘊藏物已經相當瞭解，可是，如何能在一、二千公尺的地下尋得石油，也還是一項艱難複雜的大學問。古代的中國人缺乏對地質學的認識，他們如何能夠知道，在深達數百公尺的堅厚地層之下會有大量的鹽礦蘊藏，又如何能利用簡陋笨拙的工具來設計出一套完整細密的開採方法來加以汲取利用？這裏面的學問，仔細想來，也實在太不簡單了。所以，古代中國雖然缺乏體系完整的科學理論，但是中國人一樣能從實際經驗中摸索出一套正確可行的方法與技術，來補救理論不足的缺點，其卓越成就實不容忽視。李約瑟所推讚的事實根據在此，身為中國人者豈可不知？如四川鹽井的開鑿技術，只不過其一端而已，提出來介紹一番，或者亦不失「溫故知新」的意義吧！

# 叁

# 歷史與小說

# 歷史小說乎？演義小說乎？

## ——評趙淑俠著《賽金花》

㈠

以歷史故事為題材所寫成的小說，通常可分為兩大類：歷史小說與演義小說。

所謂歷史小說，實際上是以小說的體裁在介紹歷史，其中的人物、背景及故事演變，大都依據歷史事實而來，只是以小說寫作的方式使人物的個性更為凸顯，故事的剪裁更為趣味性。由於有歷史事實的大框架限制著的緣故，作者所能自由發揮的空間實在不多，所以作者必須利用歷史敘述所不及的小地方儘量多編故事，如此方能增加小說之多變性與趣味性。一部寫作得很成功的歷史小說，不但人物的個性鮮明，說白生動，更能以極具體明白的表達方式讓讀者了解全盤史實的發展經過，得益非淺。晚近以來，最擅長寫作歷史小說的作家，無疑當以高陽為巨擘。由於他對很多歷史的隱微現象都有極透澈的觀察了解，對於當時的風俗習慣及朝章典故等又都有極深入的研究，編織成為小說之後，往往能使讀者宛如親身經歷一般地進入小說所描寫的世界之中，彷彿自己也成了書中人物之一員，對於當時的種種活動及人物言行，都能如聞其聲而如見其形，毫無扞格難通之處。以這種方式來介紹歷史，不但歷史不再是枯燥無味的東西，對於很多過去不甚了解的歷史現象，也會因洞悉其演變原因而趣味盎然。對於這一點，凡是讀過高陽所寫歷史小說的讀者，相信必然有此共識，無須筆者在此多所饒舌。曾孟樸所寫的《孽海花》，也屬於歷史小說一類。但是不知道究竟是曾孟樸所懸的格調太高，還是其寫作技巧不甚高明之故，讀畢之後，總覺得有「隔了一層」的感覺——讀者與書中人物不能渾為一體，因之亦就不能進入書中所寫的世界，對於全書故事不能有具體深入的瞭解。寫歷史小說而有此缺憾，顯然尚須在內容及技巧方面多加研究，方能有百尺竿頭，更進一步之希望。

與歷史小說形似而實異的演義小說，相信大家一定對它更熟悉，不需多作解釋了。這種體裁的小說不必完全符合史實，但如能在人物塑造及文字描寫方面達到十分成功的境界，也許還會比歷史小說更能為廣大讀者所接受，羅貫中的《三國演義》就是最具體的實例。但自《三國演義》創下最成功的演義小說實例之後，後世的繼起則效者雖多，卻再也不能達此地步。這些小說的一般特點，是以講歷史故事的方式盡量鋪敘故事演變的經過，往往趣味有餘而內涵不足。更糟糕的是，有許多地方因為太著重趣味之故，把稗官野史中許多十分荒誕的委巷不經之談，也一一搬入了書中。這就使得演義小說的品質更下降到了最下乘的通俗故事一流，膚淺庸俗，使有識之士不屑一顧。這當然不是小說作者所樂見之事，但卻也是因作者學養不足及功力不逮所很可能達到的結果，不可不知。

民國八十年，九歌出版社推出了一部以賽金花故事為主題的文藝小說，書名就叫《賽金花》。此書書前有作者趙淑俠女士之序言，大意說，她以歷史人物賽金花為主題寫成此書，一開始「就立意要把它寫成真正的小說，而且是『女性文學』一類」。為了不願讓讀者以為她是在寫歷史小說或為賽金花作傳記，所以此書最早取名為《紅塵盡處》。直到在中華日報副刊連載完畢，計劃出版單行本時，方纔決定接受出版社和其他朋友的建議，仍舊取名為《賽金花》。作者因此說：

「賽金花曾是個有血有肉的人，我書中的女主角原是依她而塑造，整個故事就是描寫像賽金花這樣一個女子，和她所生活的時代。再說我是完全的、百分之百用處理小說的方式來撰寫這部書，讀者必不會因書名稱爲賽金花而認爲我是在爲她寫傳記。……」

寫傳記與寫歷史小說本來是兩回事。寫傳記必須根據真實材料，有幾分材料說幾分話，傳記材料所缺載的思想或語言，作者不能以設身處地的方式替傳主代想代說。但寫歷史小說卻可以在不違背傳主思想與性格的原則下，在小說中編造主角人物的語言來，不如此不成其為小說藝術。趙淑俠女士說，她並未為賽金花寫傳記，這話當然不錯。但是，以賽金花的故事為主題所寫成的小說，所描敘的不就是賽金花的一生歷史嗎？為何書中的主角又只是一個「像賽金花那樣」的女子，而並不就是賽金花呢？這種說法，聽來就使人十分費解了。是不是此書雖以賽金花為名，書中的時代背景與人物遭遇卻又經過甚多的改動，「百分之百用處理小說的方式」寫成了另一個賽金花，以致此賽金花與彼賽金花並不一樣呢？果真如此，則小說中的賽金花何以又同樣出身於蘇州貧家，初為妓女而繼嫁狀元洪鈞為妾，其後來的一切身世又與真正的賽金花一般無二呢？所以，乍看趙女士寫在《賽金花》書前的這一段話，真教人有「丈二和尚摸不著頭腦」之感，實在揣測不透這段話中的玄機何在。猜想起來，趙女士大約是因為不願背負「歷史小說」之名，以避免可能引起的麻煩，纔會編出這一段深奧莫測的話來的罷！

寫歷史小說有什麼不好？歷史小說寫得成功，一樣可以成為大牌作家，不致因所寫只是歷史小說而貶低了作者之身價。但寫歷史小說實在也不是容易事，如果没有豐富的史學修養，敏銳的觀察能力，以及高明的小說寫作技巧，所寫成的歷史小說很可能會像曾孟樸的《孽海花》一樣，內容雖然十分豐富，卻缺乏文學作品的感染能力，歷史氣太重而小說味太淡，讀來無味之至。趙淑俠女士是否因為有《孽海花》的前車之鑒，因此不肯承認自己所寫的是歷史小說，以免有「畫虎不成」的危險？這問題當然無法由旁人代為回答。不過，即使趙女士不肯承認《賽金花》是歷史小說，擺在那裏的事實還是十分明顯——特定人物在特定時代背景裏的一切作為，它的本身即是歷史。賽金花既是歷史上的著名人物，她的一生又是曾經存在於歷史上的事實，則即使以文藝小說的形式將它介紹出來，其本身即構成了歷史小說的條件，又怎能說它不是歷史小說呢？

(二)

《賽金花》這本書究竟應不應該被視為歷史小說？這個比較敏感的問題暫時可以擱置一旁，不去管它；現在需要在此提出一說的，是與這本書有極大關係的時代背景問題。

《賽金花》小說中的主角人物，是一個「像賽金花」這樣的女人，她的生存時代是清朝末年至民國初年，她最初所嫁的丈夫是蘇州狀元洪文卿。洪文卿即洪鈞，同治七年戊辰科的狀元，蘇州人。曾為翰林院修撰，充湖北學政及陝西鄉試正考官、山東鄉試正考官，光緒十年由江西學政丁憂家居，娶賽金花為妾，正是洪鈞在蘇州居喪守制之時。「像是賽金花」的人可以不是賽金花，洪鈞卻是貨真價實的蘇州狀元，抵賴不掉的。洪鈞出身狀元，以江西學政身分丁憂家居之時業已官至二品的內閣學士，身分十分尊貴。官居朝廷的二品大員，竟在居喪期間違例納妾，而且所娶的還是妓女，這在當時是干犯名教的極大罪名，如被地方官舉發或被御史參奏，洪鈞不但要丟官還要定罪，十分危險。所以他即使因色迷心竅而敢居喪納妾，也一定只有偷偷摸摸的做，決不敢明目張膽地大張旗鼓，公然用八人大轎把小老婆娶進家門來。這種情形，在當時人為賽金花所作的詩中，就有具體紀錄可查。如樊樊山之《前彩雲曲》云：

北門學士素衣人，暫踏毬場訪玉真。直爲麗華輕故劍，況兼蘇小是鄉親。海棠聘後寒梅喜，待年居外明詩禮。兩見瀧岡墓草青，鴛鴦絃上春風起。

又，王甲榮所撰《彩雲曲》亦云：

萬里闕前金殿客，三生石上玉簫娘。近來繡轂應須早，怎奈瀧岡猶待表。大婦恩情斯易求，詞臣禮法敢輕掉？苦煩密友代藏嬌，金屋偷營烏鵲橋。料得彈瑟不成調，度他擁髻可憐宵。

在這兩首《彩雲曲》中，一則曰：「海棠聘後寒梅喜，待年居外明詩禮」，一則曰：「苦煩密友代藏嬌，金屋偷營烏鵲橋」，明白說出洪鈞之偷娶賽金花，乃是在母喪未滿期間所秘密進行的違法行為——由於違法，所以他不得不瞞著人秘密進行；由於秘密進行，所以不敢娶回家中，只能用朋友的名義在外面偷偷地金屋藏嬌，待喪服期滿後方敢娶回家中。這在曾孟樸所撰的《孽海花》中，亦作如此安排。但劉半農撰《賽金花本事》時，卻採信了賽金花的自述，說洪鈞娶她為妾時，「坐的是綠呢大轎，前面扛著紅狀元紗燈，儀仗甚都，好不氣派！」七十老妓為自擡身價而胡吹亂蓋的謊言，連劉半農都看不透其中的真假，自難怪趙淑俠女士要受騙上當。但如能對專制時代的禮俗制度稍有瞭解，就應該看出這是不可能的事，何況還有樊樊山、王甲榮、曾孟樸等人的文字紀錄十分清楚的擺在那裏！是否是因為這並非賽金花本人而只是一個「像是賽金花」的人，所以就不妨隨意安排一下呢？這個問題，只有請趙女士自己來回答了。

洪鈞居喪納妾，娶回來的妓女用八人扛擡的綠呢大轎擡著，前面還有儀仗執事導引，大搖大擺的擡回家來，家裏的「六扇門板」的大門也全部敞開，門框上紮著喜綵，一片喜氣洋洋的模樣，這是出現在趙淑俠女士筆下的賽金花嫁入洪家情形。凡是稍知清代禮法之人，看到這樣的文字描寫，一定都會感到十分驚訝。但更教人驚訝的內容還在後面呢，因為照趙淑俠女士看來，賽金花嫁洪鈞為妾的時代，中國上層社會充滿了泛濫的色情，朝中的大小官僚，大概都以吃花酒、玩相公為能事，不但一腦子都是酒色荒淫的下流事，連最難聽的下流話也都能琅琅上口，毫不知道人世間還有什麼羞恥之事。摘錄數段於後，藉以見其一斑。

①《賽金花》上冊頁九十二，叙洪鈞丁憂服滿，起復回京，與一般同鄉好友閒談京中朝官之趣聞，談到協辦大學士徐桐之子徐承煜時，諸人之對話如此：

「徐承煜難道不了解他老子的脾氣，出這個餿主意？」「他太了解他老頭子的脾氣，他是故意調理那個土貨的。那個土貨進得京來看得眼花撩亂，每天又有大師兄徐承煜帶著吃花酒逛窰子，好不快活。壞也就壞在這個逛字上。原來徐承煜有個相好的姑娘，一眼就看上了這土貨的人高馬大孔武有力，兩個人勾勾搭搭，被徐承煜知道了，徐承煜那個人一肚子鬼道兒，就不動聲色的想出這個好法子調理他。」陸潤庠說完，四個人齊聲哈哈大笑。吳大澂道：

「也難怪，徐承煜乾枯瘦小加上一臉奸相，假使我是那窰姐兒我也看不上他，也要變心的。」

吳大澂的話可真的把幾個人逗樂了。笑了一陣，陸潤庠打趣道：「大澂你是什麼？我直當你還是童男子呢！」說笑夠了，汪鳴鑾正起顏色：「話又說回來，徐老頭雖然妒惡外國事物，他那寶貝兒子徐承煜可是專門搜集外國珍奇玩藝，用那些玩藝去籠絡貴人。聽說他現在跟幾個王爺走得很近，專給王爺們物色姑娘小子，他的那頂官帽，不就靠了他老頭子和拉皮條兩個門路得來的！」陸潤庠聽了笑道：「全北京城，除了鳴鑾和大澂兩個柳下惠，那個王公大臣不出去逛逛？人家沒有你們那個道行哪！鳴鑾也忒憤世嫉俗了些，逢場作戲，吃吃花酒、玩玩姑娘小子不能算罪狀。」

②《賽金花》上冊一〇七頁，叙洪鈞奉派為出使俄德奧和四國欽差大臣後，京中諸友好紛紛為之餞別光景，云：

「洪文卿離京期近，外放出洋，一別整整三年，好友們固然臨别依依，一些沒有深交的也要巴結新貴，日日都有設宴擺酒餞行的，幾個出名的大班子都被他們吃花酒吃遍了。這日李鴻章跟前的大紅人盛宣懷由天津來京，大夥兒凑鬧著要他作東。盛宣懷也是江蘇同鄉，跟洪文卿幾乎是青年時代的伙伴，近年來靠李鴻章的提拔，官運如風箏般上升。他也確有表現：整頓了招商局輪船公司，創辦了電報局，被認爲是辦商務的長才，朋友們戲稱他爲『大買辦』。陸潤庠和他同樣愛玩，兩人見了面總開玩笑：『大買辦要給我們換換口味，班子裏的花酒吃厭了，今天不吃了。』

『要換什麼口味？只要你想得出我無不照辦。』盛宣懷笑咪咪的一張圓臉，相貌忠厚，精明已深刻到不露相的程度。

『今天捨女色取男風，找幾個相公來湊湊趣。』陸潤庠說。」

③《賽金花》上册二九六至二九七頁，敘洪鈞由歐洲回國，船抵天津後因急欲反京覆命，輕車簡從的先帶著老僕洪升與小聽差阿福、阿順乘騾車進京。到京時已深更半夜，投宿於一家旅店中，當晚就撞遇徐承煜及繆征藩在隔室挾優鬧事。照書中所寫徐承煜，繆征藩等人之舉動如此：

「洪文卿慢慢吃著，忽然聽到正房裏人聲嘈雜，接著有奔跑的聲音，只聽一個男人道：『擋住他，不許他走。天生的賤肧狗崽子，擡舉他他不懂，我看他能逃到那裏？』

……

『老爺們，我不是要性子，我真的不能……』那相姑哽咽得語不成句。接著那男人厲聲一喝：『素芬，你給我回來！我告訴你，你要是敢不就範，北京城裏就由不得你混了。這年頭怪事真不少，連賣屁股的都要講道德了。……』又是一陣戲謔性的哄笑。」

雖然只是抄了《賽金花》中的三段文字，所顯示的意義卻已十分明顯。照此書作者趙女士的看法，光緒十五年前後的北京城中，朝官們個個胡天胡帝，酒食徵逐，以玩相公吃花酒為能事，倫常風紀，一切蕩然無存，即使是國家最高層的知識分子——翰林亦不例外。士風放僻淫邪至此地步，另一個狀元出身的清流要角陸潤庠居然還說：「吃吃花酒、玩玩姑娘小子不能稱罪狀。」身為狀元公的高級知識分子尚且如此，等而下之的徐承煜、繆征藩之流，自然要在旅館中公開作逼奸相姑的事了。清朝中國在光緒初年甫經戡定大難，將分裂破碎的疆土重新歸於統一，人民喁望太平，在後世亦有「同光中興」之美譽，想不到出現在《賽金花》這本書中的，竟是如此腐敗污濁不堪的局面。但是，此書雖將當時局面寫得如此污濁腐敗不堪，出現在當時人著作中的很多文字紀錄，所見到的情形卻又似乎與此截然不同，這又是什麼緣故呢？

㈢

《大清刑律》〈犯姦〉一章中，對於「官吏宿娼」及「官吏挾妓飲酒」這兩種犯行，訂有明白的處罰規則，曰：

「凡文武官吏宿娼者，杖六十。（另小字夾注，曰：『挾妓飲酒，亦坐此律。』）媒合人減一等。若官員子孫宿娼者，罪亦如之。」

當時的法律學家對於這些處罰條款都有律意方面的解釋。清人沈天易所編《大清律例會通新纂》的解釋，是：「官吏宿娼係行止有虧，罪雖輕，應革職罷役。子孫雖非現任之比，然有礙行止，故罪同。」法律上明白訂有官吏禁止挾妓飲酒的規定，若說是在天子腳下的京朝官員都敢視若無睹，天天成群結隊地到妓院中去喝花酒，玩妓女，還說是「吃吃花酒，玩玩姑娘小子不能稱罪狀」，這種故事恐怕只有趙淑俠女士編得出來，若在當時，絕對沒有那一個京朝官敢如此公然藐視法律，公然說出這種肆無忌憚的話來。而且不僅挾妓飲酒有禁，便是挾優飲酒，亦在取締之列，惟不若挾妓飲酒之處罰綦嚴而已。光緒時歷官吏部郎中及江西省建昌府知府的福建人何剛德，在退職家居後曾撰《春明夢錄》一書，所記多屬光緒時的朝章典故，甚有參考價值。此書卷下曾有一條說到京朝官玩相公的掌故，與趙女士在《賽金花》中的敘述顯然大不相同。引敘如下：

「京官挾妓挾優，例所不許。然挾優尚可通融，而挾妓則人不齒之。妓寮在前門外八大胡同，麕集一隅，地極湫穢，稍自愛者絕不敢往，而優則不然。優以唱戲爲生，唱青衣花旦者，貌美如好女，人以『像姑』名之，諧音遂呼爲「相公」。其出色時，多在二十歲以下。其應召也，便衣穿小靴，唱曲侑酒。其家名爲『下處』。下處者，京中指下朝憩息之所爲下處，故借以名之也。若就飲其家，則備十二碟以下酒，酒後啜粥而散，名曰『排酒』。酒錢給京票四十千，又下走十千，按銀價不及四金也。或在其家請客，名曰『喫飯』，則視排酒鄭重，一席之費，多者廿四金，少者亦必在十金以外。京官清苦，大概只能以排酒爲消遣。因下處甚清雅，夏則清簟疏簾，可以觀奕，冰碗冰盆，尤可供雪藕浮瓜之便。冬則圍爐賞雪，一室烘烘，繞座唐花，清香撲鼻，入其中皆有樂而忘返之意。像姑或工畫，或知書，或談詩書，或熟掌故，各有一長，故學士文人皆樂與之遊，不僅以顧曲爲賞音也。然此皆閑曹年少時爲之，若官躋卿貳，年逾耆艾，則仍屏絕徵逐，以避物議。嘗聞潘文勤平時，最喜一善唱崑曲兼工繪事之朱蓮芬，及任侍郎，便不與之相近。而蓮芬年節前往叩賀，文勤必袖廿金銀券，出而親授之，一見而別，至老不衰，都中傳爲韻事。蓄優之風雅，遠勝妓之妖冶，故禁令雖同，而從違不必一致也。後來下處漸消滅，而妓寮則車馬盈門，毫無忌憚，此亦世變之相因而至者也。」

何剛德的這一段話，敘述光緒一朝京中士大夫之風尚，可謂詳盡，對於所謂「玩相公」的真正意義，也介紹得非常明白。文中所稱之「潘文勤」，即光緒初年有文人首領之稱的潘祖蔭。潘祖蔭卒於光緒十六年十一月，這時間正是前引《賽金花》第九十二頁陸潤庠所說，「全北京城，除了鳴鑾和大澂兩個柳下惠，那個王公大臣不出去逛逛」的時代，然而潘祖蔭在升為侍郎之後就不再玩相公，此外的王公大臣也從未聽說有那一個人「玩姑娘小子」的事，趙淑俠女士所寫在《賽金花》這本書中的那些個話，顯然是對當時的京朝官誣衊太甚了。

光緒一朝之士習風尚，究竟是否便如趙淑俠女士寫在《賽金花》中的那般光景，自王公大臣以下，人人以酒食徵逐，玩姑娘玩小子為能事，餘者皆無足道？下面所引叙的資料，相信可以為讀者提供一些大致的概念。

胡思敬《國聞備乘》卷二，「朝士嗜好」一條云：

「道光時，京朝士大夫好談考據訓詁。其後梅曾亮、曾國藩倡為古文，邵懿辰、龍啟瑞、陳用光、王拯、朱琦皆從之游，一時為文者，雖才力各有不同，皆接踵方、姚，尊尚義法，各以品誼相高。光緒初年學派最雜，潘祖蔭好金石，翁同龢汪鳴鑾好碑板，洪鈞李文田好輿地，張之洞好目錄，張之萬好畫，薛福成王先謙好掌故，雖不能自成一家，亦足覘其趨向。予甲午至京，祖蔭死已久，之洞外用，先謙被斥旋里。及戊戌再來，汪、翁先後忤旨歸，洪、李亦皆物故。其時太常卿袁昶好為詩歌、刻書籍，王懿榮、盛昱精賞鑒，收藏甚富，彬彬有儒雅風。近數年來，崑岡好飲，裕德好潔，徐郙好優伶，奎俊好佛，徐琪、曾廣鑾好狎邪游，張百熙好搜羅浮薄名士。諸王貝勒若善耆，溥倫好彈唱，那桐、胡燏芬一意媚洋，好與西人交涉。其四品以下京朝官奔走夤緣求進者，終日閉車幰中，好弔死問生，宴賓客，其鄙陋者好麻雀牌。」

「甲午」即光緒二十年，「戊戌」則光緒二十四年，光緒一朝的士習風尚，至此尚能維持相當儒雅的傳統，直到庚子拳亂的一場浩劫之後，方纔出現巨大的轉變。辛丑和約雖然結束了八國聯軍占據北京的局面，而在聯軍占據北京的期間，像賽金花這樣的「名妓」開始在北京建立起她們的地盤，從此以後，京中的社會風氣丕然轉變，妓院生涯鼎盛，而「相公」一行漸趨沒落。加上光緒末年所推行的「新政」添設了許多郵傳部、商部、外務部等等的新衙門，在新衙門中供職的回國留學生個個待遇優渥而生活奢侈，於是使得昔日京朝官儉樸簡約的刻苦生涯亦頓時為之改觀。前引《國聞備乘》中所謂之「四品以下京朝官奔走夤緣求進者，終日閉車幰中，好弔死問生，宴賓客，其鄙陋者好麻雀牌」，即此時所見之現象。為了夤緣美差，京官的奔競之風大盛。奔競夤緣的手段是應酬交際與賄賂饋遺，不但貪污之風因此而日熾，社會風尚亦因此而日趨於奢侈放蕩，於是乎乃出現了賽金花的時代——妓院生涯鼎盛，廉恥之心蕩然無存。瞿宣穎所撰《枏廬見聞錄》引時人汪穰卿諷刺當時京朝官的一首詩，最能刻畫出其時之現象，詩云：

「六街如砥電燈紅，徹夜輪蹄西復東。天樂看完看慶樂，惠豐吃罷吃同豐。頭銜强半郎員主，談助無非白發中。除卻早衙簽配字，閒來只是逛胡同。」

上文所說的「天樂」與「慶樂」，都是當時的戲班之名，「惠豐」與「同豐」則是菜館之名。清朝末年實行新政，北京始有電燈與馬路。服務於郵傳、外務等部的回國留學生所任職務，則是五、六品的郎中、員外郎、與主事。由於人員太多，職事太閑而待遇太優之故，在夤緣奔競之外，他們所擅長的只是打麻將與逛窰子，即所謂逛胡同是也。一個朝代到了將要滅亡的時候，必定會出現許多亡國現象——生活豪侈、政治腐敗、紀綱蕩然；當時的官員竟敢以「逛胡同」為常事，即是這種現象的具體證明。這雖然只是清朝將亡之時的「世紀末」現象，趙淑俠女士卻將其發生時間提早到了光緒中葉之時，這其間的時間差距顯然是太大了一些。

何剛德《春明夢錄》中還有一段話，很可以反映當時上層領導人物的思想言行，用來反證《賽金花》中的某一些文字描寫，就能夠看出其間的差異如何。《春明夢錄》卷上頁三十：

「崑師性耿介而好臧否人物，嘗謂余曰：『福箴庭豈有此理，昨日在朝房竟罵人曰麻煩，似此傖夫口吻，如何做得中堂！』余聞之悚然。蓋當時朝綱整肅，京官體制固一毫不苟者也。」

何剛德所說的「崑師」，即滿人崑岡，胡思敬《國聞備乘》曾稱他是京官中之「好飲」者；至於「福箴庭」則是滿人福錕，光緒十一年由户部尚書協辦大學士，十八年陞大學士。明清兩朝，大學士被稱為是宰相，俗稱則是「中堂」。崑岡亦曾由協辦大學士陞大學士，與福錕可算是同輩人物。福錕偶然在朝房中罵人「麻煩」，在崑岡看來就是「傖夫」口吻，可知當時位列朝堂的縉紳士大夫們都十分重視言行舉止，不能流於粗鄙。言行謹飭而舉止安祥，此正是何剛德所謂之「朝綱整肅」與「京官體制一毫不苟」之證明。既然當時之風氣如此，則同在朝中的徐承煜，豈能有逼奸優伶而且口出穢言之理。徐承煜乃大學士徐桐之子，拔貢出身，當光緒十六年洪鈞由歐洲奉調回國時，徐承煜已官至四品的光祿寺少卿，不是小官了。徐承煜在庚子拳亂時附和載漪、載勛及剛毅等人而為輿論所不齒，其人自不足惜。但趙淑俠女士將他寫成一個身為四品京堂而甘為市儈貲郎幫閑之篾片，對縉紳士大夫的侮辱未免太甚。對於某一些卑鄙無恥的小人作口誅筆伐的聲討，本是伸張社會正義的必要舉措，無可厚非。但在落筆之時，總也須顧及國家之體制與士大夫之廉恥，不可以因此而造成國家顏面之恥辱。何況徐承煜在當時是否有此行為及有此言論，根本是無可舉證的事呢！

(四)

趙女士寫賽金花故事而不肯承認是寫歷史小說，又說故事中的女主角只是「像賽金花這樣一個女子」而不是真的賽金花，這當然是她的言論自由，愛怎麼說都可以。不過，即使趙女士說《賽金花》不是歷史小說，賽金花的時代以及她的周遭人物，卻已透過小說的描寫進入了小說中了。故事背景既是光緒中葉以後的真實歷史，一切社會風俗、朝章典故、以至真實人物的仕履行藏，自當以真實情形為準，不可以胡編亂謅的方式信口開河，否則如何能符合當時的時代背景？以時代背景的立場來考量趙女士的這部小說，除了上述種種錯誤之外，其他大大小小的錯誤尚有很多，例如不諳朝章典故，不瞭解當時的風俗習慣，故事發展與真實人物的行止常有時空衝突等，不勝枚舉。為篇幅所限，只能撮舉若干例證說明於後，不能悉數縷陳，敬請讀者諸君鑒諒。

清代制度，官員丁憂守制，以二十七個月為期；期滿即取具本人親供及族鄰甘結，報請當地官府咨達吏部，聲明「起復」。咨文到部後查無違礙，照例起復原官。洪鈞在丁憂時原任從二品的內閣學士，起復後仍是從二品的內閣學士。但《賽金花》上冊第七十五頁敘洪鈞服滿後打算進京去看看，「趁著吳大澂、汪鳴鑾、陸潤庠和孫家鼐幾個好朋友都在京裏，通過他們託翁同龢、潘祖蔭兩位老夫子給推薦推薦，說不定有好一些的機會。」這證明了趙女士根本不懂得什麼叫做「丁憂起復」，所以纔會使洪鈞說出這種外行話來。洪鈞說外行話，洪夫人自然更外行了。她說：「你這次等於是謀差事，動向還不定。」丁憂起復的官員還需要到京裏去謀差事，這是那一朝的制度啊！不諳朝章典故，纔會有此錯誤。這是同類事例的第一例。

專制時代，皇帝召見臣下時，被召見的臣下是跪著覆奏還是站著覆奏？關於這一問題，照趙淑俠女士寫在《賽金花》中的情形，似乎是以電視劇中的場面為準——站著覆奏，至少在清朝時是如此。這應是不諳朝章典故的第二項實例。真實的情形究應為何？則不但清人筆記中多有記述被皇帝召見時的實況描寫，下面所引的這條資料尤其可以提供參考。瞿宣穎撰《杶廬見聞錄》的〈軍機處〉一條中說：

「軍機大臣召對每踰時，故於殿中賞墊子，蓋即賜坐之意。……」

雖說「賞墊子」是古代皇帝賞賜大臣坐位之遺意，但清代皇帝賜予軍機大臣的墊子實乃跪墊而非坐墊。所以然之故，則因清朝時的君臣分際最嚴，皇帝召見大臣，從無賜坐之例。軍機大臣年老而又跪奏過久，恐其不勝膝頭之痛，故賜跪墊以示體恤。但所謂體恤亦只是賜跪墊而已，不可能再有更進一步之優禮。《賽金花》上册頁三〇四記洪文卿召見時，光緒皇帝對他說：「你年紀大了，站著回話罷！」此不但為體制所無，而且近於兒戲，實在可笑之至。至於皇帝召見臣下之時，殿上有無太監侍立？則據何剛德《春明夢錄》一書中的記載，召見之前雖有太監引領入見，一俟召見之人進殿，引領之太監即須退至殿外遠處等候皇帝的第二次傳喚，以防窺伺。《賽金花》一〇四頁記洪鈞奉差出使前被太后及皇帝召見，太后寶座旁立著大太監李蓮英。這應是不諳朝章典故的第二、三兩項實例。

不諳朝章典故的錯誤實例，只能摘引三例如上，餘不能多贅。至於不明人事異動而使出場人物發生時空衝突的錯誤，亦摘引三例於後，以略見其一斑。

光緒十三年五月，洪鈞由內閣學士派為出使俄德奧和四國大臣，由北京經天津至上海候船放洋時，到埠歡迎的地方官甚多，其中「最有身分的是上海道魯伯陽」（《賽金花》頁一二七）。光緒十三年時的上海道竟是魯伯陽其人，這笑話實在太大了。

魯伯陽放上海道，不見於《光緒東華錄》，但卻曾見於《清朝野史大觀》及何剛德之《春明夢錄》，所記內容略同。原來這魯伯陽本是江蘇的候補道，為了營謀補放上海道聶緝槼升任浙江按察使後空出的缺額，輦巨金買通光緒所最寵愛的珍妃，當軍機大臣開列名單請光緒圈點時，不點單上有名的候選人而指名派魯伯陽接任。由於皇帝的這種作法有違常例，軍機大臣持異議，乃請電令江督劉坤一查報，江蘇候補道中有無魯伯陽其人。消息傳出之後，頓時物議沸騰，御史更上奏彈劾魯伯陽通賄買官，請予懲處。於是劉坤一將魯伯陽送吏部考驗，吏部考驗後奏請交由直隸總督李鴻章差遣，上海道遺缺另放。此事發生以後的後遺症，是慈禧太后諭令光緒將珍妃降為貴人，以懲其通賄外官之罪，其時間則在光緒二十年十月。由此可知，魯伯陽希圖活動上海道，是發生在光緒二十年的事，他本人後來並未得任此職。《賽金花》第一二七頁使魯伯陽做了真正的上海道，又將其時間提前到光緒十三年，實在錯得太厲害了。這是第一項實例；至於第二、三實例，則可以舉陸潤庠、吳大澂二人在不應該出現的時候出現在北京以為說明。

陸潤庠與洪鈞是兒女親家，洪鈞之子洪洛娶陸潤庠之女。陸潤庠中同治十三年狀元，光緒十一年以翰林院侍讀外放山東學政，翌年丁憂，至光緒十五年始服闋起復，仍補侍讀，事見吳郁生所撰之〈陸潤庠行狀〉。由此可知，當光緒十三年洪鈞起復回京，奉派出任俄德奧和四國大臣時，陸潤庠只有可能在洪鈞離江蘇之前與他在原籍相晤，卻不能在洪鈞抵京之後在京中相會，還天天陪著洪鈞逛窰子、喝花酒。至於吳大澂，則據《清史》〈吳大澂傳〉可知，他於光緒十四年冬間出任河道總督之後，至十六年正月，即因奏請尊崇皇帝生父醇親王奕譞之故，成了慈禧太后的眼中釘，「大澂幾得嚴譴，以母喪歸，乃已。」然則當洪鈞在光緒十六年秋間由歐洲回到中國時，吳大澂亦早已在蘇州居喪守制，不可能因「帕米爾地圖事件」到北京來為洪鈞跨刀相助了。《賽金花》書中之所以會發生這種時空衝突的錯誤，無非因為作者在撰寫時並不留心查考這些人的當時動態，只以隨意安排的方式信筆而寫；若是她懂得這其中的道理，這些錯誤當然是很容易避免的。

光緒十三年五月洪鈞奉派出使歐洲之時，擔任上海道之職的究竟是何人？這個問題，只要查方志即可得答案。民國續修《上海縣志》卷十三〈職官志〉載，在光緒十二至十六年時擔任上海道的是龔照瑗，光緒十六年至二十年為聶緝槼。如果趙女士先查過這項資料，當然不會把光緒十三年在上海接待洪鈞的上海道寫成魯伯陽了。舉此一例，可概其餘。如上文所曾論述的朝章典故、政治風氣等等，無一不可以在閱讀相關書籍之後了解其實際情形，以之作為寫作之參考，亦必可左右逢源，應付裕如。但如一切都不肯留心研究，而只是以「純小說」的想像方式出之，那可是神仙也無法幫忙的事啦！

(五)

趙淑俠女士不願承認她所寫的《賽金花》是歷史小說，這一問題，別人自然不便勉強她。不過，即使趙女士不希望用歷史小說的寫作方式來撰寫《賽金花》，對於賽金花所生活的時代究竟是何光景，總應該有實際的瞭解吧！不瞭解賽金花生活時代的實際狀況，寫出來的小說必然難免成為歷史的哈哈鏡，不但扭曲了時代的形相，也扭曲了賽金花所藉以觀照世界的思想與眼光。將這種被扭曲了的思想與眼光寫在小說中，能不影響到主角人物的人格發展嗎？這是一個很重要的問題，趙女士似乎不能不加以正視。

寫小說屬於文藝創作的範疇，一部小說的好壞，亦應該由文藝工作者來擔任評判。筆者對於文藝創作全屬外行，只以此書歷史背景的立場來妄肆雌黃，實在越分之至。不過我想，文藝工作者對歷史研究未必在行，然則我對文藝創作雖屬外行，對此書所涉及的歷史內涵仍卻可貢獻一得，以供小說評論之參考。因就所知，略述如上。是否有當，仍請文藝界的先進不吝指教。

歷史廣角鏡／蘇同炳撰. -- 初版. -- 臺北市
：臺灣商務，1996［民85］
面；公分. --（新人人文庫；99）
ISBN 957-05-1251-2（平裝）

1. 中國 - 歷史 - 論文，講詞等

617 85001336

新人人文庫 99

歷史廣角鏡

定價新臺幣二八〇元

撰者　蘇同炳
責任編輯　陳淑芬
封面設計　謝富智
校對者　熊益齡　張郁惠
出版者
印刷所　臺灣商務印書館股份有限公司
臺北市重慶南路一段三十七號
電話：（〇二）三一一六一一八
傳真：（〇二）三七一〇二七四
郵政劃撥：〇〇〇〇一六五—一號
出版事業登記證：局版北市業字第九九三號

• 一九九六年四月初版第一次印刷
• 一九九九年三月初版第二次印刷



ISBN 957-05-1251-2（平裝） 75028000

會／教育／民俗／經濟／政治／法律／歷史／地理／文化／遊記／傳記／考古／語文／文學／新聞／美學／書畫／娛樂

國學／群經／哲學／邏輯／心理／倫理／宗教／神話／數學／天文／物理／化學／地質／動物／植物／家政／